U0918365

中国季度实物资金流量矩阵表编制方法及其应用研究

黄靖贵 著

中国财经出版传媒集团
中国财政经济出版社

图书在版编目（CIP）数据

中国季度实物资金流量矩阵表编制方法及其应用研究／黄靖贵著. --北京：中国财政经济出版社，2021.12

ISBN 978-7-5223-0971-2

Ⅰ.①中… Ⅱ.①黄… Ⅲ.①现金流量表-编制-研究-中国 Ⅳ.①F231.5

中国版本图书馆CIP数据核字（2021）第248185号

责任编辑：闫 娟　　　　责任校对：徐艳丽

封面设计：陈宁琰

中国季度实物资金流量矩阵表编制方法及其应用研究

ZHONGGUO JIDU SHIWU ZIJIN LIULIANG JUZHEN BIAO BIANZHI FANGFA JI QI YINGYONG YANJIU

中国财政经济出版社 出版

URL：http://www.cfeph.cn

E-mail：cfeph@cfeph.cn

社址：北京市海淀区阜成路甲28号　邮政编码：100142

营销中心电话：010-88191522

天猫网店：中国财政经济出版社旗舰店

网址：https://zgczjjcbs.tmall.com

北京财经印刷厂印刷　各地新华书店经销

成品尺寸：170mm×240mm　16开　15印张　217 000字

2021年12月第1版　2021年12月北京第1次印刷

定价：68.00元

ISBN 978-7-5223-0971-2

（图书出现印装问题，本社负责调换，电话：010-88190548）

本社质量投诉电话：010-88190744

打击盗版举报热线：010-88191661　QQ：2242791300

前　言

本书是笔者从事国民经济核算体系中资金流量核算及研究工作的成果汇集。2014—2019年，笔者在广西壮族自治区统计局核算处从事地方资金流量和资产负债核算工作，期间，曾主持了关于完善中国资金流量表及资金流动波及效应的全国统计科学研究项目。在实务工作与课题研究中，笔者注意到资金流量表不仅从生产、分配、交换到最终消费和投资扩大再生产等各方面描绘了国民经济运行的各个环节，反映了国内各机构部门之间、国内部门与国外经济体之间的经济往来状况，还将实体经济与金融经济很好地连接在一起，其在整个国民经济核算中具有重要的特殊地位，是分析机构部门之间经济依存关系、经济流量与存量关系和实体经济与金融经济相互依托、相辅相成关系的好工具，引起了笔者对此进行进一步探索的浓厚兴趣。

资金流量核算是国民经济账户体系（The System of Nation Accounts，SNA）中的重要组成部分，资金流量核算结果主要以资金流量表的形式呈现。资金流量表主要从宏观经济视角以数量的形式来描述刻画实体经济与金融经济之间的相互依存关系，其在反映全社会资金在各部门之间的分布特点和运动状态上是一个有力而独特的工具。在国外，关于资金流量表的编制研究，除了Copeland和Stone等许多专家学者个人外，还有许多国际机构组织，都参与并做了比较深入的研究，比较有代表性的国际和地区组织有联合国、世界银行、欧洲中央银行（European Central Bank，ECB）、国际农业研究磋商组织（Consultative

Group for International Agricultural Research，CGIAR）、国际劳工组织（International Labour Organization，ILO）、国际食品政策研究院（International Food Policy Research Institute，IFPRI）等，比较有代表性的国家有美国、加拿大、日本、荷兰和英国等，这些国家很早就独立研究或参与国际组织研究编制了本国的资金流量表。

我国政府虽然于1985年组织力量研究编制中国的资金流量表，并于1986年试编出中国资金流量表简表，1987年编写出编制中国资金流量表的初步方案，1992年将资金流量核算纳入中国新国民经济核算体系。但由于我国资金流量表编制研究工作起步比较晚，目前，与国际上的许多国家尤其是发达国家相比，我国资金流量表不管是内容上、编制方法上，还是应用研究上都存在许多值得改进完善的地方。从目前我国官方公布的中国资金流量表数据来看，只能查到1992—2018年的年度数据，季度数据无法查到。与美国、日本、加拿大、英国、韩国以及意大利等国家早就及时编制并定期发布本国资金流量表季度数据相比，我国在这方面的工作还很落后。与资金流量表年度数据相比，资金流量表季度数据更能准确地衡量当季的经济活动，更能灵敏地捕捉经济的短期波动信息，同时，季度资金流量表既可以为宏观经济管理者及早发现经济运行中的转折点提供一个可靠的信息平台，也可以为社会各领域经济从业者提供一个及时掌握经济发展变化的“晴雨表”。

基于上述原因，以及考虑到由于目前我国统计体系建设还不够完善而导致很多统计基础资料存在收集困难之现状，本书试图从统计估计技术出发，抓住同时具备代表性又有时效性的指标，探索合理的数理统计模型，以协助编制出我国季度实物资金流量矩阵表来观察我国全社会资金的短期分布特点和运动规律，并据此来分析我国的经济运行特点，为我国有关部门进行宏观调控和出台有关经济政策提供参考依据。本书的章节安排如下：

第 1 章　绪论。本章首先阐述基于动态时序分解模型编制我国季度实物资金流量表的背景和意义。其次，通过对国内外众多有关资金流量表的编制方法及其应用研究的文献梳理并加以评述后，形成本书的研究思想和写作脉络。再次，提出本书的写作思路和章节安排，并简单介绍本书研究使用的主要方法和数据来源。最后指出本书的创新点。

第 2 章　资金流量核算理论基础及统计框架。本章从凯恩斯国民收入循环理论出发，介绍资金流量表分析方法产生的历史背景和资金流量核算的基本原理，综述与资金流量统计相关的文献，概括资金流量核算统计框架，参考联合国 SNA 关于资金流量表编制的建议，总结美国、日本等发达国家编制资金流量表的经验，为后续研究编制我国季度实物资金流量矩阵表提供理论基础和现实依据。

第 3 章　动态时序分解模型理论及其评价。本章首先从概念上强调本书使用的“时序分解（temporal disaggregation）”模型与国内相关文献中提到的“时序分解（Time-series Decomposition）”模型在分解思想、分解方法和分解目标上存在明显差别，为此定义本书重点讨论的“时序分解”模型为“动态时序分解”模型，然后就动态时序分解模型进行分类论述。根据动态时序分解模型使用指示变量参与时序分解与否，动态时序分解模型可以分为非基于指示变量动态分解模型和基于指示变量动态分解模型两大类。通过对非基于指示变量动态分解模型和基于指示变量动态分解模型的比较，提出非基于指示变量动态分解模型虽然操作上简单，但分解结果过于平滑，不宜作为经济变量的动态时序分解工具；而基于指示变量动态分解模型则可以通过指示变量合理利用各相关的经济信息和统计信息参与时序分解，分解结果更合理、有效，也更有说服力，可作为经济变量的动态时序分解工具，但由于基于指示变量动态分解模型对指示变量的依赖性比较强，因此在指示变量的选择上应该更加谨慎。鉴于基于指示变量动态分解模型种类较多，并且各种模型各有优缺点，适用的范围也不尽相同，因此，根据本书的研究需要，本章给出了选择基于指示变量动态分解模型的五大检验标准，为后续选择最佳分解模型协助编制我国季度实物资金流量矩阵表做足了准备。

第 4 章 中国季度实物资金流量矩阵表编制。本章在参考已有研究文献的基础上，将我国官方公布的实物资金流量表转换成矩阵表。然后，根据我国统计现状，从我国官方公布的实物资金流量表中选择确定编制我国季度实物资金流量矩阵表所需要的年度关键指标变量，即选择待时序分解的目标时序变量。按照官方编制年度实物资金流量表所使用的方案，确定目标时序变量对应的指示变量。之后，将目标时序变量年度数据分解成季度数据，根据评价动态时序分解模型的五大标准确定最佳的动态时序分解模型。本章以 2006—2014 年我国实物资金流量表为例，借助于最佳动态时序分解模型，编制出 2006—2014 年我国季度实物资金流量矩阵表，为进一步研究分析我国国民收入分配短期波动特点与变化趋势奠定了基础。

第 5 章 中国季度实物资金流量矩阵表的实证及应用。本章根据第 4 章编制出的 2006—2014 年我国季度实物资金流量矩阵表数据，利用具有结构模块化特点的资金流量矩阵分析方法，对我国各机构部门在国民收入分配过程中资金的季度流入流出以及分配结构的变化特征和演变趋势进行实证分析研究，一方面从数据的一致性、相关性和可解释性角度来检验本书编制出的中国季度实物资金流量矩阵表的科学性和可靠性；另一方面揭示各机构部门在实现国民收入分配过程中所存在的依存关系，为我国制定各项有针对性的收入分配政策提供科学的理论基础和现实依据。

第 6 章 中国与发达国家宏观收入分配的比较。本章主要对 20 世纪 90 年代以来美国、日本和加拿大等发达国家国民初次分配收入和再次分配收入的季度变化特征及演变趋势进行分析，试图探寻国民收入分配的一般规律和整体经济运行特点，解释其背后的成因，比较中国与这些国家存在的差异，一方面从国际实践视角来检验本书编制出的中国季度实物资金流量矩阵表数据逻辑是否符合国际上的一般规律，另一方面也可以从中了解中国国民收入分配过程中存在的不足，以为我国进行宏观调控和出台收入分配政策提供必要的国际参考。

第7章　研究结论与展望。本书的研究成果认为，Chow-Lin（AR1）分解模型可以作为编制中国季度实物资金流量表较好的辅助技术工具；本书利用Chow-Lin（AR1）分解模型协助编制出的中国2006—2014年季度实物资金流量矩阵表数据特征与美、日、加三国季度实物资金流量表的数据特征基本一致，其不仅能准确及时地反映出我国经济活动的季节性变化规律，而且能准确、及时、完整地跟踪我国宏观调控和重大经济事件对经济活动的影响。本书提出由于基于指示变量动态时序分解模型在选择指示变量上仍存在一定主观性，编制出的季度资金流量矩阵表交易项目仍比较粗糙，时效性也有待提高，因此，这些都是今后继续研究努力完善的方向。

本书在写作过程中，得到了导师中央财经大学刘扬教授的精心指导，以及中国民人民大学赵彦云教授、首都经济贸易大学纪宏教授、中央财经大学胡永宏教授、广西壮族自治区统计局一级巡视员石日灿、二级巡视员庞丽萍等多位在统计领域持之以恒耕耘者热情的帮助和支持，借此向他们表示衷心的感谢和崇高的敬意！为本书出版，中国财政经济出版社的闫娟编辑和广西财经学院学报编辑部付哈利编辑给予了很多关照和辛勤付出，在此一并表示感谢。

广西财经学院广西高校人文社科重点研究基地广西教育绩效评价研究协同创新中心与广西财经学院博士科研启动基金（项目编号：BS2019055）对本书的出版提供了资助，在此致以诚挚的谢意。

作为对季度资金流量表编制理论与方法的研究，希望本书能对我国季度资金流量核算的研究起到抛砖引玉的效果。本书仅是笔者在此领域探索的个人见解，由于水平有限，其中难免有错谬之处，敬请广大读者谅解并不吝赐教。

黄靖贵

2021 年 7 月

目　录

第1章 绪 论

1.1 研究背景与意义

1.1.1 研究背景

自党的十一届三中全会以来，中国经济发展模式已经发生了根本性变化，过去的计划经济模式已经退出历史舞台，取而代之的是以公有制经济为主体、多种经济成分并存的社会主义市场经济。不难发现，经过多年的经济体制变革，中国经济休制形成日益完善的财税、金融、外汇、外贸等新经济体系，为中国经济腾飞创造了许多新奇迹：1978—2020年，中国GDP年均增速接近两位数，GDP总量从3678亿元①增加到100.88万亿元；国家财政收入由1132亿元增至18.29万亿元，货物进出口额由206亿美元增至4.65万亿美元，外汇储备由1.67亿美元增至3.22万亿美元，城镇居民人均可支配收入由343元增至43834元，农村居民人均收入由134元提高到17131元，中国经济在经济总量、综

① GDP总量、国家财政收入、外汇储备、城乡居民收入数据均来源于中国国家统计局国家数据库，其中，城乡居民收入1978年的数据为城镇住户调查和农村住户调查老口径数据，2015年数据为2013年开展的城乡一体化住户收支与生活状况调查新口径数据。

合国力和人民生活水平等各方面都取得了辉煌的成就。

然而，改革开放给中国经济带来腾飞的同时，我们也应该清醒地认识到，在经济改革不断深化的过程中，经济活动中的生产、交换、分配、投资和消费等方式日趋多元化，一些社会矛盾和问题日益凸显，导致我国经济社会发展出现不平衡、不协调、不可持续现象依然值得关注①。比如在投资领域，投资规模盲目扩张，投资结构不合理，资源浪费严重；在金融领域，资金市场管理不到位，商业性贷款违规操作，地方和企业违规发行债券等；在收入分配领域，居民收入占总国民收入比例偏低，劳动报酬总初次分配收入比重偏低，城乡收入差距和贫富差距扩大等。面对这些问题，近几年来，中国紧紧围绕调结构、惠民生、促改革和稳增长等方面采取了一系列措施，如对内加强企业税费改革，加强产业结构调整，培育高新科技产业，引导鼓励资本投资以及调整居民收入分配政策等措施；对外拓展国际经济合作领域，如推进“一带一路”建设，倡导建立亚洲基础建设投资银行等。事实证明，我国采取的一系列宏观政策措施已经取得了良好的效果，但目前仍然存在一些深层的矛盾和问题还未解决，如产能过剩、房地产泡沫、股市动荡、地方债务危机、收入分配不公、生态环境破坏严重等问题②依然存在，有些甚至存在蔓延的趋势。

面对上述这些问题，人们自然会问：产生这些矛盾和问题的根源是什么？它们如何盘结在一起？如何对经济产生影响？有没有什么有力的工具对整个经济体进行全盘跟踪监测？要回答这些问题，归根到底都是由于全社会资金分布和运动控制不当，资金流量和流向出现偏颇导致的。出于对整个经济体资金流量和流向状态的考察，早在 1947 年美国经济学家 Mitchell（1947）就首次提出了用资金流量表来考察总体资金的动态问题，Copeland（1947）建议通过美国经济来跟踪货币流通问题，英国经济学家 Stone（1948）设计了一种经济账户，对英国资本积累状况进行了推测。在国外，关于资金流量表的编制研究，除了 Copeland 和 Stone 等许多专家学者个人外，还有许多国际机构组织，都参与

① 国务院政府工作报告（2011）。

② 田国强．中国经济发展中的深层次问题［J］．学术月刊，2011，43（03）：59－64．

并做了比较深入的研究，其中比较有代表性的国际和地区组织有联合国、世界银行、欧洲中央银行（ECB）、国际农业研究磋商组织（CGIAR）、国际劳工组织（ILO）、国际食品政策研究院（IFPRI）等，比较有代表性的国家有美国、加拿大、日本、荷兰、英国、意大利、巴西、泰国、菲律宾和韩国等，这些国家很早就独立研究或参与国际组织研究编制了本国的资金流量表。在国内，为满足我国经济体制改革的需要，中国国务院虽然已于1985年组织力量研究编制我国的资金流量表，并于1986年试编出我国资金流量表简表，1987年编写出编制我国资金流量表的初步方案，1992年将资金流量核算纳入中国新国民经济核算体系，但由于我国资金流量表编制研究工作起步比较晚，目前，与国际上的许多国家尤其是发达国家相比，我国资金流量表不管是内容方面、编制方法，还是应用研究都存在许多值得改进完善的地方。从目前我国官方公布的中国资金流量表数据来看，我们只能查到1992—2018年的年度数据，季度数据迄今为止一直未查到。而美国、日本、加拿大、英国、韩国以及意大利等国家早已及时编制并定期发布本国资金流量表季度数据，相比之下，我国在这方面的工作还远远落后于他们。可见，滞后的中国统计现状明显与中国已成为世界第二大经济体的经济地位很不相称。因此，在信息经济急剧膨胀的今天，在面对我国市场经济体系尚未完善，我们来不及或无法收集到编制我国季度资金流量表所需要大量详细完整的财政、税收、银行、社保、证监、保监、GDP核算等统计基础资料的情况下，通过抓住既有代表性又不失时效性的指标来探索合理的数理统计模型，以达到科学、准确地推断我国季度资金流量表数据的举措，将是完善我国资金流量表编制不足的有效途径之一，也是我国学者需要进一步深入研究的现实问题。

1.1.2 研究意义

作为国民经济核算体系的重要组成部分，资金流量统计是以宏观经济视野观察实体经济与金融经济的数量依存关系，从整体上反映资金流量、流向和存量的统计观测体系。在整个SNA体系中，资金流量核算不仅连接着实体经济与金融经济，而且反映着国内部门与国外部门的经济来往，既包括流量统计，又衔接存量统计，可谓是SNA体系中具有中枢地位的账户。基于此及上述背景，本书开展中国季度实物资金流量矩阵表的编制及其应用研究的理论和实现意义主要体现在以下几个方面：

首先，开展的中国实物资金流量表年度时序数据季度分解研究，有利于推动我国实物资金流量统计理论研究的实质性进展。按照传统资金流量统计理论，编制实物资金流量表需要收集大量翔实、完整的统计基础资料，这不仅需要耗费大量的时间，而且需要按照一系列核算原则，如权责发生制原则、计价原则、机构部门分类原则、交易项目分类原则等进行数据采集、汇总和分析，编制过程相当麻烦。基于动态时序分解模型把我国实物资金流量表的年度时序数据转换成季度数据，开展资金流量统计方法研究，这不仅是对传统资金流量统计方法的补充和完善，更是对传统统计调查理论的突破，这无疑对我国资金流量统计方法理论研究的实质性进展起到推动的作用。

其次，开展的中国资金流量表年度时序数据分解成季度时序数据的研究，填补了中国实物资金流量表季度数据的空白，也有利于进行国际比较。我国实物资金流量表已公布了20多年，但都是以年度为单位，而季度数据迄今为止一直未发布，这不仅极大地降低了资金流量表的短期可观测性，而且不利于数据的时序分析，在一定程度上，这无不束缚了中国资金流量表数据的应用空间。因此，如果能填补实物资金流量表季度数据空白，以实现更准确地衡量当季的经济活动，更灵敏地捕捉经济的短期波动信息，这必将对提高中国资金流量表的短期可观测性，为下一步预测填补中国资金流量表滞后的季度数据，提高中国资金流量表的时效性，拓宽资金流量表的应用领域，提升资金流量表的价值具有不可忽视的意义。另外，在国际上，如美国、加拿大、日本等主要发达国家早就已经公布了本国的季度资金流量表数据，如果中国也能研究编制本国的季度实物资金流量表，这不仅利于我国资金流量分析的国际比较，还会进一步缩短中国国民经济核算与国际差距的步伐。

再次，开展的资金流量表年度时序数据季度分解研究，是大数据时代优化政府统计工作的必然之选。大数据时代来临之际，对核算中国全社资金流量需要收集、分析、汇总大量的统计基础数据的方式提出了全新要求。随着信息化建设的不断发展，在人们生活、生产和商品交易过程中，快速的资金流动正在源源不断地产生海量即时的电子化数据，汇成丰富的大数据资源，这些大数据资源是整个社会资金活动的数字化记录，是可以无限次重复利用的特殊非物质财富，亟待进行深度的价值开发。开展资金流量表年度时序数据季度分解研究，在海量数据信息中抓住兼具代表性和时效性的指标，探索合理的数理统计模型以推断我国季度资金流量表和时滞期数据，是顺应大数据时代充分挖掘社会资金流动痕迹大数据资源的必然选择。

最后，基于季度矩阵式资金流量表的实证研究，是检验本书编制我国季度实物资金流量矩阵表数据真实性和可靠性的需要，也是及时跟踪分析我国经济运行状态的需要。通过基于季度矩阵式资金流量表的实证研究，一方面可以通过数据的一致性、相关性和可解释性来评估本书编制我国季度实物资金流量矩阵表数据的真实性和可靠性；另一方面，通过加强对资金流量季度数据的分析研究，可以及时追踪认清中国全社会资金在实体经济部门和金融经济部门间的变化特征和相互影响关系，为政府部门处置经济运行中遇到的突发事件，以实现有效监管和服务的目的提供及时的科学依据。

1.2　文献述评

目前，国内外可查到直接编制季度实物资金流量矩阵表的文献格外有限。本书对中国季度实物资金流量矩阵表的编制，主要是基于动态时间序列分解模型来进行，在编制过程中，不仅涉及传统资金流量表的编制方法，还涉及动态时间序列分解模型的时间序列分解方法，因此，本书在进行文献综述时，既离不开对国内外资金流量核算经济理论和统计理论的发展和演变的综述，也离不开对动态时序分解模型的综述。

1.2.1 资金流量表编制方法研究

1. 国外编制方法

20世纪30年代，由于多数西方国家推行自由放任的经济政策，结果引发世界经济大危机爆发，从而引起了整个资本主义国家出现经济秩序一片混乱，失业率急剧上升，经济严重衰退，以及社会矛盾进一步尖锐化的局面。为治理这场经济危机，当时西方国家执政者通过采取凯恩斯主义提倡的财政政策措施来进行干预。然而，这虽然使经济增长得以恢复，但通货膨胀和失业局面又迸发。因此，经济学家们认为单靠财政政策来治理经济并不是很成功，于是他们研究方向转向了货币政策，试图通过对金融市场调节来影响国民收入规模，以达到引导国家经济发展方向的目的，这就促进了资金流量核算分析方法的诞生。

（1）关于资金流量核算分析方法的研究，最早可以认为从美国经济学家Mitchell于1947年发表《支付流量、概念和数据的初步调查》一文开始，他在该论文中不仅提出了资金流量表这一概念，还建议从总体经济视角来考察资金动态的观点；特别是在同年美国的经济年会上，美国康奈尔大学Copeland教授受邀并作了题为《通过美国经济跟踪货币流通》的报告后，人们对资金流量表的研究更加关注。1952年，Copeland教授在接受Mitchell（1947）提出观点的基础上，对美国货币问题进行了专心研究，并在美国经济研究局的大力支持下，出版了《美国货币流量研究》（*Study of Money Flows in the United States*），这就标志着Copeland首创的货币流量账户从此问世了。货币流量账户，既包括非金融交易，又包括金融交易；既以流量科目为主，也包含有存量科目，是比较综合的账户体系。Copeland在该书中将国民经济中的所有交易者划分为4个互不包含的集合，其分别是产业公司、联邦政府、住户和其他交易者，然后再以时间序列数据的形式对1936—1942年美国资金流量和流向进行描述，从整体上分析、刻画美国经济现象，提出了比较完整的资金流量表分析方法模型。在该书中，Copeland还对主要货币流量做了推测，他认为货币流量统计的范围应该包括商品交易和劳务交易产生的货币量，购入和为再销售而购入商品时所发生的所有货币流量，从一个经济机构部门向其他部门转移收支的货币量，以及通过金融渠道从某部门流向其他部门的净货币流量等，为了观测这些货币流量的运动行为，他以会计记账的方法对其进行了记录分析。

（2）1948年，英国经济学家Stone设计了一款经济账户，其目的主要是用以推测英国的资本积累情况，这款经济账户主要包括经营账户、拨付账户和滞留账户三张表，其中滞留账户又将英国经济总体划分为企业、公共和综合等三个机构部门，这三个部门不是独立存在的，而是以会计账户的形式通过记录它们之间的资本流动和金融相互借贷关系联系起来的。滞留账户虽然没有把金融交易中的货币与货币以外的交易进行区分，金融部门也没有形成一个独立的部门，但它已纳入国民收入账户，既可以反映实物流量关系，也可以反映资金的信贷关系，这可谓是现代资金流量表的雏形。

20世纪50年代前后，加拿大、日本、英国、英国、法国、联邦德国、丹麦、南斯拉夫等国家出于对本国经济状况的考察，他们继美国之后，也纷纷以Copeland和Stone的研究理论为依据，建立符合自己国家的资金流量账户。其中，日本资金流量表由日本银行调查统计局于1954年开始编制，并于1974年开始对外公布其年度和季度数据；英国完整的资金流量表由英格兰银行于1959年编制出来；加拿大资金流量表由加拿大银行于1955年开始编制，并于1959年首次对外发布其数据；德国金融流量账户由德意志银行于1955年开始编制。

（3）美国联邦储备委员会出于对本国宏观调节经济、合理制定货币政策的需要，1948年开始研究资金流量核算表的编制问题，1955年出版了《1939—1953年美国的资金流量表》，1959年又以公报的形式发表了《资金流量、储蓄和投资季表的编制》，该公报不仅提出了按季度编制资金流量表的方法，还做出了以后按季度公布资金流量表数据的规定。从此，美国资金流量账户逐渐被列为国际标准的账户体系，并被世界各国广泛接受，其也因此成为SNA1968的中枢账户。此后，SNA1993和SNA2008都对资金流量账户进行了不同程度的修订，其中，SNA1993增设资金流量核算调整账户，完善了金融账户与其他账户之间的衔接关系，同时也增加了三维“详细资金流量账户”，强调了资金流量核算的重要地位；SNA2008 对资金流量表的修订主要在资金流量表的分类和使用功能上下功夫，其主要增加了跟踪跨境金融交易的记录，强调了货币统计与资金流量表协调性，同时也倡导了以资金流量表为工具来加强对经济发展的跟踪监测。

（4）世界上许多国家出于对本国经济进行宏观调节和合理制定本国货币政策的需要，已经编制了本国的年度资金流量表，为提高资金流量表的短期可观测性，美国、日本、英国、意大利、加拿大、韩国、印度尼西亚等世界主要发达国家还编制了本国的季度资金流量表。这些资金流量表的主要特点是机构部门划分、交易项目设置都比较具体；涉及内容有单设金融交易的，也有兼具金融交易和实物交易的；数据发布滞后期比较短；公布的数据时间序列比较长；数据的时效性和可时序分析性比较强。编制方法主要是以收集基础数据直接分类汇总为主，比如美国主要是通过立法形式要求各有关部门以报表的方式定期或不定期地报送基础数据给美国经济分析局和美联储，然后美国经济分析局和美联储再根据收集的基础数据进行审核分类汇总编制成本国的资金流量表；日本内阁府和日本银行主要以垂直编制法和水平编制法相结合的方式来编制本国的资金流量表，其中，垂直编制法是指直接通过对各级财务报表数据进行分类汇总完成，水平编制法是指根据一些已知的数据通过某种特定的方法来推断一些未知的数据以达到完成编制的目的；加拿大通过收集各行政管理部门的行政记录数据和购买私人有关数据来直接加工编制得到。

（5）通过编制资金流量矩阵表来拓展资金流量表数据的应用研究，打破了传统资金流量表数据在应用分析上的局限性，也为基于资金流量表数据的应用研究打开了另一扇门。其中，在这方面 Klein（1983）和 Tsujimura & Mizoshita（2003）的研究贡献比较突出，他们的主要思路都是以矩阵为工具，先将投入产出表、资金流量表和国民收入账户表有序地衔接起来，再以投入产出表的形式来把各部门之间的资金流量循环关系刻画出来。此外，Tjeerd Jellema & Steven Kerning & Peter McAdam & Reimund Mind（2004）也尝试编制了反映欧元区国家收入分配状况的多国核算矩阵账户表，该表主要由两个账户组成，其中一个是收入初次分配账户（其包括利息收入分配账户和其他初次收入分配账户），另一个是收入再次分配账户；Felicity Pang & G. A. Meaher & G. C. Lim（2004）编制了1996—1997年澳大利亚社会核算账户矩阵表，其主要由多个财产收入分配子账户和多个转移收入分配子账户组成。资金流量矩阵表具有分块化、具体精确的优点，它在数据分析上具有可进行更深层次开发分析的潜能。

2. 国内编制方法

在改革开放之前，中国主要实行计划经济体制，在西方资本主义市场经济模式下发展起来的资金流量表经济分析方法并不适合作为分析中国经济现象的工具。改革开放以后，中国经济体制发生根本性的转变，这为我们利用资金流量分析方法来考察、探讨中国的经济运行情况提供了客观条件。

（1）为满足中国经济体制改革的需要，中国中央政府于1985年开始组织财政部、原国家计委、中国人民银行和国家统计局研究编制中国的资金流量表。1986年，中国国家统计局试编出了中国资金流量表简表，1987年编写出编制中国资金流量表的初步方案，1992年国务院将资金流量核算纳入中国新国民经济核算体系。中国资金流量表由两部分组成，一部分为实物交易部分，另一部分为金融交易部分，实物交易部分由国家统计局负责编制，金融交易部分由中国人民银行负责编制。1998年，中国资金流量表数据首次公布在《中国统计年鉴》上，自中国资金流量表数据首次公布以来，对于实物交易部分，中国国家统计局已经根据历次中国经济普查资料和财政收支决算资料对其历年数据进行过几次比较大的修订，其中2005年根据《中国经济普查年度资金流量表编制方法》对2004年数据进行了重新核算，2013年根据《中国实物资金流量表编制方法》修订了2000—2009年的数据，2015年在编制2013年和2014年中国实物资金流量表的同时，重新修订了1992年以来的数据，修订后的数据更科学、真实、准确。

（2）近年来，国内学者关于中国资金流量表的研究成果并不多，其研究内容可以概括为两类：一类是编表的方法研究，另一类是直接利用官方已经公布的表中的数据进行应用研究。

关于资金流量表编制方法的研究目的，一是解决资金流量矩阵表的转换问题，二是解决资金流量表数据的时滞问题。关于资金流量矩阵表的转换问题的研究方面：李宝瑜、张帅（2007）运用“双矩阵 RAS 法”和“收入转移法”测算出了 1997 年和 2005 年中国实物交易资金流量在各机构部门之间的流动情况，并以此为基础，分析我国实物交易资金流量的变化特点。李宝瑜、张帅（2007）又以“投资转移法”和“负债转移法”测算出了 2000 年和 2005 年中国金融交易资金流量在各机构部门之间的流动情况，并以此为基础，分析我国金融交易资金流量在各部门之间流动的变化情况。胡秋阳（2010）根据投入产出表原理将中国官方公布的 2002 年标准式的中国实物资金流量表数据和金融资金流量表数据分别转换成了投入产出式的实物资金流量表数据和金融资金流量表数据，其表中“部门 × 产品”矩阵数据直接从官方公布的标准式资金流量表中简单搬运而来，“部门 × 部门”矩阵数据则是借鉴投入产出的分析方法和 SAM 乘数推算得到，由此解决了我国标准式资金流量表向矩阵式资金流量表的转换问题。蒋萍、贾帅帅（2012）从涉外部门角度来编制中国实物资金流量矩阵表和金融资金流量矩阵表，分析了国外部门于 1992—2008 年参与中国国民收入分配和金融交易情况，也分析国外部门的这种经济行为对我国国民分配的影响。李宝瑜、李原（2014）根据“固定部门支出假定”“固定部门收入结构假定”“固定产品支出假定”和“固定产品收入结构假定”等测算出了矩阵式资金流量表各子分块的数据，从而使资金流量矩阵表的分析模型体系得到了进一步完善。李宝瑜、王涛（2016）根据各国国际收支平衡表，采用负债（资产）流量转移法和 RAS 法编制了 2012 年全球资金流量矩阵表，并依此分析全球主要国家的资本和金融流通情况。关于解决资金流量表数据的时滞问题的研究。李宝瑜、周南南（2012）先在国家统计局公布 1992—2008 年我国资金流量表的基础上，编制出了相应年份的“部门 × 部门”“部门 × 产品”的资金流量矩阵表，再通过联立方程或事先知道（其他公布途径）的方法来确定要预测年份（2009 年和 2010

年）的增加值总量、收入和支出总量，然后再通过状态空间模型把增加值总量、收入和支出总量分解成列向量和行向量（各产品、各部门总量），最后再运用RAS方法把列向量和行向量生成“部门×部门”“部门×产品”表的元素。李宝瑜、马克卫（2014）先将资金流量表、资产负债表、国际收支平衡表、投入产出表联系在一起，编制出1997—2007年SAM表，然后再通过联立方程组模型、时间序列模型等预测出2008—2012年的主要控制总量，并通过RAS和DRAS技术以及收入支出“流量转移法”将总量进行分解成相应的各元素数据；此外，关于SAM延长表的预测研究，还有周焯华（2004）、侯瑜（2004）、范金（2007）等。

关于直接利用资金流量表数据进行应用研究方面，其研究领域比较单一。李扬、殷剑峰（2007）根据1992—2003年中国实物资金流量表数据对我国国民收入分配格局进行分析的同时，重点分析了我国各机构部门国民储蓄率波动情况，并阐明了我国储蓄率偏高的原因。白重恩、钱震杰（2009）利用根据第一次全国经济普查调整后的资金流量表数据，分析了1992—2005年我国国民收入在国内各机构之间分配格局的波动情况。梁东黎（2011）从“功能性的收入分配部门结构”和“生产增加值的部门结构”两个方面对我国资金流量数据进行了剖析后，并从产业意义视角来对我国各部门的初次收入分配格局进行了分析。此外，较早利用资金流量表数据对我国各机构部门的国民收入分配、储蓄和投资行为进行分析研究的还有郭浩（2001）、许先春（2002）、刘扬（2002）、L Kuijs（2006）等。

1.2.2 动态时序分解模型研究

本书提到的“时间序列分解（Temporal disaggregation）”是指按照一定条件限制，将低频率的时间序列扩容成高频率的时间序列，扩容后的高频率时间序列与原序列性质保持一致。国内相关文献中提到的“时间序列分解（Time - series Decomposition）”，是指将某一时间序列分解成趋势成分、季节成分、无法使用趋势和季节模式解释的随机干扰成分，比较常用的分解模型有乘法模型和加法模型。本书提到的“时间序列分解”和国内相关文献中提到的“时间序列分解”是在分解思想、分解方法和分解目标上存在本质性差异的两种方法。为了便于区别，本书对本研究重点讨论的“时间序列分解”模型定义为“动态时间序列分解”模型。

国外学者对动态时间序列分解模型已经做了非常广泛的理论研究，这些研究归纳起来主要概括为非基于指示变量方法和基于指示变量方法两大类，其中第一类方法主要包括：简单平均法、Lisman 和 Sandee（1964）法、Boot-Feibes-Lisman（1967）一阶差分法和二阶差分法、Stram 和 Wei（1986）方法和样条插值法等；第二类方法主要包括：基准调整法（Benchmarking）、计量经济模型法（Econometric Model Approaches）、最优化法（Optimal Procedures），其中应用最广泛的是最优化法，其又以 Chow-Lin 法系列和 Denton 法系列为主要代表。在实践中，非基于指示变量的时间序列分解方法，由于其只借助低频目标变量信息进行时间序列分解，分解结果往往无法描述时间序列的短期波动和季度波动，分解效果比较平滑，这通常与实际情况并不是特别相符；基于指示变量时间序列分解方法，一方面可以基于高频辅助变量信息形成时序分解的假设条件，避免因主观因素建立与客观实际不符合的假设；另一方面可以合理充分利用各相关的经济信息和统计信息参与时序分解，分解结果更合理、有效和更有说服力，因此，该时间序列分解法在国际上引起了众多学者的关注和普遍研究，也被认为是使用最广泛、最成功的时序分解方法。相对国外研究而言，目前国内关于动态时间序列分解模型的理论研究还很少。

1.2.3 对研究现状的评述

通过对国内外学者以及有关研究关机构对资金流量表分析方法研究文献的梳理后发现，国外学者和有关研究机构在这方面的研究已经取得了比较丰富的成果，国内学者和有关机构组织在这方面的研究也取得了一些成果，这些成果在推动我国资金流量表编制及其应用研究方面提供了许多有用的启迪和帮助。然而，我们也不难发现，我国资金流量表的编制及其应用研究与国外研究相比还存在很多不足之处。主要表现为：

（1）机构部门分类比较粗糙。我国资金流量表的编制主要是遵循联合国SNA1993来进行，机构部门划分也基本上按照SNA1993的标准来划分，但由于受基础数据不好收集所限，我国的机构部门只划分为非金融企业部门、金融企业部门、政府部门、住户部门和国外部门5个，而没有完全按照SNA1993所推荐的方法进行细化，这与美国将机构部门划分为33个、日本划分为46个、加拿大划分为40个、英国划分为12个、德国和意大利均划分为10个相比，我国资金流量表的机构部门划分还很粗糙。

（2）交易项目尚未完善。随着改革开放的程度不断深入，我国社会主义市场经济体制已日益完善，商品交易种类也在不断增加和改变，而我国资金流量表设置的交易项目却还是一成不变的，这明显落后于其他发达国家，比如美国和日本为增强防范房地产泡沫和金融危机意识，他们早就在其本国资金流量账户中设有住宅贷款、金融衍生产品项目，另外，联合国SNA2008建议增设的寿险与养老准备金项目，他们也早已将其列入本国资金流量表交易项目中，而这些交易项目目前在我国资金流量表中还处于缺席状态。

（3）统计时效性和短期可观测性比较差。近几年来，尽管我国资金流量表发布时滞期已经由2009年以前的3年缩短到目前的2年，国内学者也做过了一些探索性预测研究，但研究仍不够系统，时滞期过长问题仍然无法完全解决，这无疑极大地降低了资金流量表的时效性；另外，到目前为止，我国官方虽然已经公布了时长为23年的资金流量表统计数据，但公布的都是年度数据，季度数据仍然还未查到，与美国、日本和加拿大等发达国家早就公布了本国资金流量表的历史季度数据相比，我国资金流量表的短期可观测性确实非常有限，在这种情况下，不仅不利于我国各机构部门资金流动状况的短期分析，还不利于短期国际比较。

（4）资金流量表的应用研究比较薄弱，研究的方向比较单一。从我国已有关于资金流量表应用分析研究文献来看，绝大多数都集中在基于资金流量表数据描述性分析和说明上，目前还没有应用在资本积累影响经济增长、跨国资本流动影响国内经济增长、货币政策影响实体经济发展、政府行为影响经济结构调整等分析领域上，应用实践方向还很单一，应用广度和深度还远远不够，这明显滞后于国外水平。

我国资金流量表编制方法及其应用研究还存在上述不足，究其原因，一方面主要是由于资金流量表分析方法是在西方资本主义市场经济条件下诞生发展起来的，资本主义市场经济氛围为其发展提供了必要的条件和空间，而我国在党的十一届三中全会前一直处于高度集中的计划经济时代，后来即使经过了30多年经济体制改革，目前，我国各种物质资料的生产、交换、投资、分配和消费还不是完全市场化，由此导致的资金流量统计数据不全而无法开展深入研究；另一方面，主要由于我国统计体系建设还不够完善，比如统计指标体系建设滞后、统计信息建设不完整、基层统计基础薄弱等造成许多统计基础资料收集困难或收集不到的现象时有发生，因此影响了我国资金流量表开展全面、及时的编制，由此也造成了研究的滞后。为此，本书针对我国统计所面临窘迫之现状，试图从统计估计技术出发，抓住兼具代表性和时效性的指标，探索合理的数理统计模型，以达到协助编制出我国季度实物资金流量表的目的。

1.3 研究思路及创新点

1.3.1 研究方法与数据选取

本书研究的目的主要是编制出中国季度实物资金流量矩阵表，然后再基于此对中国国民收入分配短期变动特点和演变趋势进行分析。研究过程中，主要采用的方法有文献分析法、比较分析法、投入产出分析法、矩阵式分析法和计量模型等研究方法。研究中所用到的数据，主要来源于以下几个方面：一是历年有关统计年鉴和季报，主要包括《中国统计年鉴》《中国财政年鉴》《中国保险年鉴》《中国税收季度报告》和《中国国际收支平衡表》等；二是有关电子数据库，主要包括 Wind

数据库、中经网统计数据库、国家统计数据库、FRED数据库等；三是各国各职能部门的网站，主要包括中国人民银行网站、国家外汇管理局网站、中国证监局网站、中国银监会网站、美联储网站、加拿大国家统计局网站、日本内阁府网站、日本银行网站等，此外，也借鉴了一些研究单位先前从事相关研究的一些数据和成果。

1.3.2　研究思路

本书研究的总体思路主要是以资金流量核算理论和动态时序分解模型理论为基础，通过建立本书需要的动态时序分解模型，协助编制中国季度实物资金流量矩阵表，然后再基于此分析我国国民收入分配短期变化状况和演变趋势，同时与发达国家国民收入分配格局短期变化特征和演变趋势进行比较，一方面可以检验本书编表可靠性，另一方面可以以更广阔的视野为我国进行宏观调控和出台收入分配政策提供参考，研究的总体构架如图1-1所示。

1.3.3　研究创新点

（1）尝试性地编制我国季度实物资金流量矩阵表。资金流量核算是SNA账户体系中的重要组成部分，从目前我国官方公布的中国资金流量表数据来看，我们只能查到1992—2018年的年度数据，季度数据未查到，而季度数据在捕捉经济的短期波动信息及观察经济活动规律方面，都具有不可替代的作用，本书尝试性地编制我国季度实物资金流量矩阵表，为填补我国实物资金流量表季度数据空白具有非常重要的意义。

（2）尝试性地利用动态时序分解模型协助编制我国季度实物资金流量矩阵表。因为编制实物资金流量矩阵表需要的基础资料非常多且复杂，收集基础数据难度相当大，同时基于我国统计现状之考虑，本书首先对动态时序分解模型的理论阐述和实证分析，然后以2006—2014年为例，利用Chow-Lin（AR1）动态时序分解模型来协助快捷地编制出我国季度实物资金流量矩阵表，为今后估算编制我国季度实物资金流量表提供了一种新思路和指明了一种新方向。

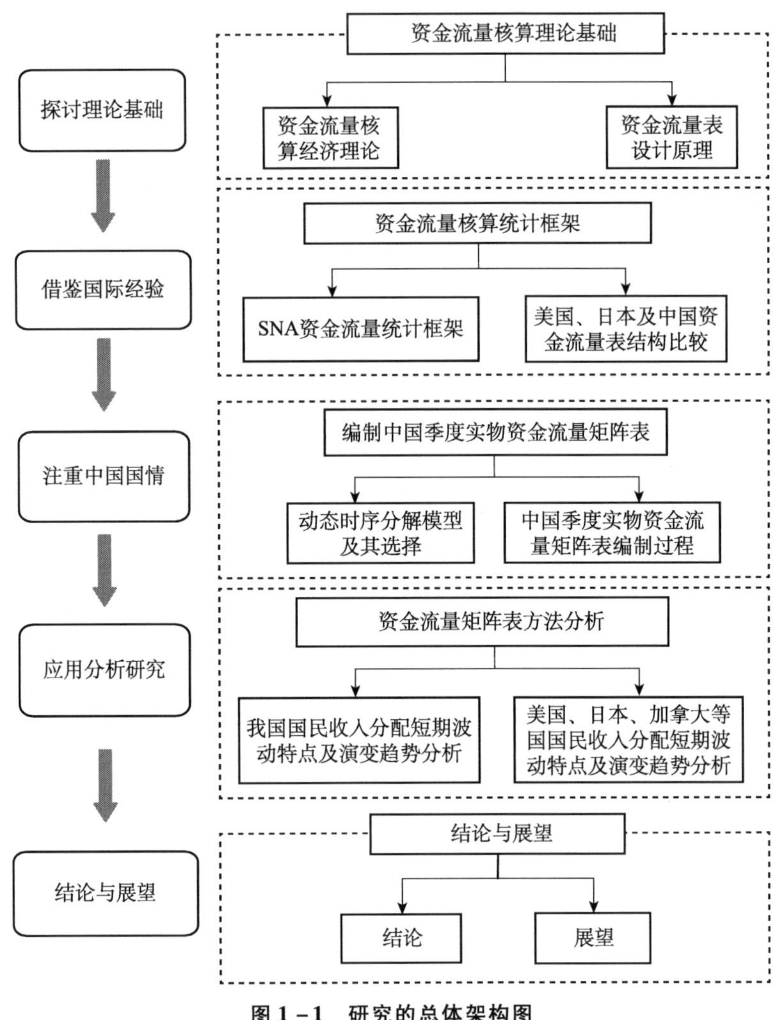

图1-1　研究的总体架构图

(3) 基于季度数据并利用资金流量矩阵表分析方法对我国国民收入分配问题进行跟踪分析研究。国内关于我国实物资金流量表的应用研究文献，绝大部分都是直接利用我国实物资金流量表年度数据做简单的描述性分析或解释说明，而本书则主要基于季度数据，并利用资金流量矩阵表具有模块化和分析功能的优点对我国国民收入分配短期波动特点及演变趋势进行研究，然后再与美国、日本、加拿大等发达国家做比较分析，研究的时间跨度更短，研究的内容更深入、系统、全面。

第 2 章　资金流量核算理论基础及统计框架

2.1　资金流量核算理论基础

2.1.1　凯恩斯国民收入循环理论

在现代西方经济学理论体系中，凯恩斯主义经济学被认为是最具有代表性的宏观经济理论。凯恩斯 1936 年发表他的著作《就业、利息和货币通论》，其主张的国民收入决定理论，以及其追随者希克斯和汉森随后提出的 IS－LM 一般均衡模型，构成了西方国民经济核算体系的重要理论基础。

根据凯恩斯国民收入理论模型假定，社会总供给是指一个国家或地区在一定时期内向全社会提供所有物质产品和劳务的总量，其包括国内供给和国外供给两部分，从价值量角度来看，其中国内供给主要体现为国内生产总值扣除不可分配部分后剩余的部分，即国民总收入，国外供给主要体现为本国的进口产品总量、进口劳务价值总量以及资本流出总量之和。在不考虑国外市场的情况下，国民总收入＝居民可支配收入＋企业可支配收入＋政府可支配收入＝（居民消费＋居民储蓄）＋（企业消费+企业储蓄)+(政府消费+政府储蓄)。社会总需求是指一个国家或地区在一定时期内全社会对所有物质产品和劳务的需求总量，包括国内需求和国外需求两部分，国内总需求分为消费需求和投资需求两种，国外需求主要体现为出口产品总量、出口劳务价值总量以及资本流入总量之和，在不考虑国外市场的情况下，社会总需求=消费需求+投资需求=(居民消费+居民投资)+(企业消费+企业投资)+(政府消费+政府投资)。在一定时期内，因为国民经济均衡要求社会总供给与社会总需求保持平衡，以及各部门总收入中用于消费部分总恒等于消费性总支出，所以国民总收入与国民总需求的平衡最终会体现在总储蓄与总投资的平衡上。从国民经济核算角度来看，在国民经济均衡的状态下，虽然总储蓄等于总投资，但由于各经济主体经济行为存在差异，因此在某些经济主体里出现储蓄与投资不相等的现象是存在的，即储蓄和投资在不同经济主体之间出现结构性失调状态，所以为达到总体均衡必须通过金融中介机构或金融市场的间接融资或直接融资方式来进行资金转移以维持总储蓄与总投资平衡。在实践中，分析这种资金转移实现储蓄与投资相等的过程，就是资金流量分析研究的核心问题。

凯恩斯国民收入决定理论作为分析宏观经济问题的理论基础，在假定经济部门中存在两至四个不同部门的条件下，根据其原理可以从经济部门之间的经济循环资金流动方面来阐述一个国家或地区的国民经济运转过程和国民收入形成过程，不考虑企业折旧和间接税的前提下，可以推导出国民收入的一些基本公式和储蓄—投资恒等式，当然，如果把企业折旧和间接税也考虑进来，推导出的这些公式依然成立。

在“两部门经济”模型中，经济系统中只考虑企业和住户两类经济主体。在市场经济条件下，它们之间存在的经济行为关系有两种：第一种是企业出钱向住户购买生产要素，住户向企业出售生产要素并获得报酬；第二种是企业从住户手中获取生产要素后生产出中间产品和最终产品，中间产品作为企业生产资料在企业内部消耗，最终产品销售给住户使用，住户则把自己出售生产要素所得到的报酬拿去购买最终产品和劳务。在一定时期内（通常是一年），一国或地区新创造出的最终产品和劳务的总价值就是该国的国内生产总值，也是该国的国民总收入。在国民收入中，企业用于支付生产要素报酬的收入中，一部分来源于住户购买企业商品所支付的收入，另一部分是从其他渠道追加进来的，这部分主要是企业新增加的投资资金，即资本存量的增量，也是国民收入的注入量。住户部门向企业部门出售生产要素所得的报酬，其使用方向也可以分为两个方面，一部分用于支付最终产品的消费支出，另一部分作为住户的储蓄存起来，储蓄被封存起来，其实相当于国民收入漏掉的部分，即国民收入的漏出量。在两部门经济模型中，从企业所供给最终产品和劳务所获得价值量角度看，国民产出 = 消费 + 投资；从住户支出的角度看，国民收入 = 消费 + 储蓄。于是，在一定时期内，由于供给与需求平衡，即：国民产出 = 国民收入，所以必定有：投资 = 储蓄。

"三部门经济"模型中，经济系统考虑由企业、住户和政府三个经济单位组成，政府与企业和住户部门之间的经济行为关系是：一是政府向企业和住户两部门征税，主要包括各项税收收入、非税收入、政府性的社会保险基金收入等；二是政府有偿地向企业和居民住户部门购买商品和劳务，以及无偿地向特定的住户和企业提供转移支付。政府的净税收 = 税收收入 - 政府转移支出。在国民收入中，政府支出为注入量，政府税收为漏出量。在三部门经济中，从供给角度看，在社会总供给中，政府除了向住户提供各种供给外，还包括提供如国防、立法和其他公共基础设施等公共产品服务，这些产品和服务都体现在政府的税收净收入上，于是有：国民收入 = 消费 + 储蓄 + 政府净税收；从需求角度看，在全社会总需求中，除了住户消费需求和企业投资需求外，还包括政府对公共产品和劳务的需求，于是有：国民产出 = 消费 + 投资 + 政府支出，由此，再由经济均衡条件便得：消费 + 储蓄 + 政府净税收 = 消费 + 投资 + 政府支出，从而有：投资 = 储蓄 +（政府净税收 - 政府支出），（政府净税收 - 政府支出）可视为政府储蓄，由此可见，在三部门经济系统中，投资仍恒等于储蓄。

"四部门经济"模型，其主要是在三部门经济的基础上再引入国外这一部门，国外与其他三个部门之间的经济行为关系是：国外部门主要通过进出口与转移收支等方式与国内三个部门联系起来。在国民收入中，出口是国外资金流入国内市场，是注入量，进口则反之。因此，在四部门经济条件下，从收入角度看，国民总收入 = 消费 + 储蓄 + 政府净税收 + 转移支付；从支出角度看，国民总产出 = 消费 + 投资 + 政府支出 + 净出口。于是，由经济供需平衡关系可得：消费 + 储蓄 + 政府净税收 + 转移支付 = 消费 + 投资 + 政府支出 + 净出口，即有：投资 = 储蓄 +（政府净税收 - 政府支出）+（转移支付 - 净出口），其中，等式后两括号中的项目可分别视为政府储蓄和外国对本国的储蓄，于是由此可见，在四部门经济系统中，投资还是恒等于储蓄。

在经济开放条件下，企业、住户、政府和国外等四部门的经济循环关系以及资金流动过程，如图 2 - 1 所示。四部门经济系统中各经济主体之间的关系是以生产要素市场、最终产品市场和金融市场为依托通过资金循环流动联系在一起的。企业部门的资金，一部分以工资、利润、利息、租金等生产要素报酬形式通过生产要素市场流向住户部门，另一部分则以税收的形式流向政府部门；住户部门得到企业支付的生产要素报酬、政府的转移支付并向政府部门缴纳一定税费后的剩余资金（居民可支配收入），一部分作为通过最终产品市场购买国内商品和通过国际贸易购买国外商品的消费支出返回企业部门，另一部分则成为居民储蓄并通过金融市场转化为企业部门的投资资金；政府部门所征得的税收

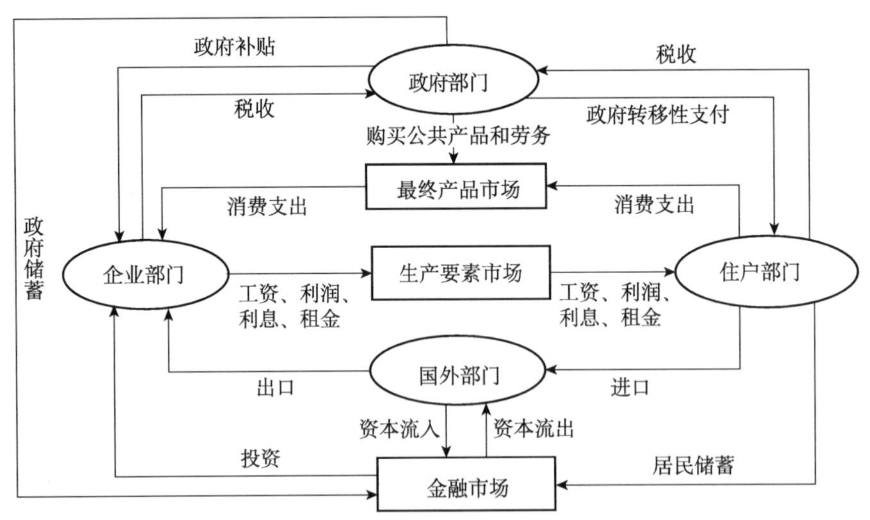

图 2 - 1 四部门经济循环资金流向图

注：图中椭圆表示经济主体，方框表示交易市场，箭头方向表示资金流动方向。

收入，除了一部分用于购买公共产品支出和住户转移性支付外，还有一部分作为补贴返还给企业；对于国外部门的资金，一方面通过进口和资本流出流向国外部门，另一方面又通过出口和资本流入回到本国经济部门。依此，四部门经济就完成了全部资金循环过程。从支出角度看，在四部门经济中，住户部门购买生活产品资料消费支出、政府购买公共产品消费支出、企业投资和国外部门的净出口共同构成了经济循环的资金总量，即国内生产总值。

凯恩斯的有效需求理论是其将产品市场和货币市场联系起来的重要依据，他在《就业、利息和货币通论》中对有效需求原理进行论述时认为，国民总收入取决于有效需求，而边际消费倾向、资本边际效率和流动偏好则是造成有效需求的重要心理因素。消费需求受边际消费倾向影响，投资需求受资本边际效率和利率影响，而利率则受货币流动性偏好与货币量（即货币需求量）影响，货币需求包括交易性货币需求、预防性货币需求和投机性货币需求三部分，其中前者取决于收入水平，后者取决于利率水平。在产品市场上，利率决定投资需求，投资需求决定收入水平，因此要想决定收入水平，必须先知道利率，而利率是由货币市场决定的，所以要想决定利率，必须先通过货币市场决定收入水平。依此，利率通过产品市场影响收入，收入又通货币市场影响利率，凯恩斯正是通过这种关系把产品市场和货币市场联系起来。1937 年，希克斯、汉森根据凯恩斯的有效需求原理，利用 IS – LM 模型把资本边际效率、边际消费倾向、货币需求和货币供给四个变量联系起来，建立了由产品市场和货币市场共同决定国民收入与利率的一般均衡模型。IS – LM 模型理论框架如图 2 – 2 所示。

IS – LM 模型是凯恩斯理论分析宏观经济的核心工具。IS 曲线描述的是在产品市场处于均衡状态（即投资等于储蓄）下国民收入与利率的关系，IS 曲线上任意一个收入和利率组合都可以实现产品市场均衡，其均衡国民收入与利率呈现出反向变化规律，利率越高，国民收入越趋于减少，利率越低，国民收入越趋于增大；对于任意偏离 IS 曲线的收入和利率组合产品市场都无法实现均衡，其中位于 IS 曲线上方国民收入和利率组合的点，表示现行利率过高而导致投资小于储蓄，而位于 IS

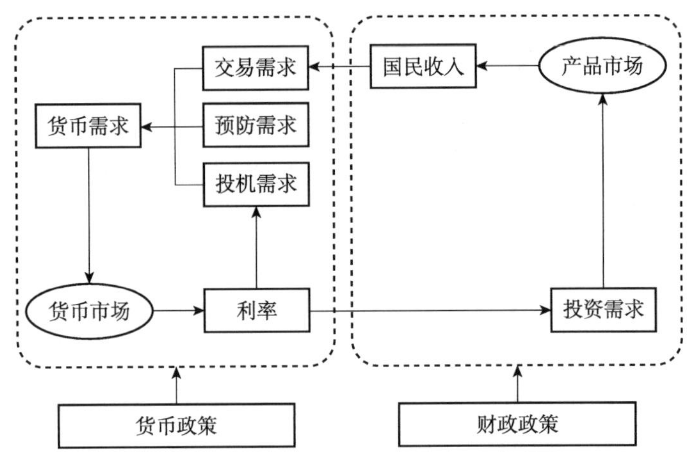

图 2-2　IS-LM 模型理论框架图

曲线下方国民收入和利率组合的点，表示现行利率过低而导致投资大于储蓄。LM 曲线描述的是在货币市场处于均衡状态（即货币供给等于货币需求）下国民收入与利率的关系，LM 曲线上任意一个收入和利率组合都可以使货币市场实现均衡，其均衡国民收入与利率呈现正向变化的规律，利率越高，国民收入则越趋于增大，利率越低，国民收入则越趋于减少；任意偏离 LM 曲线的收入和利率组合都使货币市场无法实现均衡，位于 LM 曲线左方的国民收入和利率组合，表示现行利率过高而导致货币供给大于货币需求，位于 LM 曲线右方的国民收入和利率组合，表示现行利率过低而导致货币需求大于货币供给。由于 IS 曲线和 LM 曲线分别表示使产品市场和货币市场实现均衡的一系列收入和利率组合，因此能够使产品市场和货币市场同时实现均衡的收入和利率只能发生在于 IS 曲线和 LM 曲线相交点处，即均衡利率和均衡收入组成的点。产品市场与货币市场同时均衡的 IS-LM 曲线及均衡调整过程如图 2-3 所示。

在Ⅰ、Ⅱ、Ⅲ和Ⅳ区域中，各个区域的不同利率和国民收入组合都使产品市场和货币市场均处于非均衡状态，对此产品市场和货币市场会自动调节。在产品市场上，产品总供给与产品总需求不均衡会引起总收入变化，区域Ⅰ和Ⅱ投资小于储蓄会引起收入下降，而区域Ⅲ和Ⅳ投资大于储蓄会引起收入增加；在货币市场上，货币供给与实际货币需求不均衡会引起市场利率变动，区域Ⅰ和Ⅳ超额实际货币需求会引起利率上升，区域Ⅱ和Ⅲ超额货币供给会引起利率下降。这种调节过程最终会使利息和收入组合达到均衡点，即 IS 和 LM 的相交点，实现产品市场和货币市场同时均衡。

Ⅰ：$I<S$，超额产品供给；$L>M$，超额货币需求。
Ⅱ：$I<S$，超额产品供给；$L<M$，超额货币供给。
Ⅲ：$I>S$，超额产品需求；$L<M$，超额货币供给。
Ⅳ：$I>S$，超额产品需求；$L>M$，超额货币需求。

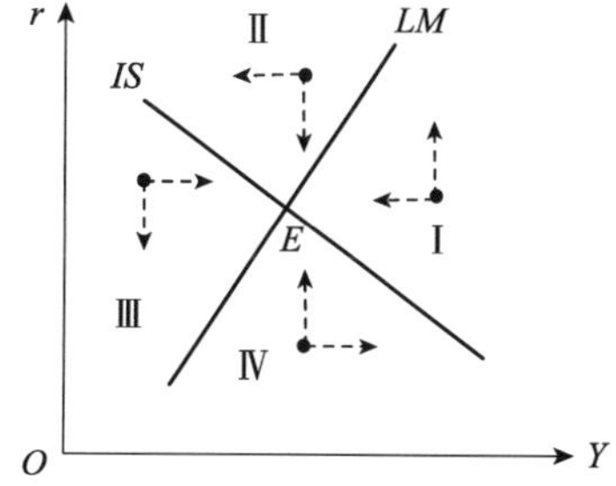

图 2－3　产品市场和货币市场同时均衡的 IS－LM 曲线及自动均衡调整过程图

2.1.2　国民收入账户设计原理

1. 国民收入账户分类

国民经济账户体系（SNA），也称国民收入核算体系，是基于经济学原理对国民经济活动进行综合考察和统一核算的统计框架，国内生产总值（GDP）是其反映经济活动总体状况的核心指标。在分配与 GDP 相对应的国民收入过程中，为了对不同经济主体或由不同经济主体组成的群体以及相关交易活动予以识别，将国民收入核算账户设置为两类：一类为部门账户，另一类为交易账户。

货物和服务的生产、分配、消费和积累等经济活动是在不同经济主体或由不同经济主体组成的群体之间进行的，国民收入核算账户针对这些经济活动的不同主体或群体设置了部门账户，从生产角度和从经济收支财务决策角度对国民经济总体进行划分，部门账户可划分为产业部门和机构部门两大类。从概念上看，产业部门主要是与货物和服务流量相联系，一个产业部门是指主要从事同样或类似种类的生产性经济活动的所有生产单位的集合①，其中的生产单位是指具有“生产经营决策权”

① 联合国经济和社会事务部统计司．所有经济活动的国际标准产业分类——第四版（ISIC，第四版）[S]．2009：9.

的基层单位，基层单位是指有一个地点（或相邻场所）仅从事一种生产活动的企事业单位①。机构部门主要是与资金流量相联系，一个机构部门是指一些相同或相似的具有财务决策权机构单位的集合，一个机构单位是指那些有权拥有资产、处置资产、发生负债、承担负债、从事经济活动并与其他经济实体进行交易的经济实体。一个机构单位作为经济实体应具备的条件包括：①机构单位有权利使用自己拥有的资产或货物从事与其他机构单位进行交易的经济活动，并产生债务和承担负债。②机构单位有权决策拥有和交换有关货物和资产，并能够承担相应的法律责任。③机构单位能够对自己发生的负债负责和能与其他机构单位签订具有法律效力的合同。④机构单位拥有或能为自己编制一套经济账户，包括财务账户和资产负债表等。从部门划分的应用角度看，产业部门分类主要应用于投入产出核算方面，而在国民收入核算方面则需要采用机构部门分类。

根据经济主体活动特点，2008 年 SNA 国民经济核算体系将经济总体中的机构单位划分为非金融公司、金融公司、政府单位（包括社会保障基金）、为住户服务的非营利机构、住户和国外 6 大互不包容的机构部门，其中前五个部门为由常住在国内的机构单位组成，后一个部门为常住在国外的机构部门组成，根据实际需求和进一步细化分类的可行性，每个部门都还可以划分为若干个更细的子部门。为与国际接轨，目前中国国民经济核算体系中的部门分类方法基本上是基于 SNA 的机构单位定义和机构部门分类原则来划分。在中国国民经济核算机构部门划分中，除了把类似于中国事业单位的为住户服务的非营利机构部门划归为政府部门外，其他部门的划分基本上与 SNA 国际标准划分一致，中国的机构部门划分为非金融企业部门、金融企业部门、政府部门、住户部门和国外部门。中国各机构部门的具体界定为②：非金融企业部门是指由所有主要从事市场货物生产和提供非金融市场服务的各类常住法人企业组成的机构部门，主要包括采矿业、制造业和电力、燃气及水的生

① 联合国，欧盟委员会，国际货币基金组织，等．国民账户体系 2008 ［M］．北京：中国统计出版社，2012.

② 国家统计局国民经济核算司．中国实物资金流量表编制方法［Z］．2013.

产和供应业等工业企业部门，以及农林牧渔业、建筑业、批发和零售业、住宿和餐饮业、房地产业等其他非金融企业部门。金融机构部门是指由那些从事金融媒介以及与金融媒介密切相关的辅助金融活动的常住机构单位组成的机构部门，主要包括银行业、证券业和保险业等金融企业部门。政府部门是指由那些在境内通过政治程序建立的、在一特定区域内对其他机构单位拥有立法权、司法权和行政权的法律实体及其附属单位组成的机构部门，主要由各种行政单位和非营利性事业单位组成。住户部门是指由所有常住居民住户所组成的机构部门，主要包括城镇住户部门和农村住户。

经济交易是在机构单位之间或机构单位内部实际发生的各种经济活动，它与国民收入核算关系密切，交易内容形式多样，SNA2008 将经济交易活动按性质划分为产品交易、非生产资产交易、分配性交易和金融交易四类，其中产品交易主要包括产出产品、中间消耗品、最终消费品、资本形成总额、货物和服务出口、货物和服务进口等交易；非生产资产交易主要包括自然资源的获得减处置，合约、租约和许可的获得减处置，以及商誉和营销资产的购买减销售等交易；分配性交易主要包括雇员报酬、生产和进口税、补贴、财产收入和经常转移等交易；金融交易主要包括货币黄金和特别提款权、通货与存款、债务性证券、贷款、股权与投资基金份额、金融衍生工具和雇员股票期权等交易。在国民收入核算中，我国的实物交易分类与 SNA 的产品交易、非生产资产交易和分配性交易分类基本一致，主要包括劳动者报酬、生产税净额、财产收入、经常转移、最终消费、总储蓄、资本转移、资本形成总额和其他非金融资产获得减处置等交易项目，更细的交易项目还有工资及工资性收入、单位社会保险付款、生产税、生产补贴、利息、红利、地租、收入税、社会保险缴款、社会保险福利、社会补助、居民消费、政府消费、投资性补助、固定资本形成总额和存货增加等交易项目。

在对国民收入核算中，SNA 正是基于复试记账的原理利用其详细设置的部门分类账户和交易分类账户共同刻画了国民经济运行状态和资金流动轨迹。部门账户和交易账户记账的一般规则是：部门账户支出不是直接与部门账户的收入相对应，而是先记作对应交易账户的收入，然后再由交易账户重新分配支出作为相应部门账户的收入，在此交易账户起到连接部门账户的桥梁作用，反之亦然（如图 2－4 所示）。这种记账方法一方面便于观察部门的流量资金的流量情况，另一面也便于观察交易活动的流量情况。

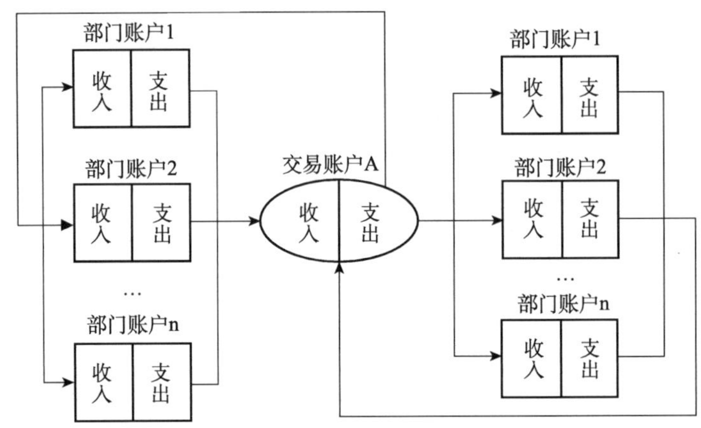

图 2－4　部门账户和交易账户之间的关系

2. 国民收入流动的账户表示

在经济活动中，各部门的生产、消费、积累活动形成了国民经济循环，对此 SNA 按交易分类和部门分类刻画出了收入分配过程的基本流程（见表 2－1）。SNA2008 指出，收入分配是国民经济核算的核心问题之一，因此很有必要以不同的账户对收入的形成、分配和使用的每一个阶段予以区分。

在封闭经济条件下，国民收入分配账户以生产账户、初次分配账户、再次分配账户、可支配收入使用账户、国外账户和积累账户从纵向角度环环相扣地勾勒了收入的形成过程、分配过程和使用过程，收入分配和使用过程是以生产账户提供的国内生产总值为起始点，经过原始收入形成和财产收入分配后形成初次分配总收入，接着再经过经常转移分配后形成国民可支配收入，最后再使用国民可支配收入进行消费和储蓄，储蓄转化为投资，从而完成整个收入分配和使用的过程。在开放经济条件下，由于受国际资本流动影响，积累账户中的国内总储蓄和国内总投资不再相等，它们的差额恰好是国际资本流入流出的净额。

表 2－1　　国民收入分配账户与机构部门收支账户的比较

国民收入分配账户	
生产账户	
借方（支出）	贷方（收入）
国内生产总值	最终消费
进口	资本成形总额
	出口
合计：	合计：
初次分配账户	
借方	贷方
财产性支出	国内生产总值
对外支付的要素收入	财产性收入
初次分配总收入	得到国外的要素收入
合计：	合计：
再次分配账户	
借方	贷方
经常转移收入支付	初次分配总收入
国民可支配收入	经常转移收入
合计：	合计：
可支配收入使用账户	
借方	贷方
最终消费支出	国民可支配收入
国民总储蓄	
合计：	合计：
国外账户	
借方	贷方
出口	进口
得自国外的要素收入和经常转移收入	对外支付的要素收入和经常转移收入
得自国外的资本和转移借入	对外支付的资本和贷出
合计：	合计：
累积账户	
借方	贷方
国内投资总额	国内储蓄总额
对外支付的资本转移和贷出	得自国外的资本转移和借入
合计：	合计：

机构部门收支账户	
企业部门账户	
借方（支出）	贷方（收入）
工资支出	居民消费
直接税	政府消费
间接税	国内投资总额
未分配利润及折旧	出口总额
财产性支出	
补贴（－）	
进口总额	
合计：	合计：
居民部门账户	
借方	贷方
直接税	工资收入
居民消费	财产性收入
居民储蓄	转移性收入
合计：	合计：
政府部门账户	
借方	贷方
政府消费	企业直接税
工资支出	企业间接税
转移性支付	居民直接税
储蓄	补贴（－）
合计：	合计：
国外账户	
借方	贷方
经常项目	进口
出口	向国外投资
资本	对国外贷款
国外投资	
向国外借款	
合计：	合计：
积累账户	
借方	贷方
国内投资总额	国内储蓄总额
对外支付的资本转移和贷出	得自国外的资本和转移借入
合计：	合计：

资料来源：杨灿．国民经济学——国民经济核算学原理［M］．北京：科学出版社，2008.

机构部门收支账户是从横向角度来刻画了各机构部门的收入循环关系。在经济交易活动中伴有收入往来的各部门，任何一个部门的收入必定是其他部门等额支出，反之，任何一个部门的支出必定是其他部门等额的收入，为此，合并所有机构部门内部的收入与支出流量必定会恰好相互抵销为零。但从单个部门来看，其收入未必等于其支出，收入大于支出的表现为储蓄，收入小于支出的表现为投资（即向其他部门筹借资金），可见，储蓄和投资起到平衡各部门收入与支出的作用。如果将各部门的储蓄都记录为借方（支出方），投资记录为贷方（收入方），汇总后得到各部门总储蓄和总投资，即积累账户，在封闭经济条件下，总储蓄与总投资是相等的，但在开放经济条件下，由于受国际资本流动影响，机构部门的积累账户中的国内储蓄和国内总投资不再相等，其差额恰好是国际资本流入流出的净额，这与从国民收入分配账户得出的结论是一致的。

SNA2008 指出，国民收入分配账户的内在意义是以账户的形式解释了国民收入如何在生产中形成，如何分配给参与创造增加值的机构部门，如何最终被消费、使用和形成财富积累，如何运用交易工具把各机构部门联系在一起，以及各机构部门如何获取收入来源和进行收入支配使用等，这为编制资金流量表账户奠定了理论基础。

3. 资产负债账户与资金流量账户

国民经济资产负债账户和资金流量账户都是国民经济核算的核心账户。国民经济资产负债账户反映的是一个国家或地区在某一时点上所有的资产和负债的总量，是存量账户；资金流量账户表示的是不同时点的两个资产负债账户的差，其反映的是一个国家或地区在一定时期内资金来源和使用情况，是流量账户。在国民经济核算中，企业的存量核算账户和流量核算账户为国民经济的存量核算和流量核算提供了重要的基础资料来源。

（1）微观企业存量核算和流量核算。企业存量核算和流量核算在遵循复式记账法和成本核算记账法原则的基础上，可以通过资产负债表[①]和利润表[②]所共有的“本期净收益”项目联系在一起，企业资产负债表、利润表及它们之间的关系如图 2－5 所示。从图 2－5 可知，通过企业期初和期末资产负债表可以知道企业在期初和期末拥有资产、负债、净资产的情况，将期末的资产、负债、净资产分别减去期初的资产、负债、净资产，就可以得到该企业在此时期间的资产、负债和净资产的变化量，其中，期末净资产减去期初净资产的差额为本期净收益，此数值若出现负数，则表示本期净亏损。然而，从资产负债表中虽然可以计算得到本期净收益或本期净亏损，但仅靠资产负债表还是无法明确企业在此期间出现净收益或净亏损的原因，为此可通过利润表来寻找原因，企业通过经营使净资产变大称为收益，相反，使净资产减少则称为费用，收益与费用之差为“本期净收益”。从上述可知，通过资产负债表和利润表都可以计算得到本期净收益，通过本期净收益将资产负债表和利润表综合起来得到它们的关系，如图 2－5 的最后一部分所示。

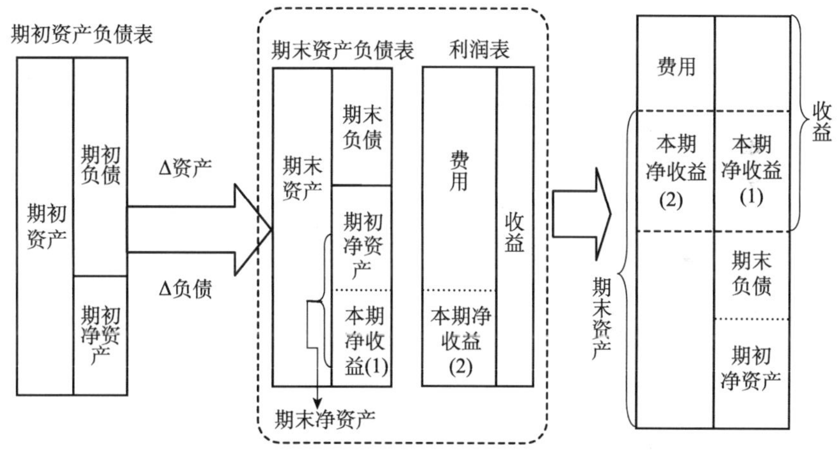

图 2－5　企业资产负债表和企业利润表之间的关系

① 企业资产负债表是表示企业在一定日期（通常为各会计期末，存量）的财务状况（即资产、负债和业主权益的状况）的主要会计报表。资产负债表利用会计平衡原则，将合乎会计原则的资产、负债、股东权益交易科目分为“资产”和“负债及股东权益”两大区块，在经过分录、转账、分类账、试算、调整等会计程序后，以特定日期的静态企业情况为基准，浓缩成一张报表。

② 企业利润表，亦称损益表，是指反映企业在一定会计期的经营成果及其分配情况（流量）的会计报表，是一段时间内公司经营绩效的财务记录，反映了这段时间的销售收入、销售成本、经营费用及税收状况，报表结果为公司的现利润或形成的亏损。

企业期初和期末的资产、负债、净资产的关系用公式可以表示为：

$$净资产 = 资产 - 负债 \quad (2-1)$$

$$期末资产 = 期初资产 + \Delta 资产 \quad (2-2)$$

$$期末负债 = 期初负债 + \Delta 负债 \quad (2-3)$$

$$本期净收益(1) = 期末净资产 - 期初净资产 \quad (2-4)$$

企业利润核算表中的收益、费用、净收益的关系用公式可以表示为：

$$本期净收益(1) = 收益 - 费用 \quad (2-5)$$

由资产负债表中的本期净收益和利润表中的本期净收益相等，得到平衡关系：

$$费用 + 期末资产 = 收益 + 期末负债 + 期初净资产 \quad (2-6)$$

于是，由式（2－1）到式（2－3）及式（2－6）得企业存量核算和流量核算的关系：

$$费用 + \Delta 资产 = 收益 + \Delta 负债 \quad (2-7)$$

（2）宏观经济存量核算和流量核算。国民经济资产负债表的框架与企业资产负债表的框架相同，将企业期末资产负债表中的本期净收益改为储蓄即得国民经济资产负债表，期末资产负债表与期初资产负债表的差额为本期内一国或地区国民经济资产、负债和净资产的变化量，其中，期末净资产与期初净资产的差额为储蓄，其与企业本期净收益相对应。另外，根据 SNA（1993）和 SNA（2008），国民总储蓄可以由初次分配账户、再次分配账户、可支配收入使用账户（表 2－1 中的国民收入分配账户）计算得到，在封闭经济条件下，初次分配账户的贷方（右边）和借方（左边）分别记录收入来源（包括国民生产总值和财产性收入）和支出去向（财产性支出），作为平衡收入与支出的差额（即初次分配总收入）记录在账户的借方，并以此连接到再次分配账户；再次分配账户以初次分配总收入和转移性收入为账户收入来源记录在账户的贷方，以转移性支付作为账户的支出部分记录在账户的借方，而作为平衡收入与支出的差额（即国民可支配收入）记录在账户的借方，并以此连接到可支配收入使用账户。综合汇总初次分配账户、再次分配账户以及可支配收入使用账户，并将它们的平衡项抵消掉，可以得到简化的国民收入支出账户框架如图 2-6 中的收支账户。由于储蓄都可以从国民资产负债表和国民收入支出账户中计算得到，因此，可以以储蓄为桥梁建立国民资产负债表和国民收入支出账户关系如图 2-6 所示。

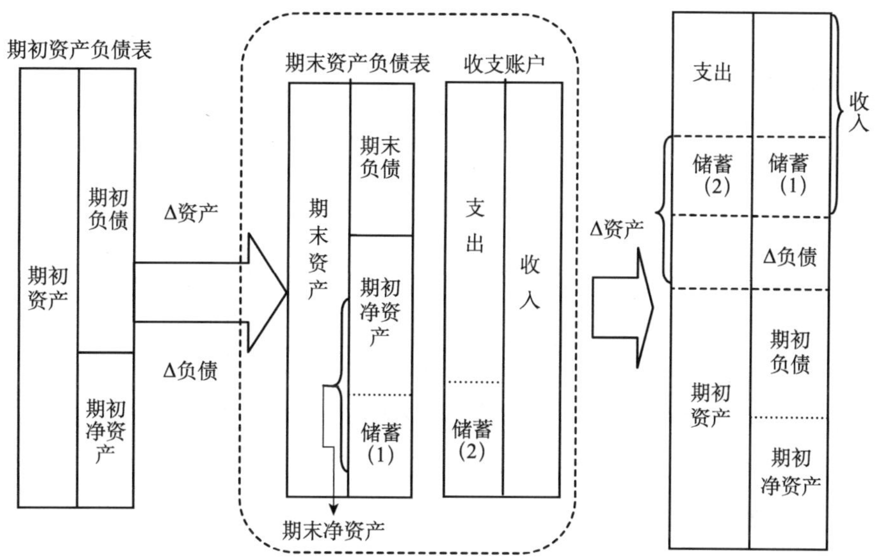

图 2-6　国民资产负债表和国民收入支出账户表之间的关系

国民期初和期末的资产、负债、净资产的关系用公式表示除了与企业有相同的公式（2-1）—公式（2-3）外，还有如下关系：

$$储蓄（1）= 期末净资产 - 期初净资产 \tag{2-8}$$

$$储蓄（2）= 收入 - 支出 \tag{2-9}$$

从式（2-1）、式（2-8）和式（2-9）可以得到国民资产负债表和收入支出账户表存在的平衡关系：

$$支出 + 期末资产 = 收入 + 期末负债 + 期初净资产 \tag{2-10}$$

同时，从式（2-1）至式（2-3）及式（2-10）还可以得到国民经济存量核算和流量核算的关系：

$$支出 + \Delta 资产 = 收入 + \Delta 负债 \tag{2-11}$$

如果将上述资产进一步分类为非金融资产和金融资产、综合流量账户和存量账户后，图 2-6 中的期末资产负债表可以表示为表 2-2 的形式。

表 2 – 2　　非金融资产和金融资产的流量账户和存量账户关系

期末资产	期末负债与期末净资产
期末非金融资产	期末负债
期初非金融资产	期初负债
Δ 非金融资产	Δ 负债
期末金融资产	期末净资产
期初金融资产	期初净资产
Δ 金融资产	Δ 净资产（平衡项）

资料来源：河北省国民经济核算委员会办公室．资金流量核算理论与实践［M］．北京：中国统计出版社，1992.

由于期初净资产 = 期初非金融资产 + 期初金融资产 – 期初负债，Δ 净资产 = 收入 – 支出 = 储蓄，Δ 净资产是平衡项。由此，从表 2 – 2 可知，期末净资产 = 期初净资产 + Δ 净资产 = 期末资产 – 期末负债，于是，Δ 净资产 = 期末资产 – 期末负债 –（期初非金融资产 + 期初金融资产 – 期初负债）=（期末非金融资产 – 期初非金融资产）+（期末金融资产 – 期初金融资产）–（期末负债 – 期初负债），即有：

$$储蓄 = \Delta 非金融资产 + \Delta 金融资产 - \Delta 负债 \quad (2-12)$$

当储蓄为零时，即本期收入与支出平衡时，非金融资产的变化必然会引起金融资产和负债的变化，因此，若要使非金融资产增加，即增加投资，则必须通过增加其负债或者减少其金融资产来实现；反之，若要使非金融资产减少，即减少投资，则必得通过减少其负债或者增加其金融资产来实现。当储蓄大于零时，即本期收入大于支出时，则非金融资产增加，或者金融资产增加，或者是负债减少，非金融资产的增加表现为自身投资增加，增加金融资产或者减少负债都构成了金融市场的交易活动。

从上述分析可以知道，宏观经济国民收入存量核算和流量核算与微观企业的存量核算和流量核算的基本原理是相同的，为此企业的存量核算和流量核算账户可以作为国民经济的存量核算和流量核算的重要基础资料来源。

2.2　资金流量核算的统计框架

2.2.1　社会核算矩阵表设计

社会核算矩阵（Social Accounting Matrix，SAM），是一个综合反映一个国家或地区经济运行整体状态的宏观经济数据框架，它是以经济流量循环过程为依据，将国民经济核算中各个关键账户有序整合形成的矩阵式国民经济账户体系。在理论上，SAM 包括国民经济核算的所有存量账户数据和流量账户数据。在表式上，SAM 是将投入产出账户表、国民收入账户表、金融投资账户表、国际收支账户表和国民资产负债表结合在一起编制成一张矩阵式国民经济综合平衡表。

SAM 表在宏观经济分析中具有非常重要的地位。自从 1948 年英国经济学家 Stone 创建英国滞留账户①用于测度英国资本积累状况以来，在国外，关于资金流量表的编制研究，除了 Copeland 和 Stone 等专家学者个人外，还有许多国际机构组织，都参与并做了比较深入的研究，其中比较有代表性的国际和地区组织有联合国、世界银行、欧洲中央银行（ECB）、国际农业研究磋商组织（CGIAR）、国际劳工组织（ILO）、国际食品政策研究院（IFPRI）等，比较有代表性的国家有美国、加拿大、日本、荷兰、英国、意大利、巴西、巴基斯坦、泰国、菲律宾和韩国等，这些国家很早就独立研究或参与国际组织研究编制了本国的 SAM 表。SAM 编制研究发展非常迅速，20 世纪 60 年代，SAM 的编制研究工作达到了高潮。其中，以联合国历次出版公布的 SNA 中有关 SAM 的内容为国际上对 SAM 编制研究总体进程的主要代表，其公布的成果最具有权威性，设计的相关表式也最具有规范性。

在 SNA（1968）综合账户体系中，SNA（1968）是以国民收入账

① Richard Stone. Functions and Criteria of a System of Social Accounting [J]. Review Income and Wealth, 1951, 1 (1) .

户为核算基础，从生产、消费、积累和国外四个角度来定义 SAM，从 SAM 与 SNA 关系角度出发来描述 SAM 应该涵盖的内容，即引入由各种交易的汇总为基本要素的矩阵表来对 SNA 进行描述，其内容包括国民收入分配与使用过程涉及的增加值生产创造、收入形成、收入分配和使用、金融交易、资产变动、国外进出口及资本流动等，所有涉及的交易主体和交易活动都可以在 SAM 中得以具体描述。1993 年国民经济核算协调工作组（Inter-secretariat Working Group on National Accounts，ISWG-NA）对 SNA（1968）做了大幅度修改，其中一部分就是在 SNA（1993）中增加了社会核算矩阵（Social Accounting Matrix，SAM），其将 SAM 单独列为一章，从 SNA 的矩阵表述，到 SAM 原理，再到 SAM 的分类标准、具体结构、子矩阵具体数值添加等具体编制方法，进而基于 SAM 的应用对 SAM 做了全面系统的介绍。与 SNA（1968）相比，SNA（1993）的 SAM 所涵盖的基本内容与 SNA（1968）基本一致，但表现形式上有了明显变化。SNA（1993）规定的各项统计概念更加明晰，各账户之间的数据关系更加协调。此外，SNA（1993）中 SAM 充实了商品账户与金融账户的衔接，其直接在收入分配账户和金融账户中反映了部门间的收支流量状况。而不再像 SNA（1968）中的 SAM 那样单独设置“承受机构部门”账户、“来源机构部门”账户和积累账户，这样既简略了交易账户，又加强了部门之间的联系性。鉴于 SNA（1993）中的 SAM 理论和表式都比较完善，SNA（2008）中 SAM 基本延续 SNA（1993）中 SAM 的统计框架。

2.2.2 资金流量表结构设计

资金流量表是 SAM 的重要组成部分，它实际上是为了将全部社会资金的流向、流量及部门间的资金联系勾勒起来而把各机构部门的国民收入账户与资金流量账户合并成一张非常简明的资金流量表，通过这张表可以观察整个国民经济资金流动的全貌。资金流量表有两种表现形式：一种是标准式的资金流量表结构，即账户式资金流量表结构；另一种是投入产出式的资金流量表结构，即矩阵式的资金流量表结构。

1. 标准式资金流量表结构

表 2－3 中，主栏代表各交易项目，宾栏代表各交易主体部门。交易项目设置为实物交易和金融交易两部门，每个经济主体部门对应的交易项目是一致的，并且每个机构部门下面列有两栏，即资金的“运用”（Uses，简记为 U）栏和“来源”（Source，简记为 S）栏，分别代表机构部门的资金流出和流入。

在表 2－3 中，不考虑统计误差的情况下，实物交易部分部门内部各交易项目存在如下平衡关系：

（1）初次分配收入（IDI）＝增加值（Y）＋劳动者报酬净额（L）＋生产税净额（T）＋财产收入净额（P）；　（2－13）

（2）可支配收入＝初次分配收入（IDI）＋经常转移收入净额（TR）；　（2－14）

（3）可支配收入＝消费支出（C）＋储蓄（S）；　（2－15）

（4）净金融投资＝储蓄（S）－投资（I）；　（2－16）

从整体上看，各部门之间存在的平衡关系：

（1）对同一交易项目，资金总收入＝资金总支出；　（2－17）

（2）总增加值＝初次分配总收入＝可支配总收入＝总消费＋总储蓄；　（2－18）

（3）总投资＝总储蓄。　（2－19）

净金融投资（S－I）是实物交易项目部分与金融交易项目部分的衔接，记在资金运用方。从各机构部门看，每一个部门的净金融投资不一定为 0，即储蓄（S）不一定等于投资（I），若某一部门的净金融投资出现正值，则说明该部门出现资金盈余，反之为资金亏损。在金融市场里，某部门的资金亏损可以通过各种金融工具（如借款、贷款、存现、有价证券等）来实现资金融通以弥补其资金的不足，这种融资途径既可以实现各部门之间的资金需求平衡，也可以使整个社会商品市场与货币实现均衡。

表 2-3　　　　标准式资金流量表的基本结构

	企业		金融		政府		住户		国内合计		国外		合计	
	U	S	U	S	U	S	U	S	U	S	U	S	U	S
实物交易														
增加值（Y）														
劳动者报酬（L）														
生产税净额（T）														
财产收入（P）														
初次分配收入（IDI）														
经常转移收入（TR）														
可支配收入（DI）														
消费（C）														
储蓄（S）														
投资（I）														
净金融投资（S-I）														
金融交易														
净金融投资														
通货/存款														
贷款														
保险														
有价证券														
其他														
合计														

资料来源：根据 SNA（1993）整理。

2. 矩阵式资金流量表结构

矩阵式资金流量表是由多个子矩阵拼排组合构成的资金流量表，其中的子矩阵，有的是属于部门与部门的交叉表，有的是属于部门与交易项目的交叉表，还有的是属于交易项目与交易项目的交叉表，整张矩阵式资金流量表是一张混合表，其基本结构如表 2-4 所示。对于矩阵式资金流量表，经过搜索，在现实统计中目前世界上还未发现有哪个国家或地区编制有关部门与部门的交叉表数据，而只有部门与交易项目交叉表数据，为此编制部门与部门关系的资金流量表时，国际上通常利用矩阵转换的方法，将现有的标准式资金流量数据转换成矩阵式资金流量表。

在表 2-4 中，矩阵式资金流量矩阵包含的子矩阵有：①机构部门与机构部门交叉矩阵 W；②机构部门与初次分配收入交易项目交叉矩阵 $U1$；③机构部门与再次分配收入交易项目交叉矩阵 $U2$；④机构部门与原始收入（增加值）交易项目交叉矩阵 Y；⑤初次分配支出交易项目与机构部门交叉矩阵 $R1$；⑥再次分配支出交易项目与机构部门交叉矩阵 $R2$；⑦消费与机构部门交叉矩阵 Z；⑧储蓄与机构部门交叉矩阵 S；⑨初次分配与再次分配交易项目之间的交叉矩阵 V。矩阵式资金流量矩阵的每个元素都有双重意义，从横行方向看是表示收入，从纵列方向看是表示支出。如对于矩阵 W 的任意一个元素 w_{ij}，其表示的是部门 i 从部门 j 获得的资金数量，也表示部门 j 运用在部门 i 的资金数量；对于矩阵 $U1$ 任意元素 $u1_{ij}$，其表示的是部门 i 从交易项目 j 中获得的收入数量，也表示交易项目 j 在总支出中运用于部门 i 的资金数量；对于矩阵 $U2$、Y、$R1$、$R2$、Z 和 S 的任意元素也有类似的含义。对于矩阵 $U1$、$U2$、Y、$R1$、$R2$、Z' 和 S，它们存在的平衡关系为：

（1）总收入 = 初次分配收入 + 再分配收入 + 增加值，即：

$$GS_i = \sum_{j=1} u1_{ij} + \sum_{j=1} u2_{ij} + \sum_{j=1} y_{ij}; \quad (2-20)$$

（2）总支出 = 初次分配支出 + 再分配支出 + 可支配收入使用，即：

$$GU_j = \sum_{i=1} r1_{ij} + \sum_{i=1} r2_{ij} + \sum_{i=1} z_{ij} + \sum_{i=1} s_{ij}; \quad (2-21)$$

（3）总收入 = 总支出，即：$GS = GU'$；

（4）增加值合计 = 可支配收入使用合计，即：

$$\sum_{i=1} \sum_{j=1} y_{ij} = \sum_{i=1} \sum_{j=1} z_{ij} + \sum_{j=1} s_j; \quad (2-22)$$

（5）分配收入合计 = 分配支出合计，即：

$$\sum_{i=1} \sum_{j=1} u1_{ij} + \sum_{i=1} \sum_{j=1} u2_{ij} = \sum_{i=1} \sum_{j=1} r1_{ij} + \sum_{i=1} \sum_{j=1} r2_{ij}; \quad (2-23)$$

（6）每项交易项目收入合计 = 每项交易项目支出合计，即：

$$R1_{i.} = U1_{.i}, \text{ 即：} \sum_{j=1} r1_{ij} = \sum_{j=1} u1_{ji}; \quad (2-24)$$

$$R2_{i.} = U2_{.i}，\ 即：\sum_{j=1} r2_{ij} = \sum_{j=1} u2_{ji}。 \qquad (2-25)$$

表 2－4　　　　矩阵式资金流量账户的基本结构

<table>
<tr><th colspan="2" rowspan="2">指标</th><th colspan="5">部门</th><th colspan="3">初次分配收入</th><th>再分配收入</th><th colspan="3">增加值</th><th rowspan="2">总收入</th></tr>
<tr><th>非金融</th><th>金融</th><th>政府</th><th>住户</th><th>国外</th><th>劳动者报酬</th><th>生产税净额</th><th>财产收入</th><th>转移收入</th><th>劳动者报酬</th><th>生产税净额</th><th>营业盈余</th></tr>
<tr><td rowspan="5">部门</td><td>非金融</td><td colspan="5" rowspan="5">W</td><td colspan="3" rowspan="5">U1</td><td rowspan="5">U2</td><td colspan="3" rowspan="5">Y</td><td rowspan="5">GS</td></tr>
<tr><td>金融</td></tr>
<tr><td>政府</td></tr>
<tr><td>住户</td></tr>
<tr><td>国外</td></tr>
<tr><td rowspan="3">初次分配支出</td><td>劳动者报酬</td><td colspan="5" rowspan="3">R1</td><td colspan="4" rowspan="4">V</td><td colspan="3" rowspan="4"></td><td rowspan="4">FS</td></tr>
<tr><td>生产税净额</td></tr>
<tr><td>财产性支出</td></tr>
<tr><td>再次分配支出</td><td>转移支出</td><td colspan="5">R2</td></tr>
<tr><td rowspan="4">可支配收入使用</td><td>农村消费</td><td colspan="5" rowspan="3">Z</td><td colspan="4" rowspan="4"></td><td colspan="3" rowspan="4"></td><td rowspan="4"></td></tr>
<tr><td>城镇消费</td></tr>
<tr><td>政府消费</td></tr>
<tr><td>储蓄</td><td colspan="5">S</td></tr>
<tr><td colspan="2">总支出</td><td colspan="5">GU</td><td colspan="4">FU</td><td colspan="3"></td><td></td></tr>
</table>

资料来源：李宝瑜．中国国民收入流量表研究［J］．统计研究，2001（6）：14－18.

2.3　美日中资金流量表的基本特点及其比较

第二次世界大战后，美国是世界上最先研究编制出本国资金流量核算表的国家。随后，世界上许多国家都效仿美国纷纷研究设计出符合本国实际的资金流量核算基本框架，其中，比较有代表性的是日本资金流量核算表。

2.3.1　美国资金流量账户的基本特点

2013 年之前，美国金融账户（Financial Accounts of the United States）也称为美国资金流量账户（Flow of Funds Accounts of the United States），其包含有 193 张统计表，年度历史数据最早可以查找到 1945 年的数据，季度历史数据最早可以查找到 1952 年的数据，资料信息非常丰富。美国联邦储蓄委员会（The Federal Reserve）在每年的 3 月、6 月、9 月和 12 月公布前一个季度的数据，在其发布的 2016 年一季度美国金融账户统计报表（Z. 1 release①）中，总共包括总表（Summaries，包括 12 张统计表）、机构部门（Sectors，包括 43 张流量表和 43 存量表）、交易项目（Instruments，包括 37 张流量表和 35 存量表）、资产负债表和净资产账户（Balance Sheet and Changes in Net Worth，包括 3 张资产负债表和 3 张调整表）、附录（Supplementary Tables，包括 1 张流量表和 2 张存量表）和美国宏观经济综合账户（Integrated Macroeconomic Accounts for the United States，包括 14 张综合表）6 大部分，其中机构部门表和交易项目表是由记录一定时期内机构部门和交易项目的金融资产增量和金融负债增量的流量表和记录某个时点机构部门和交易项目的金融资产余额和金融负债余额的存量表组成，是组成美国金融账户的主要统计信息。

美国金融账户表式的基本结构与表 2 - 3 的模式不同，即美国金融账户表式没有采用 SNA（1993）所提倡的标准结构，而是利用每个机构部门和交易项目编制成独立的分有流量和存量两种形式的表格，并以时间序列的形式呈现出来。美国金融账户机构部门划分和交易项目划分都比较详细，其中机构部门划分为国内非金融部门、国内金融部门和国外部门 3 个大类，共 33 个细类（见表 2 - 5），国内非金融机构部门又包括住户及非营利组织、非金融企业、非金融公司工商业和政府 4 个部门，国内金融机构部门包括联邦储备银行、私人存款机构、人寿保险公

① 资料来源：http：//www. federalreserve. gov/releases/z1/current/z1. pdf.

司、私人和公共养老基金、联邦政府雇员退休基金、货币市场共同基金等，金融部门分类比非金融部门更为翔实，突出了美国金融账户体系的特点。交易项目主要以金融交易的流动性长短、风险大小、收益多少和法定地位为标准划分为33类（见表2－6），其中既有反映政府筹措资金的交易项目，如黄金与持有的官方外汇储备、特别提款权与财政货币等，也有用于跟踪描述民间资金信贷往来的金融工具，如银行存款机构的信贷项目和债券市场和证券市场的融资项目，还有可用于追踪信贷对实体经济影响的交易项目，如消费信贷和贸易信贷等。

表2－5　美国金融账户的部门分类

序号	机构部门（英文）	机构部门（中文）
	Domestic Nonfinancial	国内非金融机构部门
1	Households and Nonprofit Organizations	住户及非营利组织
2	Nonfinancial Business	非金融企业
3	Nonfinancial Corporate Business	非金融公司工商业
4	Nonfinancial Noncorporate Business	非金融非公司工商业
	General Government	政府部门
5	Federal Government	联邦政府部门
6	State and Local Governments	州及地方政府
	Domestic Financial	国内金融机构部门
7	Monetary Authority	联邦储备银行
	Private Depository Institutions	私人存款机构
8	US-Chartered Depository Institutions	美国本土存款机构
9	Foreign Banking Offices in U S	在美国的国外银行
10	Banks in U S-Affiliated Areas	隶属美国地区的商业银行
11	Credit Unions	信用社
12	Property-Casualty Insurance Companies	财产保险公司
	Life Insurance Companies	人寿保险公司
13	Life Insurance Companies: General Accounts	人寿保险公司：一般账户
14	Life Insurance Companies: Separate Accounts	人寿保险公司：独立账户
	Private and Public Pension Funds	私人和公共养老基金

续表

序号	机构部门（英文）	机构部门（中文）
	Private Pension Funds	私人养老基金
15	Private Pension Funds：Defined Benefit Plans	私人养老基金：固定收益计划
16	Private Pension Funds：Defined Contribution Plans	私人养老基金：固定缴纳计划
	Federal Government Employee Retirement Funds	联邦政府雇员退休基金
17	Federal Government Employee Retirement Funds：Defined Benefit Plans	联邦政府雇员退休基金：固定收益计划
18	Federal Government Employee Retirement Funds：Defined Contribution Plans	联邦政府雇员退休基金：固定缴纳计划
	State and Local Government Employee Retirement Funds	州及地方政府雇员退休基金
19	State and Local Government Employee Retirement Funds：Defined Benefit Plans	州及地方政府雇员退休基金：固定收益计划
20	State and Local Government Employee Retirement Funds：Defined Contribution Plans	州及地方政府雇员退休基金：固定缴纳计划
21	Money Market Mutual Funds	货币市场共同基金
22	Mutual Funds	共同基金
23	Closed-End and Exchange-Traded Funds	封闭型与市场交易型基金
24	Government-Sponsored Enterprises	政府资助企业
25	Agency-and GSE-Backed Mortgage Pools	代理机构和政府资助企业支持的抵押贷款
26	Issuers of Asset-Backed Securities	证券化资产发行者
27	Finance Companies	财务公司
	Real Estate Investment Trusts（REITs）	房地产投资信托
28	Equity Real Estate Investment Trusts	股本房地产投资信托
29	Mortgage Real Estate Investment Trusts	抵押贷款房地产投资信托
30	Security Brokers and Dealers	证券经纪人与交易商
31	Holding Companies	股份公司
32	Funding Corporations	融资公司
33	Rest of the World	国外

资料来源：http：//www. federalreserve. gov/releases/z1/current/z1. pdf.

表 2-6　　　　美国金融账户的交易项目分类

序号	交易项目（英文）	交易项目（中文）
1	U. S. Official Reserve Assets and SDR Allocations	黄金与持有的官方外汇储备
2	Special Drawing Rights (SDRs) Certificates and Treasury Currency	特别提款权与财政货币
3	U. S. Deposits in Foreign Countries	在国外存款
4	Net Interbank Transactions	银行间交易净额
5	Checkable Deposits and Currency	支票存款与货币
6	Time and Savings Deposits	定期与储蓄存款
7	Money Market Mutual Fund Shares	货币市场共同基金股份
8	Federal Funds and Security Repurchase Agreements	联邦基金与回购协议证券
	Debt Securities	
9	Open Market Paper	公开市场票据
10	Treasury Securities	国库券
11	Agency-and GSE-Backed Securities	有政府担保的资产担保证券
12	Municipal Securities	地方债与信贷
13	Corporate and Foreign Bonds	公司与外国债券
	Loans	贷款
14	Depository Institution Loans Not Elsewhere Classified	未分类存款机构与借款
15	Other Loans and Advances	其他贷款与预付款
	Total Mortgages	按揭贷款合计
16	Home Mortgages	住房抵押贷款
17	Multifamily Residential Mortgages	多户住宅抵押贷款
18	Commercial Mortgages	不动产抵押贷款
19	Farm Mortgages	农业房产抵押贷款
20	Consumer Credit	消费信贷
21	Corporate Equities	公司股票
22	Mutual Fund Shares	共同基金股份
23	Trade Credit	贸易信贷
24	Life Insurance Reserves	寿险准备基金
25	Pension Entitlements	养老退休基金

续表

序号	交易项目（英文）	交易项目（中文）
26	Taxes Payable by Businesses	工商业应付款
27	Proprietors' Equity in Noncorporate Business	非公司工业商所有者权益
28	Direct Investment	直接投资
	Total Miscellaneous Financial Claims	其他金融债权
29	Identified Miscellaneous Financial Claims—Part Ⅰ	确定的各种金融债权：第一部分
30	Identified Miscellaneous Financial Claims—Part Ⅱ	确定的各种金融债权：第二部分
31	Unidentified Miscellaneous Financial Claims	未确定的各种金融债权
32	Sector Discrepancies	部门差异
33	Instrument Discrepancies	项目差异

资料来源：http：//www. federalreserve. gov/releases/z1/current/z1. pdf.

美联储编制美国金融账户的基础资料来源主要是通过报表的方式定期或不定期地从财政部、国内税务局（IRS）、劳工部、人口调查局等国家职能部门，存款机构、金融公司、政府证券经营商、商业银行、银行控股公司、公共事业单位、其他社会团体等金融机构和非金融机构，以及消费者等私人获取基础资料，利用这些基础资料基本可以满足直接编制美国金融账户。

2.3.2　日本资金循环账户的基本特点

日本资金循环账户由日本国民经济账户和资金流量账户构成，其按照 SNA 原理有机结合起来，从生产、收入、分配、再分配、消费、储蓄、固定资本形成、资金筹集等过程环环相扣地勾勒出日本的整个国民经济活动过程。日本的国民经济账户包括综合账户、机构部门收入支出账户和资本筹集账户三部分，其中综合账户是以国内生产总值核算账户、可支配收入及其使用账户、资本筹集账户和国外账户共同描述了整个国家的国民收入运行状态；各机构部门收入支出账户则有原始收入分配账户、再次收入分配账户和收入使用账户，其中在一般政府部门、住户部门、为住户服务的非营利部门的账户中还增加了实物收入重新分配账户，共同描述了各机构部门在收入分配和使用过程中的每个阶段收入来源和使用情况；各机构部门的资本筹集账户则从实物交易和金融交易两方面反映了各部门的资本累积情况和资本筹集情况，即日本资金流量账户的一部分（主要侧重于实物交易）。国民经济账户是由日本内阁府编制，每个子账户以“借方”和“贷方”的形式来记录收入来源和使用情况，以会计年度（从当年4月到次年3月）和公历年度提供年度及季度信息。日本国民经济账户的基本框架如表2－7所示。

表2－7　　　　日本国民经济账户基本框架

<table>
<tr><td rowspan="19">国民经济账户</td><td rowspan="4">综合账户</td><td colspan="2">生产账户</td></tr>
<tr><td colspan="2">收入分配及支出账户</td></tr>
<tr><td colspan="2">资本筹集账户</td></tr>
<tr><td colspan="2">国外账户</td></tr>
<tr><td rowspan="10">机构部门收入支出账户</td><td rowspan="5">总体经济账户</td><td>收入产生账户</td></tr>
<tr><td>原始收入分配账户</td></tr>
<tr><td>再次收入分配账户</td></tr>
<tr><td>实物收入重新分配账户</td></tr>
<tr><td>收入使用账户</td></tr>
<tr><td>非金融企业部门账户</td><td>原始收入分配账户、再次收入分配账户、收入使用账户</td></tr>
<tr><td>金融企业部门账户</td><td>原始收入分配账户、再次收入分配账户、收入使用账户</td></tr>
<tr><td>一般政府部门账户</td><td>原始收入分配账户、再次收入分配账户、实物收入重新分配账户、收入使用账户</td></tr>
<tr><td>住户部门账户</td><td>原始收入分配账户、再次收入分配账户、实物收入重新分配账户、收入使用账户</td></tr>
<tr><td>为住户服务的非营利机构部门账户</td><td>原始收入分配账户再次收入分配账户、实物收入重新分配账户、收入使用账户</td></tr>
<tr><td rowspan="5">机构部门资本筹集账户</td><td colspan="2">非金融企业部门账户</td></tr>
<tr><td colspan="2">金融企业部门账户</td></tr>
<tr><td colspan="2">一般政府部门账户</td></tr>
<tr><td colspan="2">住户部门账户</td></tr>
<tr><td colspan="2">为住户部门服务非营利机构部门</td></tr>
</table>

资料来源：根据日本内阁网站公布的国民经济账户资料整理。

资本筹集账户（见表 2－8）是日本侧重于实物的资金流量表，其由实物交易表和金融交易表两部分构成，各部门资本筹集账户的前部分是记录各经济主体的投资（资本积累）和储蓄（资本筹集）状况，后部分记录的是各经济主体如何通过金融交易来弥补由于储蓄不足而造成的投资缺口，两部分在各部门中的交易项目尽管不完全相同，但基本是一致的。实物交易借方记录总固定资本形成、库存增加和土地的购入净额，表示为投资形态，属于资本积累过程；贷方记录的是从收入使用账户得到的储蓄与从原始收入分配账户得到的固定资本折旧（在借方记为扣除）以及来自其他部门的资本转移，表示为资本筹集过程。资本积累与资本筹集的差额记录为净贷出与净借入的差额。金融交易借方记录的是金融资产的增减情况，贷方记录的是金融负债的增减情况，两者的总差额记为净贷出与净借入的差额（资金盈亏），其理论上与实物交易中的净贷出与净借入的差额是一致的，但由于编制的基础资料不同，所以通常存在一定的统计误差。

表 2－8　　　　日本各机构部门资本筹集账户

实物交易						
编号	交易项目（中文）	非金融	金融	政府	住户	非营利团体
1	借方					
2	总固定资本形成					
3	固定资本折旧（扣除）					
4	库存增加		—			—
5	土地的购入（净额）					
6	净贷出与净借入的差额					
7	资产变化					
	贷方					
8	储蓄（净额）					
9	资本转移等（流入）					
10	（1）来自居民		—		—	—
11	（2）来自国外		—		—	—

续表

实物交易						
编号	交易项目（中文）	非金融	金融	政府	住户	非营利团体
12	资本转移等（流出）					
13	（1）对居民支付		—		—	—
14	（2）对国外支付		—		—	—
15	由于储蓄与资本转移发生的净资产变化					

金融交易						
编号	交易项目（中文）	非金融	金融	政府	住户	非营利团体
16	借入					
17	现金现存款					
18	贷款				—	
19	股票以外的证券					
20	股票与其他股权					
21	金融衍生产品					
22	保险与养老储备	—	—	—		—
23	其他金融资产					
24	资产变化					
25	净贷出与净借入的差额（资金盈亏）					
26	贷出					
27	现金现存款	—		—	—	—
28	信贷					
29	股票以外的证券				—	—
30	股票与其他股权				—	—
31	股权	—			—	
32	金融衍生产品					
33	保险与养老准备金	—		—	—	—
34	其他负债					
35	净贷出与净借入的差额（资金盈亏）+负债变化					

资料来源：http：//www. esri. cao. go. jp/en/sna/data/kakuhou/files/2014/28annual_ report_ e. html.

日本银行于1958年开始编制本国的资金流量金融账户，从1954年起，数据分为季度数据和年度数据，公布的季报快报数据（初步数）滞后期约为3个月，最终确定的季报数据的滞后期约为6个月，每年3月份公布修订数据和延续的时间序列数据。日本银行编制的资金流量金融账户由流量表、存量表和调整表三部分组成，流量表记录的是本期资产/负债发生的增减额，存量表记录的是本期期末持有的资产/负债的余额，调整表记录的是资产/负债与金融交易表之间的差额。

与日本内阁府编制的资本筹集账户的金融交易侧重点不同，日本银行编制的金融交易账户更注重经济的运转机能和实际状况，部门分类和交易项目分类更加详细，分别为45个部门和51个交易项目。从部门分类看，日本现行的资金流量金融账户主要是参照SNA1993和IMF编制的《货币与金融统计手册》，将部门主要划分为金融机构和非金融机构两大类，其中金融机构包括金融中介机构和非中介机构，非金融机构包括非金融法人企业、一般政府、住户和为住户服务的民间非营利团体，非金融法人企业更细地划分还有民间非金融法人企业和公共性非金融法人企业，金融机构更细的划分还有中央银行、存款机构、保险/养老金基金、其他金融中介机构，一般政府部门更细地划分为中央政府、地方公共团体和社会保障基金等；从交易项目分类看，金融交易账户的交易项目大类与资本筹集账户中金融交易项目的分类一致，主要划分为现金/存款、信贷、股票以外的证券、股票与其他股权、股权、金融衍生产品和保险与养老准备金等。

日本银行编制日本资金流量金融账户使用的方法形式多样，但归纳起来主要有两种：一种是垂直编制法，另一种是水平编制法。垂直编制法主要是以各财务报表数据为基础数据，其编制结果精确度比较高。因此，日本银行在编制日本资金流量金融账户的过程中，在可以直接利用各财务报表数据的情况下，一般都首先选择使用垂直编制法，如金融机构部门、公共非金融企业部门和证券基金部门，直接使用这些部门的财务报表数据可以保证编制资金流量金融账户主要项目的精确度，然而，对于这些部门以外的其他部门，它们的财务报表数据不一定都可以直接利用，而需要做一些推算，这也恰恰反映出了垂直编制法的局限性。而水平编制法则是先根据每项交易项目分别进行汇总，然后再将汇总结果按照各部门的比例进行分摊推算。分摊推算结果精确度不像垂直编制法直接利用财务报表数据的那么高，但对于通过如直接从金融机构部门得到的存贷款余额和从证券交易所得到的股票交易总额等来推算各机构部门的数据，在一定程度上还是可以确保其数据的精确性的，为区分各推算数据的精确度，日本银行还以高、中、低精确度来对其编制的资金流量金融账户的各个推算数据的精确程度进行了标志。

2.3.3 中国资金流量表的基本特点

中国中央政府于 1985 年开始组织财政部、原国家计委、中国人民银行和国家统计局研究编制中国的资金流量表。1986 年，中国国家统计局试编出了中国资金流量表简表，1987 年编写出编制中国资金流量表的初步方案，1992 年国务院将资金流量核算纳入中国新国民经济核算体系。中国资金流量表由两部分组成，一部分为实物交易部分，另一部分为金融交易部分，实物交易部分由国家统计局负责编制，金融交易部分由中国人民银行负责编制。1998 年，中国资金流量表数据首次公布在《中国统计年鉴》上，自中国资金流量表数据首次公布以来，对于实物交易部分，中国国家统计局已经根据历次中国经济普查资料和财政收支决算资料对其历年数据进行过几次比较大的修订，其中 2005 年根据《中国经济普查年度资金流量表编制方法》对 2004 年数据进行了重新核算，2013 年根据《中国实物资金流量表编制方法》修订了 2000—2009 年的数据，2015 年在编制 2013 年和 2014 年中国实物资金流量表的同时，重新修订了 1992 年以来的数据，修订后的数据更科学、真实、准确。

中国资金流量表的基本框架与 SNA 力推的框架基本保持一致，机构部门划分和交易项目分类也几乎都是基于 SNA 的基本概念来设置，其结构如表 2 - 3 所示。中国资金流量表中的机构部门主要划分为非金融企业、金融企业、政府、住户和国外五个部门，交易项目主要划分为实物交易和金融交易两大部分。对于实物交易部分，其主要以支出法国内生产总值核算出来的总增加值按机构部门的水平进行调整，再以各机构部门的增加值为资金流量核算的起点，按照 SNA 交易账户设置的顺序，从收入初次分配、收入再分配和净金融投资形成等环节对各机构部门的资金流量进行核算。通过对中国实物交易资金流量表的观察，可以把握收入的分配与再次分配的关系，也可以了解各机构部门可支配收入的形成过程和使用过程，以及可以追踪宏观经济在生产、消费、储蓄、投资、净金融投资等过程中企业、政府和个人三者的初次分配关系。中国实物交易资金流量表结构如表 2 - 9 所示。在表 2 - 9 中，不考虑统计误差的情况下，部门内部以及部门之间各交易项目存在的平衡关系如式（2 - 13）—式（2 - 19）所示，最后一个交易项目是净金融投资，是衔接实物交易部分与金融交易部门的指标。

鉴于本书研究的目标，在此本书仅对我国实物资金流量表编制方法进行论述。根据国家统计局核算司 2013 年 3 月编制的《中国实物资金流量表编制方法》，中国实物资金流量表的编制方法主要有三种，分别为总量控制法、直接法和倒推法。总量控制法是指首先把每一个交易项目的总量确定下来，然后再按一定的比例将其分解到各个机构部门中去，这种方法可以保证资金流量表中的总量与其他核算表中的相同总量保持一致。直接法是指直接采用现有的统计基础资料对资金流量表进行编制，这种方法编制出的结果精确度比较高。倒推法是指由于现有统计基础资料不足而依靠有限的资料间接推算出某一个或某些部门的交易项目。

表 2 - 9　　　　中国实物交易资金流量表

指标	企业		金融		政府		住户		国内合计		国外		合计	
	U	S	U	S	U	S	U	S	U	S	U	S	U	S
一、净出口														
二、增加值（Y）														
三、劳动者报酬（L）														
四、生产税净额（T）														
五、财产收入（P）														
（一）利息														
（二）红利														

续表

指标	企业		金融		政府		住户		国内合计		国外		合计	
	U	S	U	S	U	S	U	S	U	S	U	S	U	S
（三）地租														
（四）其他														
六、初次分配收入（IDI）														
七、经常转移收入（TR）														
（一）所得税、财产税等经常税														
（二）社会保险缴款														
（三）社会保险福利														
（四）社会补助														
（五）其他														
八、可支配收入（DI）														
九、最终消费支出														
（一）居民消费支出														
（二）政府消费支出														
十、总储蓄														
十一、资本转移														
（一）投资性补助														
（二）其他														
十二、资本形成总额														
（一）固定资本形成总额														
（二）存货变动														
十三、其他非金融资产获得减处置														
十四、净金融投资														

资料来源：《中国统计统计年鉴 2014》。

编制中国实物资金流量表的基础数据主要来源于国家统计系统内部提供的 GDP 生产核算中增加值核算资料、劳动者报酬资料、年度 GDP

收入法核算资料和《中国统计年鉴》中的城乡居民家庭人均收入及恩格尔系数表、全国财政收支总额及增长速度表、人口数及构成表、城镇居民家庭基本情况表、农村居民家庭基本情况表、各地区新型农村合作医疗情况表、社会保险基金收支及累计结余表、保险公司业务经济技术指标表、国际收支平衡表、各地区按主要行业划分的全社会固定资产投资表、各地区城乡居民人民币储蓄存款表和间接计算的银行中介服务产出在各行业的分摊等，以及财政部的提供全国预算执行情况资料、行政事业单位决算资料、一般预算收入资料、预算外收入资料和有关地方融资平台贷款资料等，金融机构提供的银行业资产负债表、银行业损益表、银行业及相关金融业资产负债表、银行业及相关金融业损益表、保险业资产负债表、证券业资产负债表、证券业损益表、保险业利润表、分行业存贷款情况表、中国金融机构人民币信贷收支月报、中国债券登记结算公司资料、中国证券期货统计年鉴等，税务部门提供的全国税收收入分税种分产业收入情况表，人力资源和社会保障部提供的劳动与社会保障资料等。

2.3.4　美日中三国资金流量账户的比较

从表式结构来看，美国的资金流量账户和日本的资金循环账户在表式上有着明显的差异，尽管美国资金流量账户与日本资金循环账户都含有非金融交易和金融交易的内容，但美国的表式是将两部分内容融于同一张表中，而日本的表式则是将非金融交易和金融交易设置于两张不同的表中，即实物交易账户和金融交易账户，并依此编制了一张综合账户。从部门分类来看，美国的表式设有“国外”部门，日本的表式却没有设“国外”部门，而只是在综合账户的最后部分粗略地反映出了对“国外”所发生的经济关系，其所反映的内容不够具体、不够明确，以致只能从总量了解而无法从结构上做深入的研究和分析。此外，在美国表式中，宾栏中的每个部门下方还设有“运用（U）”和“来源（S）”两列。而在日本表式中，则是将“资产”放在表的上半部分，“负债”在表的下半部分，不像美国表式那样在每个部门下列出两列，即使两种表式有差异，但表中的数字所表达的含义是相同的，即都反映资产或负债变化的净额。

与美国和日本的资金流量账户不同，中国资金流量表是根据中国当前统计核算的现实基础和实际需要，以SNA力推的标准框架为基础编制得来的，而美国和日本的资金流量账户却没有采用SNA标准。从部门分类设置看，中国资金流量表的大部门分类与SNA的划分基本一致，都分为非金融企业、金融企业、政府、住户和国外部门。从交易项目设置看，中国资金流量表的交易项目基本上都是以SNA提供的基本概念为设置基础，构建的基本结构也与SNA（1993）相吻合，即分为非金融（实物）交易和金融交易两部分，基本结构与SNA保持一致，便于开展国际比较。与美国和日本的资金流量账户相比较，中美两国资金流量账户在机构部门设置上都设有“国外”部门，这样能更明确、具体的反映国内经济部门与“国外”部门之间的关系，而日本则没有；从交易项目结构上看，中国资金流量表结构与日本内阁府编制的国民经济核算年报中的资本筹集账户相类似，都分设有实物交易表和金融交易表两部分，净金融投资为实物交易表和金融交易表的衔接项目。但是在实物交易表，中国的实物交易项目范围更宽，涵盖了初次分配、再次分配、消费、储蓄、固定资本形成以及净金融投资等内容，是国民收入账户的垂直延伸，而日本资本筹集账户中的实物交易部门只包含固定资本形成和储蓄两部门内容，交易项目涵盖的范围很窄。与中日两国不同，美国则把实物交易部分融入金融交易部分中去，重点编制金融交易表。与美日不同的还有，从中国实物交易表中还可以追踪宏观经济在生产、消费、储蓄、投资、净金融投资等过程中企业、政府和个人三者的初次分配关系，通过税收、经常转移可以观察到收入再分配与可支配收入的形成过程，以及可支配收入如何被运用于最终消费、储蓄及投资。从数据的发布频率来看，美日都发布有季度数据和年度数据，而中国只发布有年度数据。由此可见，中国资金流量表既吸收了美国和日本资金流量表的优点和方法，也展现出适合中国国情独特的一面。

2.4　本章小结

本章是本书的经济理论支撑和逻辑起点，首先介绍了国民收入循环理论基础，整理描述了资金流量账户体系及其统计基本结构，然后再简要介绍美国和日本的资金流量账户，并与中国资金流量表做比较，为下文编制中国季度实物资金流量矩阵表提供理论脉络。

第 3 章　动态时序分解模型理论及其评价

在经济实证分析领域，利用时间序列数据建立计量模型进行经济分析是非常流行的做法。然而，宏观经济数据通常要么以年度数据的形式公布，要么以季度数据或月度数据的形式公布，建模时经常遇到某些时间序列数据频率过低而无法满足建模的需要，因此，寻求合理的技术手段将低频率数据转换成高频率数据非常有必要。

3.1　动态时间序列分解模型理论

本节重点讨论的是时间序列分解（temporal disaggregation）方法理论，此处的“时间序列分解”与国内相关文献中提到的“时间序列分解”不同。本书中的“时间序列分解”，是指按照一定条件限制，将低频率的时间序列扩容成高频率的时间序列，扩容后的高频率时间序列与原序列性质保持一致，即定义为：假设 $\{Y_T\}$ （$T=1，2\cdots n$）是待分解的目标序列，要将其分解为时间频率更高的序列 $\{y_t\}$ （$t=1，2\cdots s\times n$），$Y_T=y_{sT-s+1}+y_{sT-s+2}+\cdots+y_{sT}$，s 表示分解类型，$s=3$、4、12，分别表示将季度目标序列分解为月度序列、年度序列分解为季度序列、年度序列分解为月度序列，记 $Y=(Y_1\quad Y_2\cdots Y_n)'$，$y=(y_1\quad y_2\cdots y_{sn})'$。而国内相关文献中提到的“时间序列分解（Time - series Decomposition)”，是指将某一时间序列数据分解成趋势（trend）成分、季节（seasonal）成分和无法用趋势和季节模式解释的随机干扰（disturbance）成分，比较常用的时间序列分解模型有乘法模型和加法模型。从定义上可见，两者在分解思想、分解方法和分解目标上都存在着本质性的差异，为了便于区别，本书对本研究重点讨论的“时间序列分解”模型定义为“动态时间序列分解”模型。就动态时间序列分解模型而言，国外学者已经做了非常广泛的研究，Jose. Pavía-Miralles（2010）将这些研究归纳起来，其主要分为非基于指示变量方法（Non-Indicators Algorithms）和基于指示变量方法（Based Method Indicators）两种，其中后一种方法又分为基准调整法（Benchmarking/Adjusting Algorithms）、计量经济模型法（Econometric Model Approaches）和最优化法（Optimal Procedures）等。关于动态时间序列分解问题的研究，本章将按照上述的分类方法对动态时间序列分解问题进行综述。

3.1.1　非基于指示变量的动态时间序列分解模型

非基于指示变量的动态时间序列分解模型，是将低频率的目标时间序列分解成高频率的时间序列时，不需要借助任何其他相关变量信息，而仅仅凭借其自身所带有的信息进行时序分解的模型。Jose. Pavía-Miralles（2010）认为早期的非基于指示变量动态时间序列分解法是一种无理论依据、机械化地产生仅仅满足一些主观预设条件的高频序列，这些方法多数都是在静态权重结构下将低频序列转化成高频序列，而它们的差异主要体现在加权矩阵选择上，在国民经济季度或月度账户核算中，这些方法只能被当作一种工具来使用而已，尽管如此，从中我们还是可以发现对于解决时序列时间频率问题的实际需求的。随后，基于 ARIMA 模型的非基于指示变量动态时间序列分解法理论逐渐建立起来，这些研究成果对解决动态时序分解问题更具有灵活性，应用也比较广泛，这明显促进了非基于指示变量动态时序分解理论的不断发展。非基于指示变量动态时间序列分解方法主要包括简单平均法（Naive procedure）、插值法（Interpolation procedure）、LS（Lisman & Sandee）法、BFL

(Boot & Feibes & Lisman) 法和 SW (Stram & Wei) 法等。

1. 简单平均法

假设 $\{Y_T\}$ ($T=1, 2\cdots n$) 是待分解的目标序列，$\{y_t\}$ ($t=1, 2\cdots s\times n$) 为分解后时间频率更高的序列，序列无季节性波动，则

$$\hat{y}_{s(T-1)+j} = \frac{1}{s}Y_T \tag{3-1}$$

s 表示分解类型，$s=3$、4、12 分别表示将季度目标序列分解为月度序列、年度序列分解为季度序列、年度序列分解为月度序列，$j=1, 2\cdots s$，$T=1, 2\cdots n$。在此，$\{y_t\}$ ($t=1, 2\cdots s\times n$) 序列若服从白噪声分布，模型 (3-1) 中的 $\hat{y}_t$ 估计显然为最小二乘估计。

2. 插值法

插值法是一种函数逼近法，其利用未知函数 $f(t)$ 在某区间内已知若干点的函数值，作出合理的特定函数 $S(t)$，使得该特定函数 $S(t)$ 在这些已知点上的函数值与函数 $f(t)$ 的函数值相等，然后再根据此特定函数 $S(t)$ 算出该区间内其他各点的函数值作为函数 $f(t)$ 的逼近值。在国民经济季度核算领域，Zani (1970) 利用内插值法将年度序列分解成季度序列时，假设该分解成的季度序列值全部落在通过已知年度序列值的二次多项式函数上，即假设逼近的特定函数为二次多项式函数；Greco (1979) 对此又做了进一步拓展延伸为假设该逼近的特定函数为其他次多项式函数；Almon (1988) 为将年度数据序列转化为季度数据序列还专门设计了一个称为 G 的计量经济计算包，其主要特点是假设年度数据序列中的每两个连续点之间的函数都为三次多项式函数，该方法也称为三次样条插值法 (Spline 插值法)。由于 Spline 插值法具有操作简捷、估算结果稳健的优势，因此在时序分解研究中得到广泛应用，例如 Abdul Rashid (2013) 采用该方法对巴基斯坦 1971—2010 年的 GDP、投资和政府消费支出季度数值进行了估算。Spline 插值法用数学模型可以描述为：

首先，定义三次样条函数：假设函数 $S(t)$ 定义域为区间 $[t_1, t_n]$，

给定时间节点 t_0、t_1、$t_2 \cdots t_n$，若 $S(t)$ 满足：

$$S(t) = \begin{cases} s_0(t) & t_0 \leqslant t < t_1 \\ s_1(t) & t_1 \leqslant t < t_2 \\ \vdots & \vdots \\ s_{n-1}(t) & t_{n-1} \leqslant t < t_n \end{cases} \tag{3-2}$$

其中的分段函数 $s_i(t)$，$i=1, 2 \cdots n-1$，在区间 $[t_i, t_{i+1}]$ 上满足三次多项式：

$$s_i(t) = \beta_{0i} + \beta_{1i}(t - t_i)^1 + \beta_{2i}(t - t_i)^2 + \beta_{3i}(t - t_i)^3 \quad t \in [t_i, t_{i+1}] \tag{3-3}$$

称函数 $S(t)$ 为三次样条函数。

然后，定义三次样条插值函数：如果在节点 t_i 处给定函数值 $Y_i = f(t_i)(i=0, 1, 2 \cdots n)$，函数 $S(t)$ 满足条件：

$$S(t_i) = Y_{ai}(i = 0,1,2 \cdots n) \tag{3-4}$$

则称函数 $S(t)$ 为函数 $f(t)$ 的三次样条插值函数。

由三次样条插值函数 $S(t)$ 定义可知，若要确定函数 $S(t)$，则需要确定在每个小区间 $[t_i, t_{i+1}]$ 上 $s_i(t)$ 的 4 个待定系数，共有 n 个小区间，因此共有 $4 \times n$ 个待定系数。为求得 $4 \times n$ 个待定系数，必须要有 $4 \times n$ 个条件支撑。而由于函数 St 为函数 $f(t)$ 的三次样条插值函数，于是可以通过条件：

（1）插值条件：$S(t_i) = Y_i(i=0, 1, 2 \cdots n)$；

（2）连续性条件：$\lim\limits_{t \to t_i} S(t) = S(t_i) = Y_i(i=1, 2 \cdots n-1)$；

（3）一阶导数连续性条件：$\lim\limits_{t \to t_i} S'(t) = S'(t_i)$ $(i=1, 2 \cdots n-1)$；

（4）二阶导数连续性条件：$\lim\limits_{t \to t_i} S''(t) = S''(t_i)$ $(i=1, 2 \cdots n-1)$。

以及自然边界条件 $S''(t_0) = f''(t_0)$ 和 $S''(t_n) = f''(t_n)$ 共 $4 \times n$ 个条件求得函数 $S(t)$ 的 $4 \times n$ 个待定系数，从而确定函数 $S(t)$。通过函数 $S(t)$ 的分段函数 $s_i(t)$ 可以计算出 $[t_i, t_{i+1}]$ 内任意点 t 的函数值，其反映的是时间序列于 t 时刻的存量值。

上述这些文献解决低频序列转换成高频序列问题时都是针对存量单变量序列的，但在现实中，还经常遇到将有相互制约关系的多重变量低频序列分解成相对应的高频序列数据的问题。为解决此类问题，Hedhili & Trabelsi（2005）、Zaier & Trabelsi（2007）等在 Almon（1988）提供多项式插值法 G 计量经济计算包的基础上进行拓展，解决了多重变量低频序列分解问题，这种方法的最大优点是只根据目标变量序列自身具备的信息特点就可以将多重低频序列分解成高频序列，实践中应用比较简便，不足的是其对序列的首期则无法分解。

3. LS 法

Lisman & Sandee（1964）在考虑将年度数据分解成季度数据研究中，他们认为在年度数据序列中，第 T 年各季度的数据 $\hat{y}_{4T-3}$，$\hat{y}_{4T-2}$，$\hat{y}_{4T-1}$，$\hat{y}_{4T}$可以通过对第 $T-1$，T 和 $T+1$ 连续三年的年度数 Y_{T-1}，Y_T 和 Y_{T+1}加权平均估算得到，为此假设如下四个条件：(1) 第 T 年各季度数据之和等于年度数据，即 $Y_T=\hat{y}_{4T-3}+\hat{y}_{4T-2}+\hat{y}_{4T-1}+\hat{y}_{4T}$；(2) 第 T 年各季度数据关于年度数据 Y_{T-1}，Y_T 和 Y_{T+1}的权重具有对称性；(3) 季度数据序列与年度数据序列具有相同的增减趋势，即若年度数据序列每年以相同的 p 增加（或减少），则季度数据序列中的每个季度必须以相同的$\frac{1}{4}p$ 增加（或减少）；(4) 若年度数据序列满足 $Y_T-Y_{T-1}=Y_T-Y_{T+1}$周期性变化，第 T 年各季度数据则必须为具有周期性正弦线上的点。根据上述这四个条件，第 T 年的年度数据可以唯一的分解为：

$$\begin{pmatrix}\hat{y}_{4T-3}\\ \hat{y}_{4T-2}\\ \hat{y}_{4T-1}\\ \hat{y}_{4T}\end{pmatrix}=\begin{pmatrix}0.073 & 0.198 & -0.021\\ -0.010 & 0.302 & -0.042\\ -0.042 & 0.302 & -0.010\\ -0.021 & 0.198 & 0.073\end{pmatrix}\begin{pmatrix}Y_{T-1}\\ Y_T\\ Y_{T+1}\end{pmatrix} \tag{3-5}$$

其中，$T=2$，$3\cdots$ $(n-1)$。

LS 法在将特定年度数据分解成季度数据时，虽然考虑到了前后相邻年度数据信息对待分解季度值的影响，但其假设的条件有些还比较主观，而且该方法最大的不足是无法将首年和末年年度数据进行分解。

4. BFL 法

与上述方法不同，Boot & Feibes & Lisman（1967）从最优化理论角

度构建了一个动态时序分解模型，解决了年度数据向季度数据扩容的问题。其建模思路主要是，在满足每年未知季度数据之和等于该年已知年度数据的制约条件下，求使未知季度数据序列一阶差分或二阶差分平方和最小的解。解决这类最优化问题，通常可以通过拉格朗日方法求得。

（1）BFL－FD 法。Boot 等（1967）提出了在满足未知季度数据之和等于已知年度数据的制约条件下，求解使未知季度数据序列一阶差分平方和最小的季度数据序列，即 BFL 一阶差分平方和最小化法，简称为 BFL－FD 法。

设 $\{Y_T\}$（$T=1,\ 2\cdots n$）是待分解的年度序列，$\{\hat{y}_t\}$（$t=1,\ 2\cdots 4n$）为分解后的季度序列，建立目标函数为：

$$\min\left[\sum_{i=2}^{4n}(\hat{y}_i-\hat{y}_{i-1})^2\right] \tag{3-6}$$

约束条件：

$$\sum_{j=4(T-1)+1}^{4T}\hat{y}_{4(T-1)+j}=Y_T\quad(T=1,2\cdots n) \tag{3-7}$$

为求目标函数（3－6）的最优解，构造如下拉格朗日函数：

$$L_1=\sum_{i=2}^{4n}(\hat{y}_i-\hat{y}_{i-1})^2-\sum_{T=1}^{n}\lambda_T\left(\sum_{i=s(T-1)+1}^{4T}\hat{y}_i-Y_T\right) \tag{3-8}$$

求拉格朗日函数 L_1 分别对 $\hat{y}_i(i=1,\ 2\cdots 4n)$ 和 $\lambda_T(T=1,\ 2\cdots n)$ 偏导数，并令它们等于 0，然后再根据这 $4n+n$ 个方程求得 $\hat{y}_i(i=1,\ 2\cdots 4n)$ 和 $\lambda_T(T=1,\ 2\cdots n)$ 的最优解。用矩阵形式表示为：

$$\begin{bmatrix}B & -J'\\ J & 0\end{bmatrix}\begin{bmatrix}\hat{y}\\ \Lambda\end{bmatrix}=\begin{bmatrix}0\\ Y\end{bmatrix} \tag{3-9}$$

其中，B 为 $4n\times 4n$ 的带状矩阵：

$$B=\begin{bmatrix}2 & -2 & & & & & \\ -2 & 4 & -2 & & & & \\ & -2 & 4 & -2 & & & \\ & & \cdots & \cdots & \cdots & & \\ & & & -2 & 4 & -2 & \\ & & & & -2 & 4 & -2\\ & & & & & -2 & 2\end{bmatrix} \tag{3-10}$$

J 为 $n \times 4n$ 矩阵，其中第 i 行的第 4（$i-1$）列到第 $4i$ 列的元素均为 1，其余元素均为 0，若 $n=3$ 时，

$$J = \begin{pmatrix} 1 & 1 & 1 & 1 & 0 & 0 & 0 & 0 & 0 & 0 & 0 & 0 \\ 0 & 0 & 0 & 0 & 1 & 1 & 1 & 1 & 0 & 0 & 0 & 0 \\ 0 & 0 & 0 & 0 & 0 & 0 & 0 & 0 & 1 & 1 & 1 & 1 \end{pmatrix} \quad (3-11)$$

由式（3－9）可以得到：

$$B\hat{y} = J'\Lambda \quad (3-12)$$

$$J\hat{y} = Y \quad (3-13)$$

由此可得：

$$\Lambda = (JB^{-1}J')^{-1}Y \quad (3-14)$$

$$\hat{y} = B^{-1}J'(B^{-1}J')^{-1}J^{-1}Y \quad (3-15)$$

但是，由于 B 矩阵为奇异矩阵，因此式（3－14）和式（3－15）不成立，为此对式（3－12）进行调整，去掉 B 矩阵的最后一行和最后一列，即去掉第 $4n$ 个方程，对式（3－12）重新编写为：

$$B^{*}\hat{y}^{*} = J^{*\prime}\Lambda + d \quad (3-16)$$

其中，B^{*} 为矩阵 B 去掉最后一行和最后一列得到的（$4n-1$）×（$4n-1$）子矩阵，J^{*} 为矩阵 J 去掉最后一列得到的 $n\times(4n-1)$ 子矩阵，$\hat{y}^{*}$ 为向量 $\hat{y}$ 去掉最后一个元素得到的（$4n-1$）阶子向量，d 为最后一个元素为 $2\hat{y}_{4n}$ 其余元素为 0 的（$4n-1$）阶向量。于是，由式（3－16）可求得 $\hat{y}$ 的前（$4n-1$）个最优解表示为：

$$\hat{y}^{*} = B^{*-1}(J^{*\prime}\Lambda + d) \quad (3-17)$$

在此，一方面，从式（3－17）可知，$\hat{y}$ 前（$4n-1$）个元素中的每个元素都可以表示成 y_{4n} 和 λ_T（$T=1, 2, \cdots n$）的线性表达式，再加上式（3－7），由此可以得到含有 $n+1$ 个未知数的 n 个方程。另一方面，由于 B 矩阵为奇异矩阵，如果 $\hat{y}$ 在式（3－12）中存在不同解，则必有矩阵 B 的秩与增广矩阵 $[B \quad J'\Lambda]$ 的秩相等，这意味着 $J'\Lambda$ 所有元素的和必为 0 或为：

$$\sum_{T=1}^{n} 4\lambda_T = 0 \quad (3-18)$$

由此，再增加一个方程，即得到 $n+1$ 个含有 $n+1$ 个未知数的方

程。对这 $n+1$ 个方程进行代数运算得式（3-19）：

$$\begin{bmatrix} K & S \\ S' & 0 \end{bmatrix}\begin{bmatrix} \Lambda \\ \hat{y}_{4n} \end{bmatrix} = \begin{bmatrix} Y \\ 0 \end{bmatrix} \tag{3-19}$$

其中，K 为 $n \times n$ 矩阵，其元素可表示为：

$$k_{ij} = 12 + 32 \times [n - \max(i,j)](i \neq j)$$

$$k_{ij} = 7 + 32 \times [n - i](i = j)$$

S 为元素均为 4 的 $n \times 1$ 向量。

于是，从式（3-19）可以先求出 Λ 和 $\hat{y}_{sn}$，然后再根据式（3-17）求出 $\hat{y}$ 的前（$4n-1$）个解，从而得到 $\hat{y}$ 的全部最优解。

（2）BFL-SD 法。BFL-FD 法分解结果发现，对于一个连续上升的年度序列，其季度数据分解结果不是一条连续上升的直线，而是一条斜率先扬后抑的“S”形曲线，分解结果趋势性效果方面存在失真问题。为解决这一趋势性问题，类似于 BFL-FD 法，Boot 等（1967）还提出，在制约条件不变的情况下，求解使未知季度数据序列二阶差分平方和最小的季度数据序列，即二阶差分平方和最小化法，简称为 BFL-SD 法。

建立目标函数为：

$$\min\left[\sum_{i=2}^{4n}(\Delta\hat{y}_i - \Delta\hat{y}_{i-1})^2\right] \tag{3-20}$$

其中，

$$\Delta\hat{y}_i = \hat{y}_{i+1} - \hat{y}_i \tag{3-21}$$

约束条件与 BFL-FD 法的约束条件式（3-7）一样为：

$$\sum_{j=4(T-1)+1}^{4T}\hat{y}_{4(T-1)+j} = Y_T(T = 1,2\cdots n)$$

为求目标函数式（3-20）的最优解，构造如下拉格朗日函数：

$$L_2 = \sum_{i=2}^{4n}(\Delta\hat{y}_i - \Delta\hat{y}_{i-1})^2 - \sum_{T=1}^{n}\lambda_T\left(\sum_{i=4(T-1)+1}^{4T}\hat{y}_i - Y_T\right), \tag{3-22}$$

求拉格朗日函数 L_2 分别对 $\hat{y}_i(i=1,\ 2\cdots4n)$ 和 $\lambda_T(T=1,\ 2\cdots n)$ 的偏导数，并令它们等于 0，然后再根据这 $4n+n$ 个方程求得 $\hat{y}_i(i=1,\ 2\cdots4n)$ 和 $\lambda_T(T=1,\ 2\cdots n)$ 的最优解。对于 BFL-SD 法，与 BFL-FD 法唯一不同的地方是，用矩阵形式表示时，式（3-9）中的带状矩阵 B 换为带状矩阵 C，即：

$$\begin{bmatrix} C & -J' \\ J & 0 \end{bmatrix}\begin{bmatrix} \hat{y} \\ \Lambda \end{bmatrix} = \begin{bmatrix} 0 \\ Y \end{bmatrix} \tag{3-23}$$

其中，C 为 $4n \times 4n$ 的带状矩阵：

$$C = \begin{bmatrix} 2 & -4 & 2 & & & & & \\ -4 & 10 & -8 & 2 & & & & \\ 2 & -8 & 12 & -8 & 2 & & & \\ & 2 & -8 & 12 & -8 & 2 & & \\ & & \cdots & \cdots & \cdots & \cdots & & \\ & & 2 & -8 & 12 & -8 & 2 & \\ & & & 2 & -8 & 12 & -8 & 2 \\ & & & & 2 & -8 & 10 & -4 \\ & & & & & 2 & 4 & -2 \end{bmatrix} \tag{3-24}$$

同样，由式（3－23）可以得到：

$$C\hat{y} = J'\Lambda \tag{3-25}$$

$$J\hat{y} = Y \tag{3-26}$$

由此可得：

$$\Lambda = (JC^{-1}J')^{-1}Y \tag{3-27}$$

$$\hat{y} = C^{-1}J'(C^{-1}J')^{-1}J^{-1}Y \tag{3-28}$$

但是，由于 $4n \times 4n$ 阶 C 矩阵的秩等于 $4n-2$，为奇异矩阵，所以式（3－27）和式（3－28）不成立，为此对式（3－25）进行调整，去掉矩阵 C 的最后两行和最后两列，类似于 BFL－FD 法的代数运算过程，公式（3－25）重新编写为：

$$C^{**}\hat{y}^{**} = (J**)'\Lambda + d_1 + d_2 \tag{3-29}$$

其中，C^{**} 为矩阵 C 去掉最后两行和最后两列得到的 $(4n-2) \times (4n-2)$ 子矩阵，J^{**} 为矩阵 J 去掉最后两列得到的 $n \times (4n-1)$ 子矩阵，$\hat{y}^{**}$ 为向量 $\hat{y}$ 去掉最后两个元素，即去掉 $\hat{y}_{4n-1}$ 和 y_{4n} 得到的 $(4n-1)$ 子向量，d_1 为倒数第二个元素为 $-2\hat{y}_{4n-1}$，最后一个元素为 $8\hat{y}_{4n-1}$，其余元素为 0 的 $(4n-2)$ 阶向量，d_2 为最后一个元素为 $-2\hat{y}_{4n}$，其余元素为 0 的 $(4n-2)$ 阶向量。于是，由式（3－29）可以求得 $\hat{y}$ 的前 $(4n-2)$ 个最优解表示为：

$$\hat{y}^{**} = (C^{**})^{-1}[(J^{**})'\Lambda + d_1 + d_2] \quad (3-30)$$

与 BFL - FD 法一样，一方面，从式（3 - 30）可知，$\hat{y}$ 前（$4n-2$）个元素中的每个元素都可以表示成 $\hat{y}_{4n-1}$、y_{4n} 和 $\lambda_T(T=1,2\cdots n)$ 的线性表达式，再加上式（3 - 7），由此可以得到含有 $n+2$ 个未知数的 n 个方程。另外，又由拉格朗日条件得到如下两个方程：

$$\sum_{T=1}^{n}[6+16(n-T)]\lambda_T = 0 \quad (3-31)$$

$$\sum_{T=1}^{n}[-2-16(n-T)]\lambda_T = 0 \quad (3-32)$$

从而得到 $n+2$ 个含有 $n+2$ 个未知数的方程。对这 $n+2$ 个方程进行代数运算得式（3 - 33）：

$$\begin{bmatrix} M & p & q \\ p' & 0 & 0 \\ q' & 0 & 0 \end{bmatrix}\begin{bmatrix} \Lambda \\ \hat{y}_{4n-1} \\ \hat{y}_{4n} \end{bmatrix} = \begin{bmatrix} Y \\ 0 \\ 0 \end{bmatrix} \quad (3-33)$$

其中，M 为 $n\times n$ 矩阵，其元素 m_{rs} 可表示为：

$$m_{rs} = \sum_{i=4r-3}^{4r}\sum_{j=4s-3}^{4s} c_{**}^{ij}(r=1\cdots n-1; s=1\cdots n-1) \quad (3-34)$$

$$m_{rn} = m_{nr} = 2+32(n-r)(r=1\cdots n-1) \quad (3-35)$$

$$m_{nn} = 5 \quad (3-36)$$

p 为元素为 $p_k=6+16\times(n-k)$（$k=1,2\cdots n$）的 $n\times1$ 向量，q 元素为 $q_k=-2-16\times(n-k)$（$k=1,2\cdots n$）的 $n\times1$ 向量。

于是，从式（3 - 33）可以先求得 Λ、$\hat{y}_{4n-1}$ 和 $\hat{y}_{4n}$，然后再根据式（3 - 30）求出 $\hat{y}$ 的前（$4n-2$）个解，从而得到 $\hat{y}$ 的全部最优解。

Boot 等提出的 BFL 方法，其仅仅考虑未知季度序列在一阶差分或二阶差分的情况下对单变量年度序列进行分解，为使该方法适用于多重变量和更具有灵活性，Cohen，Müller 和 Padberg（1971）对其进行延伸并推广到将任意低频变量组合向高频变量组合转化的情形，并且在未知高频序列差分平方和最小化问题上，除了考虑第一阶差分和第二阶差分外，还考虑任意第 i 阶差分的情况。

BFL 法虽然实现了减少对未知季度数据序列的主观假设，也可以估算出比较稳定的季度数据序列，但一方面由于很难在数学操作上通过增加模型的自由度来改变模型的估计效果，另一方面由于缺乏对季度数据序列自相关性问题的考虑，所以在发展空间上受到了很大限制。

5. SW 法

Stram & Wei（1986）给出的动态时序分解方法实际上是 BFL – FD 方法和 BFL – SD 方法的一般化，其基本思路是，先假设有一个可以根据所要求的高频数据序列经过第 d 次差分后得到的高斯平稳数据序列，再定义一个含有该平稳数据序列逆协方差矩阵的惩罚函数，然后再在待分解目标序列的限制条件下，求解使这个惩罚函数最小的广义最小二乘估计，就是所要求的高频数据序列。用数学公式描述为：

假设已知的低频数据序列为 $\{Y_T\}$（$T=1, 2\cdots n$），所要求的高频数据序列为一个满足 $ARIMA$（p，d，q）过程的非平稳序列 $\{y_t\}$（$t=1, 2\cdots s\times n$）。记 L 为滞后算子，即 $Ly_t=y_{t-1}$，$U_T=(1-L)^dY_T$ 和 $W_t=(1-L)^dy_t$ 分别为数据序列 $\{Y_T\}$ 和 $\{y_t\}$ 经过 d 次差分后得到的平稳数据序列，其协方差矩阵分别表示为 V_U 和 V_W。

为求解数据序列 $\{y_t\}$，先建立惩罚函数：

$$\min(WV_w^{-1}W) \tag{3-37}$$

约束条件为：

$$Y_T=\sum_{j=s(T-1)+1}^{sT}y_{s(T-1)+j}=(1+L+L^2+\cdots+L^{s-1})y_{sT}(T=1,2\cdots n) \tag{3-38}$$

其中，$W=(W_{d+1}, W_{d+2}\cdots W_{sn})'$

然后，再根据广义最小二乘法求得 $\{y_t\}$，主要步骤为：

(1) 记 $U=(U_{d+1}, U_{d+2}\cdots U_{sn})'$，确定向量 U 和向量 W 的关系：

令 $\tilde{Y}_T=(1+L+\cdots+L^{s-1})\ y_T$，则有：$Y_T=(1+L+\cdots+L^{s-1})\ y_{sT}=\tilde{Y}_{sT}$以及$(1-L)^dY_T=(1-L^s)^d\tilde{Y}_{sT}$，又因为 $(1-L^s)=(1+L+\cdots+L^{s-1})(1-L)$，所以有：

$U_T=(1-L)^dY_T=(1-L^s)^d\tilde{Y}_{sT}=(1+L+\cdots+L^{s-1})^d(1-L)^d\tilde{Y}_{sT}=(1+L+\cdots+L^{s-1})^{d+1}(1-L)^dy_{st}$，即为 $U_T=(1+L+\cdots+L^{s-1})^{d+1}W_{sT}$，由此可确定 U 和 W 的关系为：

$$U = C^{d}W \tag{3-39}$$

其中，C^{d} 为 $(n-d)\times(sn-d)$ 维矩阵：

$$C^{d} = \begin{bmatrix} c' & 0'_{s(n-d-1)} & \cdots & & \\ 0'_{s} & c' & 0'_{s(n-d-2)} & \cdots & \\ 0'_{2s} & & c' & 0'_{s(n-d-3)} & \\ \vdots & & \vdots & \ddots & \vdots \\ 0'_{s(n-d-1)} & & & & c' \end{bmatrix} \tag{3-40}$$

$0'_{k}$ 为元素均为 0 的 $1\times k$ 维向量，$c'=(c_0,\ c_1,\ c_2\cdots c_{s(d+1)(s-1)})$，为 $1\times(s(d+1)(s-1)+1)$ 维行向量，其元素 c_{τ} 为多项式 $(1+L+L^{2}+\cdots+L^{s-1})^{d+1}$ 中 L^{τ} 的系数。

（2）计算 W：

因为 U 和 W 的协方差矩阵为：

$$\mathrm{cov}(W,U) = \begin{bmatrix} V_W & V_W(C^{d})' \\ (C^{d})V_W & V_U \end{bmatrix} \tag{3-41}$$

所以 $W_t=(1-L)^{d}y_t$ 如果是均值为 0 的高斯平稳过程，则在 U 给定的条件下，W 的条件期望为：

$$\hat{W} = V_W(C^{d})'V_U{}^{-1}\Delta_{n}^{d}y \tag{3-42}$$

其中，$y=(y_1,\ y_2\cdots y_{sn})'$，$\Delta_{k}^{d}$ 为 $(k-d)\times k$ 维矩阵：

$$\Delta_{k}^{d} = \begin{bmatrix} \delta_0 & \delta_1 & \cdots & \delta_d & 0 & \cdots & & 0 \\ 0 & \delta_0 & \delta_1 & \cdots & \delta_d & 0 & \cdots & 0 \\ & & & \vdots & & & & \\ 0 & \cdots & & & 0 & \delta_0 & \delta_1 \cdots & \delta_d \end{bmatrix} \tag{3-43}$$

δ_{τ} 为多项式 $(L-1)^{d}$ 中 L^{τ} 的系数。

（3）求解 $\{y_t\}$：

记 $Y^{*}=(Y_{n-d+1}\cdots Y_n)'$，则有：

$$\begin{bmatrix} W \\ Y^{*} \end{bmatrix} = \left[\frac{\Delta_{sn}^{d}}{0 \mid I_d \otimes J_s}\right]y \tag{3-44}$$

其中，I_d 为 $d\times d$ 维的单位矩阵，J_s 为元素均为 1 的 $1\times s$ 维向量。于是，得 y 的估计为：

$$\hat{y} = \left[\frac{\Delta_{sn}^{d}}{0 \mid I_d \otimes J_s}\right]^{-1}\left[\begin{matrix}\hat{W} \\ Y^*\end{matrix}\right] \tag{3-45}$$

进一步地，由式（3－42）可得 y 的估计为：

$$\hat{y} = \left[\frac{\Delta_{sn}^{d}}{0 \mid I_d \otimes J_s}\right]^{-1}\left[\frac{V_W(C^d)'V_U{}^{-1}\Delta_n^d}{0 \mid I_d}\right]Y \tag{3-46}$$

其中，$\hat{y}=(\hat{y}_1,\ \hat{y}_2\cdots\hat{y}_{sn})'$，$Y=(Y_1,\ Y_2\cdots Y_n)'$，$I_d$ 为 d 阶单位阵，$\otimes$为克罗内克乘积，J_s 为元素均为 1 的 $1\times s$ 维向量。

对于式（3－46）中的未知自相关矩阵 V_U 和 V_W，Wei & Stram（1990）建议可以分别用它们的估计矩阵 $\hat{V}_U$ 和 $\hat{V}_W$ 来代替，为求得这两个协方差矩阵，可以首先通过建立序列 U_T 的 ARIMA 拟合模型估计出来 $\hat{V}_U$，然后再根据事先设定的序列分解条件获得 W_t 序列的 ARIMA 模型和它的协方差估计矩阵 $\hat{V}_W$。

Chan（1993）在对简单平均法、插值法、LS 法、BFL－FD 法、BFL－SD 法和 SW 法进行蒙特卡罗模拟比较分析中认为，SW 方法一个重要的优点是可以用于预测和假设检验等方面的统计推断。此外，进行季度分解时，如果样本规模 $n>40$，选择 SW 方法则更保险，而对于样本规模 $n<40$ 的情况，使用该方法则不再有什么太多的优势。在考虑将年度数据序列分解成季度数据序列中，Rodríguez-Feijoo 等（2003）还对选用 SW 方法的条件做了如下归纳：①季度时序自回归模型不是如下的季节性差分自回归滑动平均模型：SARIMA（0; a; 1）（0; b; 0）、SARIMA（0; a; 0）（0; b; 1）、SARIMA（0; a; 1）（1; b; 0）或 SARIMA（0; a; 1）（0; b; 1）；②季度时序列自回归模型应该是正自相关模型；③季度时序列的波动性应该不是很小（序列的变异系数临界点为10%左右）；④年度时序列样本规模要足够大（样本规模至少 10 年以上）。

3.1.2 基于指示变量动态时间序列分解模型

基于指标变量动态时间序列分解模型，其主要特点是选择与分解目标序列相关的其他变量作为辅助变量协助将低频目标数据序列转化成高频数据序列。与非基于指示变量动态时间序列分解模型相比，其优点主要表现为：一方面可以基于高频的辅助变量信息形成时序分解的假设条件，以避免因主观因素建立与客观实际不符合的假设；另一方面可以合理充分利用各相关的经济信息和统计信息参与时序分解，分解结果更合理、有效，也更有说服力。因此，该动态时间序列分解法在国际上引起了众多学者广泛关注和普遍研究，也被认为是使用最广泛、最成功的动态时序分解方法。但其缺点也非常明显，主要表现为时序分解结果对指示变量有较强的依赖性，如果指示变量选择不当，分解结果可能会受较大影响，因此在指示变量选择上应当小心。对于指示变量的选择标准，虽然已有很多学者对这个问题做了反复研究，如 Chang & Liu（1951）、Nasse（1973）、Bournay & Laroque（1979）、Pavía & Cabrer & Felip（2000）等，但目前还没有制定出一个统一、被普遍接受的选择标准。而在实践中对指示变量的选择，则主要从经济学背景和统计方法两个方面同时考虑。

基于指示变量动态时间序列分解方法主要包括基准调整法（Benchmarking/Adjusting Approaches）、计量经济模型法（Econometric Model Approaches）和最优化法（Optimal Approaches）。

1. 基准调整法

基准调整法也称两步调整法（Two-steps adjustment methods），其主要目的是解决某个统计指标数据序列由于通过不同数据采集渠道得到的两组数据序列存在的差异问题，为消除这两组数据序列的差异而使它们在时间趋势上和逻辑上具有一致性，假设其中一组数据序列不存在统计误差，并以此为基准对另一组数据序列进行调整。比如国际上许多国家的统计机构部门经常面临这样的问题：对于某个统计指标，其常规年份的季度数据和年度数据都是根据一些统计基础资料得到的（其季度数据之和都等于年度数据），但经过若干年后通过普查而得到的普查年度数据序列（包括普查年的年度数据和以此为依据推算得到的历年年度修订数据），通常被认为是根据更翔实、全面的基础资料得到的，所以其比常规年份得到的年度数据更真实可靠，为此假定普查年度数据序列不存在统计误差并以此为基准数据对常规年份的季度数据序列和年度数据序列进行调整，这就是建立基准调整方法的最初想法。为指导编制欧盟国民经济季度账户，欧盟委员会（1999）编制的《季度国民账户手册》还专门对此做了详细介绍。

基准调整法过程主要包括两个阶段：第一个是初始季度数据序列的估计阶段，第二个是对初始估计季度数据序列进行调整阶段。其中第一阶段是通过一定的方式估计出一个初始季度数据序列，这种方式可以通过样本抽样的直接方式，或者如线性回归模型的间接方式估计得到。第二个阶段再以已知年度数据为基准，通过一定的方法对第一步估计的初始季度数据序列进行调整，使之满足已知年度数据的限制要求。这就是所谓的“两步调整法”。用数学公式描述为：

假设某个统计指标其数据获取有两种渠道：第一种来源得到的为年度数据（认为最可靠的），记为 $Y_a = (Y_1, Y_2 \cdots Y_n)'$，第二种来源得到的为季度数据（可认为初始季度数据序列），记为 $z = (z_1, z_2 \cdots z_{4n})'$，时间长度为 n 年。由于 z 各年的年内季度汇总数时间序列分解的基本限制条件，即：

$$\sum_{i=1}^{4T} z_{(T-1)+i} \neq Y_{a,T},\ T = 1,2\cdots n \tag{3-47}$$

以矩阵形式表为：

$$Bz \neq Y_a, \tag{3-48}$$

所以，要以 $Y_a = (Y_1, Y_2 \cdots Y_n)'$为基准，对季度数据 z 进行调整为 $y = (y_1, y_2 \cdots y_{4n})'$，使之满足条件：

$$\sum_{i=1}^{4T} y_{(T-1)+i} = Y_{a,T},\ T = 1,2\cdots n。 \tag{3-49}$$

令 $u_z = Y_a - Bz$，表示年度数 Y_a 与 z 季度汇总数之间的差异。为了使调整后获得新的数据序列 $y = (y_1, y_2 \cdots y_{4n})'$ 与初始数据序列 $z = (z_1, z_2 \cdots z_{4n})'$ 差异最小，并且使之满足式（3－49）条件，通常按 Bassie（1958）和 Denton（1971）两种方法对初始数据序列 z 进行调整。

Bassie（1958）建议对 z 序列中每年各季度的调整，可以通过一个满足三次多项式函数的各季度（连续两年）固定权重结构，将其年度差异值分配到其对应的各季度中去，最终调整结果可以表示为：

$$\hat{y}^{B}_{4(T-1)+i} = z_{4(T-1)+i} + w_{i1}u_{z,T-1} + w_{i2}u_{z,T},\ i = 1,2,3,4 \quad T = 1,2\cdots n-1 \tag{3-50}$$

其中，w_{ij}（$i=1$，2，3，4；$j=1$，2）为连续两年各季度的固定权重，其取值如表 3－1 所示。

表 3－1　　连续两年的季度固定权重结构

i	j = 1	j = 2
1	－0. 02454	0. 14343
2	－0. 03606	0. 22571
3	－0. 00203	0. 29480
4	0. 06262	0. 33606

资料来源：Eurostat，Handbook of Quarterly National Accounts，Luxembourg，European Commission，1999.

与 Bassie 方法不同，Denton 方法则是先考虑构建一个损失函数 $P(y, z)$，然后再寻找一个使损失函数值达到最小且满足式（3－49）年度限制条件的 y。考虑损失函为二次型的情况，可定义为：$P(y, z) = (y-z)'A(y-z)$，其中，A 为一个 $4n \times 4n$ 非奇异对称阵。为寻找到合适的 y，构造拉格朗日函数；

$$L = p(x,z) - 2\lambda(y - B'x) = (x-z)'A(x-z) - 2\lambda(y - B'x) \tag{3-51}$$

其中，$\lambda = (\lambda_1, \lambda_2 \cdots \lambda_{4n})$，$B$ 为季度值转化为年度值的 $4n \times n$ 矩阵，定义为：

$$B = \begin{bmatrix} J & O & \cdots & O \\ O & J & \cdots & O \\ \vdots & \cdots & \cdots & \vdots \\ O & O & \cdots & J \end{bmatrix}_{4n\times n},\quad 其中,J = \begin{bmatrix} 1 \\ 1 \\ \vdots \\ 1 \end{bmatrix}_{k\times 1},\ O = \begin{bmatrix} 0 \\ 0 \\ \vdots \\ 0 \end{bmatrix}_{k\times 1},$$

求拉格朗日函数 L 关于 y 和 λ 的偏导数并令它们为 0，求方程组的解便得到需要的 y 。该基准调整方法的思想为后来关于基于指示变量动态时间序列分解问题的研究提供了很好的启发。

2. 计量经济模型方法

动态时间序列计量经济模型分解方法，其主要思路是先假设所要分解得到的数据序列有部分数据为缺失数据，再根据该数据序列和与该数据序列具有相同频率的其他数据序列建立一个多方程的计量模型，并在缺失数据满足一定限制（如年度限制）的条件下，估计出缺失数据和模型的参数。这种填补缺失数据的计量模型方法起初只是为了估计出缺失数据的同时对模型进行参数估计，并没有对缺失数据进行限制，如 Drettakis（1973）为分析英国 1950—1968 年各季度汽车、工厂和机械等行业的总固定资本形成与工业生产指数、消费者关于交通工具和通信设备消费支出、消费者除了交通工具和通信设备之外的其他消费支出、消费者总支出等变量之间的动态关系，而由于汽车、工厂和机械等行业的总固定资本形成变量只有 1955—1968 年各季度的数据，为此 Drettakis（1973）先假设该变量于 1950—1954 年各季度的数据为缺失数据，再以上述这些变量内生变量，以金属材料及其产品出品指数、现价消费者总支出为外生变量建立一个动态的随机多方程模型，然后采用完全信息极大似然估计（FIML）方法对缺失数据和模型参数进行估计。随后的相关文献大多是在 Drettakis（1973）模型的基础上进行扩展研究，如 Sargan & Drettakis（1974）把 Drettakis（1973）模型只限于一个序列含有缺失数据的情况扩展到多个序列同时含有缺失数据的情况，Hsiao（1979、1980）采用与 Drettakis（1973）同样的极大似然方法分别推导出了缺失数据与模型参数的广义最小二乘估计和普通最小二乘估计，其广义最小二乘估计被 Dagenais（1973）、Gourieroux & Monfort（1981）、Conniffe（1983）等推广用于对外生变量缺失数据的估计，Palm & Nijman（1982）则在对缺失数据作限制（如年度限制）的条件下，推导出了缺失数据和模型参数的极大似然估计，这为后来应用该方法进行动态时间序列分解提供了一种新思路。

状态空间模型可以将不可测的变量（状态变量）嵌入可观测的模型中去，并与之共同将模型的参数估计出来，而状态空间模型则是通过卡尔曼滤波来估计的，其在计量经济领域被广泛应用。为了一并对模型的参数和缺失数据进行估计，Jones（1980）从预测误差角度考虑，在 ML 的基础上利用状态空间模型方法推导出将缺失数据点的预测误差排除在外的模型参数极大似然估计函数，运行带有缺失数据的卡尔曼滤波方程，从而得到缺失数据的估计结果。在众多利用卡尔曼滤波方法来估计缺失数据和模型参数的研究中，尽管状态空间模型的表述不尽相同，但 Jones（1980）被认为是利用状态空间模型方法来估计缺失数据的领先者，其研究模式被后来的 Harvey 和 Pierse（1984）、Ansley 和 Kohn（1985）、Kohn 和 Ansley（1986）、Harvey（1989）、Gómez 和 Maravall（1994）、Durbin 和 Quenneville（1997）、Gómez，Maravall 和 Peña（1999）、Gudmundsson（1999）等沿用并推导出不同条件下的极大似然估计函数，其中 Durbin 和 Quenneville（1997）利用状态空间模型将月度调查数据序列调整为年度基准数据序列，Gómez，Maravall 和 Peña（1999）将缺失数据作为奇异值来考虑导出了极大似然估计函数，Gudmundsson（1999）在状态方程中引入了一个增加趋势变量，解决年度数据序列分解成季度数据时序问题，这些研究都为利用计量模型方法解决动态时间序列分解问题奠定了很好的理论基础。

3. 最优化方法

在动态时间序列分解中，最优化方法的主要思想是通过构建一个目标变量与指示变量之间的模型关系，然后在低频率数据序列的特定条件下，求解出模型的参数和高频目标序列的最小二乘无偏估计。实际中，为了建立目标变量与指示变量之间的模型关系，通常假设它们之间为线性关系。与其他动态时间序列分解方法相比较，由于最优化动态时序列分解方法分解结果更有效，因此国际上有许多国家或地区统计机构将其作为编制本国或本地区的季度国民经济账户的一个重要工具。

目前，在研究最优化动态时序列分解模型的文献中，比较有代表性的文献为 Chow-Lin（1971）和 Denton（1971），Fernández（1981），Litterman（1983）和 Guerrero（1990），其中最具有代表性的是 Chow-Lin（1971）和 Denton（1971）的研究，其后的文献大多是以这两者为基础分别改进得来，因此，人们把这些后来发展起来的方法分别统称为 Chow-Lin 法和 Denton 法。Chow-Lin 法是由 Chow & Lin 于 1971 年基于 BFL 方法改进得来的，几乎在同一时期，Denton 也对 BFL 方法做出了类似的改进，他们改进的思路极其相似，改进后的这两种方法都使用与目标序列（要生成的季度或月度序列，称为目标变量）既是同一个观察期又具有相关性的其他时序变量（指标变量）做协助分解。与 Chow-Lin 方法相比，Denton 方法具有一定的优点，正如 IMF（国际货币基金组织）推荐的一样，它对指示变量与目标变量的相关性要求不太高，操作相对比较简单，估算结果比较稳健，因此比较适合处理大规模的数据。

（1）Chow-Lin 方法。Chow-Lin 法以 Chow 和 Lin 于 1971 年一起建立的用于将年度数据转化为季度数据的计量模型最具代表性，其基本思想是先通过建立年度值的目标变量与年度值的指示变量的回归方程，然后再通过一个特定的代数矩阵运算将其转化为季度值的回归方程，并假设该回归方程的残差序列为 AR（1）过程，由此求出模型的参数估计和目标序列的分解结果。用数学公式描述为：

假设目标变量 Y_a 和 y_q 分别为 n 维的年度值列向量和 m 维的季度值列向量，$m=n\times4$，指标变量 Z_q 为 z_1，$z_2\cdots z_q$ 季度观测值的 $m\times q$ 矩阵，y_q 和 Z_q 满足多元线性回归模型：

$$y_q = Z_q\beta + u_q, \tag{3-52}$$

其中，β 为 q 维回归系数列向量，u_q 为均值为 0、协方差矩阵为 $V_q = E(u_q u_q')$ 的 m 维随机列向量，称方程（3-52）为季度值回归方程。

由于 y_q 未知，因此参数 β 无法估计，为此考虑根据特定的代数矩阵运算将季度值回归方程（3-52）转化成年度值回归方程，令 B 为将有 m 个季度的季度序列转化成 n 年的年度序列的 $m\times n$ 特定矩阵，定义为：

$$B = \begin{bmatrix} J & O & \cdots & O \\ O & J & \cdots & O \\ \vdots & \cdots & \cdots & \vdots \\ O & O & \cdots & J \end{bmatrix}_{4n\times n}, \quad \text{其中}, J = \begin{bmatrix} 1 \\ 1 \\ 1 \\ 1 \end{bmatrix}_{4\times1}, O = \begin{bmatrix} 0 \\ 0 \\ 0 \\ 0 \end{bmatrix}_{4\times1},$$

将 B' 左乘到方程（3-52）两边，得：

$$B'y_q = B'Z_q\beta + B'u_q. \tag{3-53}$$

令 $Y_a = B'y_q$，$Z_a = B'Z_q$，$u_a = B'u_q$，于是可得年度值回归方程：

$$Y_a = Z_a\beta + u_a, \tag{3-54}$$

其中，u_a 为均值为0，协方差矩阵为 V_a 的 n 维随机列向量，$V_a = B'V_qB$。由此，根据广义最小二乘估计法可得模型的参数估计为：

$$\begin{aligned}\hat{\beta}_{GLS} &= (Z_a'V_a^{-1}Z_a)^{-1}Z_a'V_a^{-1}Y_a \\ &= [Z_q'B(B'V_qB)^{-1}B'Z_q]^{-1}Z_q'B(B'V_qB)^{-1}Y_a \end{aligned} \quad (3-55)$$

于是，将（3-55）式代入方程（3-52）可得目标变量的季度值估计为：

$$\hat{y}_q = Z_q\hat{\beta}_{GLs} + V_qB(B'V_qB)^{-1}(Y_a - BZ_q\hat{\beta}_{GLs}), \quad (3-56)$$

其中，$(Y_a - BZ_q\hat{\beta}_{GLs})$ 为年度值回归方程的残差序列，其被以 $V_qB(B'V_qB)^{-1}$ 的方式分配成季度值回归方程的残差序列 $V_qB(B'V_qB)^{-1}(Y_a - BZ_q\hat{\beta}_{GLs})$。

然而，在实际应用中，方程（3-56）中的协方差矩阵 V_q 往往是未知的，为确定 V_q，Chow & Lin（1971）做如下假设：

假设1：假设季度值回归方程的残差序列 u_q 不存在自相关性，即若 $Eu_{qt}u_{qs}=0$，$t \neq s$，$Eu_{qt}^2 = \sigma^2$，则有 $V_q = \sigma^2 I$，I 为 n 阶单位矩阵。方程（3-56）可表示为：

$$\begin{aligned}\hat{y}_q = &Z_q[Z_q'B(B'B)^{-1}B'Z_q]^{-1}Z_q'B(B'B)^{-1}Y_a \\ &+B(B'B)^{-1}[Y_a - B'Z_q(Z_q'B(B'B)^{-1}B'Z_q)^{-1}Z_q'B(B'B)^{-1}Y_a)]\end{aligned} \quad (3-57)$$

其中，$B(B'B)^{-1} = \frac{1}{4}B$，即季度值回归方程的残差序列是通过平均分散年度值回归方程的残差序列得到的。但是，由于年度值的残差未必都是相同的，若不同，连续年份间的相邻两个季度值则会出现不连性或台阶式，这种情况与事实并不符合。

假设2：假设季度值回归方程的残差序列 u_q 为AR（1）过程，即满足方程：

$$u_{qt} = \rho u_{qt-1} + \varepsilon_t \quad (3-58)$$

其中，$E\varepsilon_t\varepsilon_s \neq 0$，$t \neq s$，$E\varepsilon_t^2 = \sigma^2$。则有：

$$V_q = Eu_q u_q' = \sigma^2 \begin{bmatrix} 1 & \rho & \cdots & \rho^{m-1} \\ \rho & 1 & \cdots & \rho^{m-2} \\ \vdots & \vdots & \cdots & \vdots \\ \rho^{m-1} & \rho^{m-2} & \cdots & 1 \end{bmatrix}_{m \times m} \tag{3-59}$$

同时，假设年度值回归方程的残差序列 u_a 也为 AR（1）过程，即满足方程：

$$u_{at} = qu_{at-1} + \zeta_t \tag{3-60}$$

其中，$E\zeta_t\zeta_s \neq 0$，$t \neq s$，$E\zeta_t^2 = \sigma^2$。则有：

$$V_a = Eu_a u_a' = \sigma^2 \begin{bmatrix} 1 & q & \cdots & q^{m-1} \\ q & 1 & \cdots & q^{m-2} \\ \vdots & \vdots & \cdots & \vdots \\ q^{m-1} & q^{m-2} & \cdots & 1 \end{bmatrix}_{m \times m} \tag{3-61}$$

于是，由式 $V_a = B'V_qB$ 可知，q 值等于矩阵 $B'V_qB$ 的第 1 行第 2 列元素与第 1 行第 1 列元素的比值，为：

$$q = \frac{\rho^7 + 2\rho^6 + 3\rho^5 + 4\rho^4 + 2\rho^2 + \rho}{4\rho^2 + 6\rho + 4} \quad |q| < 1 \tag{3-62}$$

为此，可以通过如下迭代法求得 ρ 值。首先，给定 q 初始值，求解多项式（3－62）绝对值小 1 的实数根 ρ，并代入式（3－59）得到矩阵 V_q，然后再依次通过式（3－55）估计 $\hat{\beta}_{GLS}$，通过方程（3－54）求得年度残差 u_a，通过自相关模型（3－60）求得 q 值，重复以上过程，直至 ρ 值几乎不变为止，最后确定 V_q。

从 Chow & Lin（1971）对时序分解问题的处理过程来看，有两个重要假设条件起到了关键性作用，其中一个为假设目标变量和指示变量存在多元线性回归关系（即式（3－52）），另一个为假设多元线性回归方程（3－52）的随机扰动项 u_q 为 AR（1）过程。通过第一个假设，在协方差矩阵 V_q 已知的情况下，可以估计出目标变量的分解结果 $\hat{y}_q$；而第二个假设则主要是为了解决协方差矩阵 V_q 问题。在实践中，Chow 和 Lin 所假设的这两个条件，大多数情况下都是比较符合实际的，存在一定的合理性，但有时候也会存在一些争论，如对于确定模型（3－58）中的参数 ρ 缺乏统一的方法可循，ρ 难以确定，或者说对 ρ 的确定主观性较强，另外还有如果要改变目标序列分解频率（不是年度分解成季度，而是年度分解月度），这样假设随机扰动项 u_q 为 AR（1）过程，分解结果可能会出现严重失真。因此，Chow 和 Lin（1971）后的大多数相关文献都是以 Chow 和 Lin（1971）的方法为基础，围绕这两个假设做了进一步的探讨研究，得出了多种条件下的最优化分解方法，如 Schmidt（1986）将年度数据分解成季度数时，把随机扰动项 u_q 分别假设为 MA（1）、AR（2）、AR（4）等过程，并导出了时间序列的最优化分解方法，但 Pavía，Vila 和 Escuder（2003）经过 Monte Carlo 方法实证分析认为，实际上随机扰动项 u_q 虽然可能为其他不同结构的平稳过程，但如果将其假设为 AR（1）过程，其对估计结果并不会产生本质的影响，因此对随机扰动项做一些比较复杂的假设不是很有必要。Fernández（1981）和 Litterman（1983）则认为随机扰动项 u_q 并非全都来自平稳过程，为此，Fernández（1981）假设 Chow 和 Lin（1971）方法中的随机扰动项 u_q 为一个随机游走过程，即 $u_{qt}=u_{q,t-1}+\varepsilon_t$，其中 ε_t 为方差已知的一个白噪声过程，初始值 $u_{q0}=0$。这样假设后随机扰动序列的协方差矩阵估计则更趋于简洁，扰动项的参数也不需要估计，而且已有许多研究表明，就多数经济序列而言，随机游走过程的假设是可接受的，因此认为如此假设存在一定合理性；另外，Fernández（1981）还推荐了基于 Nelson 和 Gould（1974）以及 Fernández（1976）的研究成果，利用 Denton（1971）方法来解决这类问题其效果也是同等的。而 Litterman（1983）在研究季度时序分解问题时，认为 Fernández（1981）对随机扰动项 u_q 结构的假定限制条件过强，因此将其试图改进为一个随机马尔科夫游走过程，即 $u_{qt}=u_{q,t-1}+\varepsilon_t$，其中为 $\varepsilon_t=\alpha\varepsilon_{t-1}+e_t$，$e_t$ 是方差已知的一个白噪声过程，初始值 $u_{q0}=\varepsilon_0=0$，α 可以通过低频目标序列一阶差分的 AR（1）在大样本的条件下求得，而在小样本的情况下是无法求出的，这也注定了它具有一定的局限性。

上述关于 Chow 和 Lin（1971）方法的研究都是基于线性回归模型的随机扰动项结构来讨论的，而其前提假设是目标变量与指示变量之间为静态的线性关系，但实际中这一假设可能得不到满足，为此 Salazar，Smith 和 Weale（1997，1997）、Santos Silva 和 Cardoso（2001）、Gregoir

(2003) 等学者对目标变量与指示变量之间的关系做动态处理，其中比较具有代表性的是 Santos Silva 和 Cardoso (2001)，其在回归方程中增加了目标变量的滞后项，将 Chow 和 Lin (1971) 假定的静态线性模型变为动态线性模型，并从中求出时序分解序列的最优线性无偏估计。动态线性模型用数学公式具体可描述为：

$$y_{q,t} = \kappa y_{q,t-1} + Z_{q,t}\gamma + \varepsilon_t, \tag{3-63}$$

其中，$|\kappa| < 1$，$Z_{q,t}$为外生变量（可以包括其滞后项），ε_t 是白噪声过程。实际上，若 $\kappa = 1$ 时，动态线性模型 (3-63) 就是 Fernández (1981) 和 Litterman (1983) 所假设的情况。去掉 $y_{q,t-1}$，式 (3-63) 可以表示为：

$$y_{q,t} = \left(\sum_{i=0}^{\infty}\kappa^i Z_{q,t-1}\right)\gamma + \left(\sum_{i=0}^{\infty}\kappa^i \varepsilon_{t-1}\right), \tag{3-64}$$

由 Klein (1958) 研究结果，式 (3-64) 可进一步地表示为：

$$y_{q,t} = Z(\kappa)_{q,t}\gamma + \kappa^t\eta + v_t, \tag{3-65}$$

其中，$Z(\kappa)_{q,t} = \sum_{i=0}^{t-1}\kappa^i Z_{q,t-i}$，$\eta = \left(\sum_{i=0}^{\infty}\kappa^i Z_{q,t-i}\right)\gamma$，$v_t = \sum_{i=0}^{\infty}\kappa^i u_{t-i} = \kappa v_{t-1} + u_t$ 是参数为 κ 的 AR (1) 过程。整合式 (3-65) 并以向量形式表示为：

$$y_q = x(\kappa)\beta + v \tag{3-66}$$

于是，从此可以求出 y 的最优线性无偏估计。

为求式 (3-66) 中的 β，将 B' 左乘到方程 (3-66) 两边，得：

$$B'y_q = B'x(\kappa)\beta + B'v, \tag{3-67}$$

$$\text{即 } Y_a = B'x(\kappa)\beta + B'v, \tag{3-68}$$

通过广义最小二乘估计得：

$$\hat{\beta}(\kappa) = [x(\kappa)'B(B'\Omega(\kappa)B)^{-1}B'x(\kappa)]^{-1}x(\kappa)'B(B'\Omega(\kappa)B)^{-1}Y_a, \tag{3-69}$$

为求参数 κ，构建对数极大似然函数：

$$L(\kappa) = -\ln|B'\Omega(\kappa)B| - m\ln[(Y_a - B'x(\kappa)\hat{\beta}(\kappa))'(B'\Omega(\kappa)B)^{-1}(Y_a - B'x(\kappa)\hat{\beta}(\kappa))], \tag{3-70}$$

其中，$\Omega(\kappa)$ 中的元素为 $\omega_{ij}=\kappa^{|i-j|}$。在 $|\kappa|<1$ 范围设置多个取值点，通过比较函数 $L(\kappa)$ 位于这些点的值，若某个点能使 $L(\kappa)$ 取最大值，那么该点就是 κ 的估计值 $\hat{\kappa}$。由此，可得 y 的最优线性无偏估计为：

$$\hat{y}_q = x(\hat{\kappa})\hat{\beta}(\hat{\kappa}) + \Omega(\hat{\kappa})B\,(B'\Omega(\hat{\kappa})B)^{-1}(Y_a - B'x(\hat{\kappa})\hat{\beta}(\hat{\kappa})) \tag{3-71}$$

现实中许多时间序列都是具有动态关系的，若对于这一事实把握不准而误以静态回归模型来分析，模型的最终估计结果可能存在很大偏差，因此，在进行时间序列分解过程中，准确判断模型的正确形式对提高模型的估计效果起到比较大的作用。

（2）Denton 方法。Denton（1971）方法是基于 BFL 方法的基础上改进得来的，其主要思想与 Chow-Lin 方法思想极为相似，它在将目标变量年度值分解为季度值的过程中，也是依赖于其他变量作为指标变量进行协助分解。Denton（1971）对 BFL 方法的改进可以描述为，将目标变量年度值分解为季度值时，其应同时满足条件：①使目标变量分解后的季度序列 $\{y_{qt}\}$ 与指示变量季度序列 $\{z_{qt}\}$ 之间差距最小；②各季度的汇总数据等于年度数据。依此用数学公式可以描述为：

假设惩罚函数：

$$P(y_q, z_q) = (y_q - z_q)'A(y_q - z_q) \tag{3-72}$$

并使 y_q 满足：

（1）$\sum_{t=4T-3}^{4T} y_{q,t} = Y_{a,T}$，　　$T = 1, 2\cdots n$；

（2）惩罚函数值 $P(y_q, z_q)$ 最小。

为求得 y_q，构建拉格朗日函数：

$$L(y_q, \lambda) = P(y_q, z_q) + 2\lambda'(Y_a - B'Y_q), \tag{3-73}$$

求 $L(y_q,\lambda)$ 关于 y_q 和 λ 的偏导数，并令其等于 0，整理后得：

$$\begin{bmatrix} y_q \\ \lambda \end{bmatrix} = \begin{bmatrix} A & B \\ B' & O \end{bmatrix}^{-1} \begin{bmatrix} A & O \\ B' & I \end{bmatrix} \begin{bmatrix} z_q \\ r \end{bmatrix}, \tag{3-74}$$

其中，$r = Y_a - B'z_q$，A 为 $n\times n$ 矩阵。于是，

$$\hat{y}_q = z_q + A^{-1}B\,(B'A^{-1}B)^{-1}(Y_a - B'z_q) \tag{3-75}$$

然而，在实际应用中，式（3－75）中的矩阵 A 是未知的，为此 Denton（1971）做如下假设：

假设 1：假设 $A = I_{m \times m}$，则根据式（3－75）有：

$$y_q = z_q + B(B'B)^{-1}(Y_a - B'z_q) = z_q + \frac{1}{4}B(Y_a - B'z_q) \tag{3-76}$$

式（3－76）结果与 Chow-Lin 方法假设 1 的结果是一致的，即其通过把目标变量与指示变量年度数值的回归残差序列平均分散成季度数值的回归残差序列，从而达到使惩罚函数最小的目的，这样得出的结果显然与实际情况不相符。

假设 2：假设惩罚函数 $P(y_q,\ z_q)$ 为目标变量一阶差分减去指示变量一阶差分之差的平方和，即：

$$P(y_q, z_q) = \sum_{t=1}^{n}(\Delta y_{qt} - \Delta z_{qt})^2 = \sum_{t=1}^{n}[\Delta(y_{qt} - z_{qt})]^2 \tag{3-77}$$

记为 DAFD（Denton Additive First Difference）方法。为确保向后差分 $t=1$ 时，$\Delta y_{q1} = y_{q1} - y_{q0}$，$\Delta z_{q1} = z_{q1} - z_{q0}$，$y_{q0}$ 和 z_{q0} 不超出时间序列范围，规定 $\Delta y_{q1} - \Delta z_{q1} = \Delta(y_{q1} - z_{q1}) = y_{q1} - z_{q1}$。于是，$P(y_q,\ z_q)$ 以矩阵形式可以表示为：

$$P(y_q, z_q) = (y_{qt} - z_{qt})'D'D(y_{qt} - z_{qt}) \tag{3-78}$$

其中，$D = \begin{bmatrix} 1 & 0 & 0 & \cdots & 0 & 0 \\ -1 & 1 & 0 & \cdots & 0 & 0 \\ 0 & -1 & 1 & \cdots & 0 & 0 \\ \vdots & \vdots & \vdots & \cdots & \vdots & \vdots \\ 0 & 0 & 0 & \cdots & -1 & 1 \end{bmatrix}_{m \times m}$

由此可见，惩罚函数 $P(y_q, z_q)$ 为目标变量与指示变量各自一阶差分后相减的平方和时，$A = D'D$。进一步地，若惩罚函数为目标变量与指示变量各自二阶差分后相减的平方和，即 $P(y_q, z_q) = \sum_{t=1}^{n}(\Delta^2 y_{qt} - \Delta^2 z_{qt})^2 = \sum_{t=1}^{n}[\Delta^2(y_{qt} - z_{qt})]^2$ 时，记为 DASD（Denton Additive Second Difference）方法，则 $A = D'D'DD$，依此类推，若惩罚函数为目标变量与指示变量

各自多次差分后相减的平方和时，则 $A = D'D'\cdots D'DD\cdots D$。

另外，Denton（1971）还从高频序列的比例关系对惩罚函数 $P(y_q, z_q)$ 做了修正，假设其为目标变量和指示变量相对量差异 $\left(\frac{y_q - z_q}{z_q}\right)$ 的函数，即：

$$P(y_q, z_q) = (y_q - z_q)'Z^{-1}AZ^{-1}(y_q - z_q) \qquad (3-79)$$

其中，Z 为对角线上元素分别为 $z_{q,1}$，$z_{q,2}$，$\cdots z_{q,4n}$ 的 $4n \times 4n$ 矩阵。类似地，还可以假设其为 $\Delta\left(\frac{y_q - z_q}{z_q}\right)$ 的函数（记为 DRFD（Denton Ratio of First Difference）方法）或 $\Delta^2\left(\frac{y_q - z_q}{z_q}\right)$ 的函数（记为 DRSD（Denton Ratio of Second Difference）方法）等。为了估计出 y_q 值，可以通过类似上述方法，构建拉格朗日函数，求出 y_q 的估计值为：

$$\hat{y}_q = z_q + ZA^{-1}ZB(B'ZA^{-1}ZB)^{-1}(Y_a - B'z_q) \qquad (3-80)$$

在考虑多次差分时，为减少 A^{-1} 的计算工作量，通常做如下处理：令 $D = (R')^{-1}_{m\times m}$，$R$ 为对角线以上元素全为 1、对角线以下元素全为 0 的上三角 m 阶矩阵。于是，一次差分时，$A_1^{-1} = [D'D]^{-1} = D^{-1}(D')^{-1} = R'R$；二次差分时，$A_2^{-1} = [D'D'DD]^{-1} = D^{-1}D^{-1}(D')^{-1}(D')^{-1} = R'A_1^{-1}R$；依此类推，$p$ 次差分时，$A_p^{-1} = [D'D'\cdots D'DD\cdots D]^{-1} = R'A_{p-1}^{-1}R$。由此可见，后一次差分时 A_p 的逆矩阵可由前一次差分时 A_{p-1} 的逆矩阵左乘 R' 和右乘 R 得到，由此减少了很多计算成本。

从上述对 Denton 方法陈述过程中可以发现，与 Chow-Lin 方法相比，Denton 方法具有一定的优点，它对指示变量与目标变量的相关性要求不太高，操作相对比较简单，比较适合对大规模数据进行处理。

3.2 动态时间序列分解模型的评价

国际上对动态时间序列分解模型的研究非常广泛，动态时间序列分解的方法种类也比较多，面对只拿到低频目标变量序列数据，或低频目标变量序列和高频指示变量序列数据都拿到，或低频目标变量序列有负值，或高频目标变量序列既有现期约束又有时间约束等各种情况，各种时间序列分解方法各有优缺点，适用的范围也不尽相同，为此有学者对这些问题进行了专门的深入的比较研究。

为比较简单平均法、INTER、L－S、BFL－FD、BFL－SD 和 WS 等非基于指示变量动态时序分解方法的优劣，Chan（1993）先根据 ARIMA（1，0，1）平稳过程和 ARIMA（1，1，1）非平稳过程设置不同场景，然后再运用蒙特卡洛模拟方法对这些方法进行比较研究，模拟结果认为，在这六种方法中，WS 方法是动态时序分解方法最值得推荐的方法，其余依次是 BFL－FD 方法、INTER 方法和 L－S 方法，而 BFL－SD 方法则由于计算量过于繁重和经济序列中也比较少见，所以如果序列不是高度不平稳和必须进行二次差分时不推荐使用该方法。对于 WS 方法而言，虽然其在低频目标变量序列观测样本规模大于 40 的情况下，模拟分解序列不管是平稳的或非平稳的，其预测标准误差（RMSE）相对于简单平均法的预测标准误差（RMSE）的比例比其他四种方法的比例都小，因此进行时序分解时认为选择 WS 方法最有优势，但其也有不足之处，比如在低频目标变量序列观测样本规模小于 40 的情况下不值得推荐，在低频序列的 AR 模型存在负值特征根的情况下使用 WS 方法则无法实现时序分解，以及在估计低频序列协方差矩阵时所建立的低频序列模型也具有一定的主观性等。Rodríguez－Feijoo 等（2003）使用与 Chan（1993）类似的方法，先根据 SARIMA 过程（季节差分自回归模型）设置不同场景，然后再运用蒙特卡洛模拟方法对 BFL－FD、BFL－SD、L－S、WS、DEN－FD 和 DEN－SD 等方法进行比较研究，模拟结果认为低频目标变量序列观测样本规模在 10 以上，选择 WS 效果更好，反之选择 BFL 方法更佳，得出的这个结论与 Chan（1993）的结论差不多。对于 WS 方法的适用条件，Rodríguez－Feijoo 等还做了如下归纳：①季度时序自回归模型不是 SARIMA（0；a；1）（0；b；0）、SARIMA（0；a；0）（0；b；1）、SARIMA（0；a；1）（1；b；0）或 SARIMA

(0; a; 1) (0; b; 1) 等季节性差分自回归滑动平均模型；②季度时序列自回归模型应该是正自相关模型；③季度时序列的波动性应该不是很小（序列的变异系数临界点为10%左右）；④年度时序列样本规模要足够大。

Baoline Chen (2007) 为评价DAFD、DRFD、BFL-FD、BFL-SD、TREND①、LPINT（拉格朗日插值法）6种数学方法和AR (1) _MAX、AR (1) _MIN、ARWK、ARWKM_MAX、ARWKM_MIN②5种Chow-Lin回归方法的时间序列分解效果，并从中寻找出最适合用于分解国民账户的分解方法，事先确定了如下五大检验标准：

(1) 最终分解结果必须满足原目标序列的年度限制。即：$\sum_{t=4T-3}^{4T} y_{q,t} = Y_{a,T}$，$T=1, 2\cdots n$。为此定义的检验测度为：

$$D_y^A = Y_{a,T} - \sum_{t=4T-3}^{4T} y_{q,t} \quad 或$$

$$D_y^R = Y_{a,T} \Big/ \sum_{t=4T-3}^{4T} y_{q,t}$$

(2) 最终分解结果应尽可能地保持指示变量序列的短期波动。为此定义的检验测度为：

$$C^L = \sum_{t=2}^{T} |(y_{q,t} - y_{q,t-1}) - (z_{q,t} - z_{q,t-1})| /(T-1) \text{ 或}$$

$$C^P = \sum_{t=2}^{T} |(y_{q,t}/y_{q,t-1})/(z_{q,t}/z_{q,t-1}) - 1| /(T-1)$$

(3) 最终分解结果中位于年度间间断点两侧和年内中间部分的失真或扭曲程度尽可能地小。为此定义的检验测度为：

$$BR_B = \left[\sum_{T=1}^{T-1}\left(\frac{y_{q,4T}}{y_{q,4T-1}} + \frac{y_{q,4T+1}}{y_{q,4T}}\right)\right] \Big/ \left[\sum_{T=1}^{T-1}\left(\frac{z_{q,4T}}{z_{q,4T-1}} + \frac{z_{q,4T+1}}{z_{q,4T}}\right)\right]$$

---

① TREND表示Denton方法中的惩罚函数假设为$P(y_q, z_q) = \sum_{t=2}^{n}\left(\frac{y_{q,t}}{y_{q,t-1}} - \frac{z_{q,t}}{z_{q,t-1}}\right)^2$的方法。

② AR (1) _MAX和AR (1) _MIN分别表示AR (1) 模型中的ρ参数分别由ML方法和GLS方法估计得到的方法，ARWK表示式中的扰动项假设为一个随机游走过程的方法，ARWKM_MAX和ARWKM_MIN分别表示随机马尔科夫游走过程，即模型$u_{qt} = u_{q,t-1} + \varepsilon_t$，$\varepsilon_t = \alpha\varepsilon_{t-1} + e_t$中的$\alpha$分别由ML方法和GLS方法估计得到的方法。

$$BR_M = \left[\sum_{T=1}^{T-1}\left(\frac{y_{q,4T-2}}{y_{q,4T-3}} + \frac{y_{q,4T-1}}{y_{q,4T-2}}\right)\right] \Big/ \left[\sum_{T=1}^{T-1}\left(\frac{z_{q,4T-2}}{z_{q,4T-3}} + \frac{z_{q,4T-1}}{z_{q,4T-2}}\right)\right]$$

（4）位于最终分解结果中的首、尾两端尽可能不出现不连续性或剧烈扭曲情况。为此定义的检验测度为：

$$BB = \left(\frac{y_{q,2}}{y_{q,1}}\right) \Big/ \left(\frac{z_{q,2}}{z_{q,1}}\right) \text{和} BE = \left(\frac{y_{q,4T}}{y_{q,4T-1}}\right) \Big/ \left(\frac{z_{q,4T}}{z_{q,4T-1}}\right)$$

（5）如果序列中存在同期限制，最终分解结果应同时满足同期限制和年度限制。对于多变量序列 $y_{q1,1}$，$y_{q1,2}\cdots$，$y_{q1,T}$，$y_{q2,1}$，$y_{q2,2}\cdots$，$y_{q2,T}\cdots y_{qm,1}$，$y_{qm,2}\cdots$，$y_{qm,T}$，同期限制为：$\sum_{i=1}^{m} y_{qi,t} = y_{q,t}$，$y_{q,t}$已知，$t=1$，$2\cdots T$；年度限制为：$\sum_{t=4T-3}^{4T} y_{qi,t} = Y_{ai,T}$，$Y_{ai,T}$已知，$i=1$，$2\cdots m$。为此定义同期限制检验测度如下：

$$CR = y_{q,t} \Big/ \sum_{i=1}^{m} y_{qi,t},\ t = 1,2\cdots T$$

然后从美国经济账户中选出 60 个有代表性的年度时间序列，用上述 6 种数学方法和 5 种 Chow-Lin 回归方法依次对这些年度时间序列进行动态时序分解，最后再利用其事先确定的五大标准对这些最终分解结果进行评价比较，从而选出最合适美国经济账户的动态时间序列分解方法。经过比较结果认为，在 6 种数学方法中，基于指示变量的 DRFD 方法分解效果最好，其次是 TREND 方法，但该方法在非基于指示变量的情况下不能使用，接着是 DAFD、BFL－FD、BFL－SD 等方法，而 LPINT 方法效果最差；对 Chow-Lin 回归方法而言，由于误差自回归模型中的参数是根据最优化理论来估计的，这结果可能会使指示变量的短期波动在最终分解结果中被削弱，但这种可能性还没有得到广泛的验证，因此对 Chow-Lin 回归方法则应该慎重选择。另外，从 Baoline Chen 利用美国国民经济账户做大量实证过程来看，数学分解方法虽然方便使用，分解结果比较稳健，但其仍存在难以修正时间序列存在序列相关性的问题，而 Chow-Lin 回归分解方法可以对序列存在相关性问题进行比较好地修正。

3.3　本章小结

本章是本研究编制中国季度资金流量表的技术支撑，主要对动态时间序列分解模型理论及有关研究进行了梳理和评述。动态时间序列分解模型主要分为非基于指示变量模型、基于指示变量模型两大类，其中非基于指示变量模型主要包括简单平均法、插值法、LS 法、BFL 法和 WS 法 5 种方法，基于指示变量模型主要包括基准调整法、计量经济模型法和最优化法 3 种方法，在动态时间序列实际分解中，这些方法各有优缺点，非基于指示变量模型的优点是不依赖指示变量就可以对目标变量进行动态时间序列分解，操作上也比较简单，但最终分解结果都比较平滑，短期波动难以准确体现，而基于指示变量模型正好可以克服这个问题，因此，该方法得到了广泛研究和应用。

第4章　中国季度实物资金流量矩阵表编制

近年来，随着各国经济合作不断加强和金融市场全球化不断深入，通过观察国内外资本流动来判断本国的经济运行状况越来越受到各国的重视。作为SNA核算体系的重要组成部分，社会资金流量统计以宏观经济视野来观察实体经济与金融经济的数量依存关系具有特殊的作用，对中国而言，中国实物资金流量表为此提供了便利。中国实物资金流量核算数据来源于国家统计局公布的资金流量表实物交易部分数据，但目前在中国统计年鉴上，我们只能查到1992—2018年的年度数据，季度数据迄今为止一直未发布。与美国、日本、英国、意大利、加拿大、韩国、印度尼西亚等世界上主要国家定期及时发布资金流量账户季度数据相比，中国实物资金流量账户的时效性还很落后，滞后的中国统计现状明显与中国已成为世界上第二大经济体的经济地位很不相称。同时，根据目前我国各部门各行业的统计现状，及时收集获取编制资金流量表所需要的大量详细的GDP核算、财税收支、银行存贷款、保险费收及赔偿等各部门各专业统计基础资料仍存在很多困难，通过收集基础资料来编制出中国季度资金流量表难度则更大，因此，本章在第二章资金流量核算理论及第三章时序列分解理论论述的基础上，探讨利用已知中国实物资金流量核算年度数据、部门行业季度数据及尝试使用Chow-Lin动态分解方法和Denton动态分解方法，建立一套适合中国实物资金流量季度表数据的测算体系，为对我国季度实物资金流量估算方法进行深入研究指明方向。

4.1　机构部门与产业部门之间的关系

产业部门分类是从生产角度对产业活动单位进行分类，机构部门分类是从财务收支角度对机构单位进行划分，两者都是宏观经济核算中的部门分类，它们存在密切的关系。在基层统计实际工作中，多数单位通常只根据本单位的工作需要按产业来统计本单位的财务收支状况，然而，按照编制资金流量表的要求，掌握机构部门的数据资料是必需的，因此按照机构部门的分类要求，对产业部门重新归类很有必要。根据本书编制中国季度实物资金流量矩阵表的需要，为了使本书下一步选择的指示变量季度数据口径与官方公布的中国实物资金流量年度数据口径一致或存在高度相关，本书将按照国家统计局核算司编制的《中国实物资金流量表编制方法》机构部门分类方法对我国产业部门进行分类，以供下文选择指示变量做参考，具体分类详见表 4－1。

表 4－1　　机构部门与产业部门关系

非金融企业部门	采矿业、制造业、电力、燃气及水的生产和供应业、建筑业、交通运输、仓储和邮政业、信息传输、计算机服务和软件业、批发和零售业、住宿和餐饮业、房地产业、租赁和商务服务业、居民服务和其他服务业、科学研究、20% 的教育和卫生业、2% 专业技术服务业、20% 的科技交流和推广服务业、50% 的新闻出版业、60% 的广播、电视、电影和音像业、70% 的文化艺术业、70% 的体育业，以及其他非金融企业。
金融企业部门	银行业、证券业、保险业和其他金融活动产业部门。
政府部门	科学研究、技术服务和地质勘查业（其中专业技术服务业和科技交流和推广服务业各按 80% 计算）、水利、环境和公共设施管理业、80% 的教育业、卫生、社会保障和社会福利业（其中卫生行业按 80% 计算）、文化、体育和娱乐业（其中广播、电视、电影和音像行业按 40% 计算，文化艺术和体育业各按 30% 计算）、公共管理和社会组织和政府出资、控制的行业。
住户部门	城镇常住户、农村常住户、个体经营户和从事农业生产的农户。

资料来源：国家统计局核算司，《中国实物资金流量表编制方法》，2013 年 3 月。

4.2 矩阵式资金流量表结构及其平衡关系

资金流量核算矩阵是 SAM 的重要组成部分，它实际上是为了将全部社会资金的流向、流量及部门间的资金联系勾勒起来而把各机构部门的国民收入账户与资金流量账户合并成一张非常简明的资金流量表，通过这张表可以观察整个国民经济资金流动的全貌。资金流量表有两种表现形式：一种是标准式（账户式）资金流量表结构，另一种是矩阵式（投入产出式）资金流量表结构。前一种形式更便于直观观察各个机构部门的资金来源和运用情况，因此中国官方公布的实物资金流量表数据都是以前一种形式呈现，与此相比，编制后一种形式的资金流量表结构不单单是换了一种方式呈现同一套统计数据的问题，其更重要的意义是通过转变成矩阵式资金流量表结构后，一方面可以提高资金流量表数据的利用程度，另一方面可以使资金流量表数据更具有挖掘潜力，尤其在经济建模分析方面更具有优势。矩阵式资金流量表是在标准式资金流量表的基础上编制得到的，所以它的编制过程与国民收入账户的账户设置、组合顺序和平衡关系等都存在密切的关系。对于矩阵式资金流量表的呈现问题，李宝瑜（1994，1996，2001，2007）曾经给出了几种不同的表式，根据他于 2001 年编制的表式（见表 4－2），其主要由增加值、初次分配收支、再次分配收支、消费支出和储蓄等多个子矩阵组成，它们主要反映的是机构部门与交易项目之间的收入与支出流量关系。

（1）增加值矩阵（子矩阵 Y）：是制度部门与交易项目相互交叉的一个矩阵，在投入产出核算和国民收入核算中，其所反映的含义有明显不同，前者反映的是各产业部门所创造的增加值情况，后者反映的是各机构部门的原始收入形成情况，在此增加值账户起到了连接增加值由生产创造到分配使用的过渡作用。由于投入产出核算和国民收入核算的制度部门口径不一致，因此设置国民收入增加值账户时，需要将机构部门的增加值口径与产业部门的增加值口径两者统一起来。国民收入增加值账户包括劳动报酬、生产税净额以及总营业盈余（含折旧）共 3 个账户。

表 4 - 2　　矩阵式资金流量表结构

<table>
<tr><th colspan="2" rowspan="2">指标</th><th colspan="5">部门</th><th colspan="3">初次分配收入</th><th>再分配收入</th><th colspan="3">增加值</th><th rowspan="2">总收入</th></tr>
<tr><th>非金融</th><th>金融</th><th>政府</th><th>住户</th><th>国外</th><th>劳动者报酬</th><th>生产税净额</th><th>财产收入</th><th>转移收入</th><th>劳动者报酬</th><th>生产税净额</th><th>营业盈余</th></tr>
<tr><td rowspan="5">部门</td><td>非金融</td><td colspan="5" rowspan="5">W</td><td colspan="3" rowspan="5">U1</td><td rowspan="5">U2</td><td colspan="3" rowspan="5">Y</td><td rowspan="5">GS</td></tr>
<tr><td>金融</td></tr>
<tr><td>政府</td></tr>
<tr><td>住户</td></tr>
<tr><td>国外</td></tr>
<tr><td rowspan="3">初次分配支出</td><td>劳动者报酬</td><td colspan="5" rowspan="3">R1</td><td colspan="3" rowspan="4">V</td><td rowspan="4"></td><td colspan="3" rowspan="4">FS</td><td rowspan="4"></td></tr>
<tr><td>生产税净额</td></tr>
<tr><td>财产性支出</td></tr>
<tr><td>再次分配支出</td><td>转移支出</td><td colspan="5">R2</td></tr>
<tr><td rowspan="4">可支配收入使用</td><td>农村消费</td><td colspan="5" rowspan="3">Z</td><td colspan="3" rowspan="4"></td><td rowspan="4"></td><td colspan="3" rowspan="4"></td><td rowspan="5"></td></tr>
<tr><td>城镇消费</td></tr>
<tr><td>政府消费</td></tr>
<tr><td>储蓄</td><td colspan="5">S</td></tr>
<tr><td colspan="2">总支出</td><td colspan="5">GU</td><td colspan="4">FU</td><td colspan="3"></td></tr>
</table>

资料来源：李宝瑜．中国国民收入流量表研究［J］．统计研究，2001（6）：14 - 18.

（2）收入初次分配账户（子矩阵 $U1$）：描述的是原始收入在机构部门之间的分配过程，机构部门在初次分配过程中所获取收入的多少主要取决于其付出的生产要素对生产的贡献程度，尤其对于财产性收入分配而言更是如此。收入初次分配账户包括劳动报酬、生产税净额和财产收入共 3 个子账户，从功能性分配意义上讲，劳动报酬应该分配给住户部门和国外部门，生产税净额应该分配给政府部门，财产收入主要根据各机构部门持有资本参与最终劳动成果创造的程度进行分配，通常以利息、红利、租金等交易方式分配给各机构部门。

（3）收入再分配账户（$U2$）：描述的是各机构部门如何在初次分配总收入的基础上通过经常转移将原始收入转移成可支配收入，经常转移主要包括收入税、社会保险缴款、社会保险福利、社会补助和其他经常转移5个交易项目。从分配效果来看，在经常转移中，政府部门得到收入税和社会保险缴款，住户部门得到社会保险福利和社会补助，其他经常转移主要包括常住者与非常住者之间的经常转移、保险赔款、政府的其他转移等，其他转移占总的经常转移比重比较小。

（4）初次分配支出账户（$R1$）和再次分配的支出账户（$R2$）：它们描述的是机构部门通过何种交易载体实现收入分配，如何根据机构部门生产创造增加值的贡献来进行收入分配，体现了收入在各机构部门之间的收入形成过程。

（5）可支配收入使用账户：分为消费支出账户（Z）和储蓄账户（S），分别记录各机构部门使用可支配收入进行最终消费和储蓄情况。可支配收入用于最终消费支出主要体现在住户部门和政府部门，而企业部门不消费最终产品，因此其消费为零；各机构部门储蓄是指各机构部门使用可支配收入进行消费后的结余部分，其为实物交易账户和金融交易账户的衔接项，是投资的资金来源，国内各机构部门的总储蓄之和为国民总储蓄，储蓄除了国内机构部门储蓄外，还有国外部门储蓄，其反映的是国外部门经常交易项目的收支差额。

表4－2中的每个子矩阵的每个元素都有双重意义，从横行方向看表示收入，从纵列方向看表示支出，如对于矩阵W的任意一个元素w_{ij}，其表示的是部门i从部门j获得的资金数量，也表示部门j运用在部门i的资金数量。对于子矩阵$U1$、$U2$、Y、$R1$、$R2$、Z'和S，它们存在如下的平衡关系：

（1）总收入＝初次分配收入＋再分配收入＋增加值，即：

$$GS_i = \sum_{j=1} u1_{ij} + \sum_{j=1} u2_{ij} + \sum_{j=1} y_{ij}$$

（2）总支出＝初次分配支出＋再分配支出＋可支配收入使用，即：

$$GU_j = \sum_{i=1} r1_{ij} + \sum_{i=1} r2_{ij} + \sum_{i=1} z_{ij} + \sum_{i=1} s_{ij}$$

（3）总收入 = 总支出，即：$GS = GU'$；

（4）增加值合计 = 可支配收入使用合计，即：

$$\sum_{i=1}\sum_{j=1} y_{ij} = \sum_{i=1}\sum_{j=1} z_{ij} + \sum_{j=1} s_j$$

（5）分配收入合计 = 分配支出合计，即：

$$\sum_{i=1}\sum_{j=1} u1_{ij} + \sum_{i=1}\sum_{j=1} u2_{ij} = \sum_{i=1}\sum_{j=1} r1_{ij} + \sum_{i=1}\sum_{j=1} r2_{ij}$$

（6）每项交易项目收入合计 = 每项交易项目支出合计，即：

$$\sum_{j=1} r1_{ij} = \sum_{j=1} u1_{ji} \text{ 和 } \sum_{j=1} r2_{ij} = \sum_{j=1} u2_{ji}$$

4.3　中国季度实物资金流量矩阵表的编制步骤

由于受到基础资料来源的限制，按照编制年度实物资金流量表的方法，直接利用各部门各专业统计基础资料来编制中国季度实物资金流量表，目前还存在很多困难。因此，本书基于中国的统计现状，以 2006—2014 年为例，尝试利用已知中国实物资金流量核算年度数据、部门行业季度数据以及动态时间序列分解方法编制出 2006—2014 年中国季度实物资金流量表，编制步骤如下：

1. 将标准式资金流量表变换成矩阵式资金流量表

由于中国国民收入核算矩阵式资金流量表与标准式资金流量的内容大体上是一致的，但矩阵式资金流量表的数据运用起来更方便，在经济建模分析方面也更具有优势，因此，本书对中国实物资金流量核算年度数据进行时序分解前，先将官方公布的标准式资金流量数据进行重组，把资金的来源和运用数据分别列于矩阵表中机构部门对应的行和列上，从而达到转换成矩阵式资金流量表数据的目的。

2. 确定要分解的年度目标变量

要完成编制 2006—2014 年中国季度实物资金流量表，除了初次分

配收支矩阵 $U1$ 和 $R1$ 中的国外部门劳动者报酬指标直接采用中国国际收支平衡季度表中的职工报酬数据外，还需要对矩阵 Y、$U1$、$U2$、GS、$R1$、$R2$、Z、S 和 GU 中共 34 个目标变量的各季度数据进行估计，这些变量分别为增加值矩阵 Y 中的所有机构部门、非金融企业、金融企业和政府部门的增加值、劳动者报酬、生产税净额共 12 个目标变量，以及初次分配收入矩阵 $U1$ 中的所有机构部门、非金融企业、金融企业、住户和国外部门的财产收入，再次分配收入矩阵 $U2$ 中的所有机构部门、非金融企业、金融企业、政府和国外部门的转移收入，初次分配支出矩阵 $R1$ 中的所有机构部门、非金融企业、政府、住户部门和国外部门的财产支出，再次分配支出矩阵 $R2$ 中的所有机构部门、非金融企业、金融企业、住户和国外部门的转移支出，以及可支配收入使用矩阵的住户和政府消费等 22 个目标变量。为了使问题处理得更简洁些，我们对财产收支项目和转移收支项目不做进一步细分。年度目标变量数据来源于国家统计局国民经济核算司提供的 2006—2014 年最新中国实物资金流量核算表数据。

3. 确定目标变量对应的指示变量

对于目标变量年度时序数据的分解，从第 3 章的论述中我们已经知道，其分解模型主要有非基于指示变量动态时序分解模型和基于指示变量动态时序分解模型两大类。然而，由于非基于指示变量动态时间序列分解模型只借助低频目标变量信息进行时间序列分解，分解结果往往无法描述时间序列的短期波动和季度波动，分解效果比较平滑，这与实际情况并不是特别相符。而对于基于指示变量动态时间序列分解模型，其一方面可以基于高频辅助变量信息形成时序分解的假设条件，避免因主观因素建立与客观实际不符合的假设；另一方面可以合理充分利用各相关的经济信息和统计信息参与时序分解，分解结果更合理、有效和更有说服力。因此，本书选择基于指示变量动态时间序列分解模型对年度目标变量进行时序分解，但该模型对指示变量都具有比较强的依赖性，在实践中，如果指示变量选择不当，结果很容易产生偏差。

关于指示变量的选择标准，国内外目前都还没有制定出一个统一的、被普遍接受的选择标准。而在实践中对指示变量的选择，则主要从经济学背景和统计方法两个方面考虑，基于此，本书尽可能地对照2012年国家统计局核算司编制的《中国实物资金流量表编制方法》规定机构部门与产业部门之间的关系，对从有关职能部门收集得来的各行业、各专业数据进行重新组合，确定目标变量对应的指示变量，这样可以确保指示变量季度数据序列变化趋势尽可能地与目标变量原本序列变化趋势一致，从而使目标变量的最终分解结果更真实、可靠。简要的目标变量及其对应的指示变量如表 4 - 3 所示。其中，第 4 号目标变量（政府部门增加值）对应的指示变量选为第三产业中一定比例的其他行业增加值原因是：第三产业中其他行业的增加值主要由科学研究、技术服务和地质勘查，水利、环境和公共设施管理，居民服务和其他服务，教育，卫生、社会保障和社会福利，文化、体育和娱乐以及公共管理和社会组织等行业部门生产创造，而这些行业的大部分资金主要由政府提供；第 5 号目标变量（所有机构部门劳动者报酬）对应的指示变量选为城镇就业人员工资总额加上 90% 的第一产业增加值总和的原因是劳动报酬除了体现于城镇单位提供城镇就业人员工资外，还体现于农户生产活动所得到的劳动报酬，而这一部门主要反映在第一产业增加值上；第 12 号目标变量（政府部门生产净额）对应的指示变量选为重点行业货物劳务税收入中的 5% 的商业增值税的原因是政府部门生产税的运用主要是国有事业单位参与工业、文化体育、广告、公共交通业和其他服务业等商业活动而支付的生产税，但这部分生产税在各行业商业增值税中的比例比较小；第 23 号目标变量（所有部门财产收入）对应的指示变量选为商业银行净利润（税后利润）的原因是财产性收入主要由利息、红利、租金构成，而利息是大头（2013 年占 73%），红利和租金缺乏相应的数据，同时商业银行的利润主要来源于利息。

表 4-3　目标变量及其对应的指示变量

指标序号	1	2	3	4	5	6	7	8	9
所属子矩阵	增加值矩阵	增加值矩阵	增加值矩阵	增加值矩阵	增加值矩阵	增加值矩阵	增加值矩阵	增加值矩阵	增加值矩阵
所属目标变量	增加值	增加值	增加值	增加值	劳动者报酬	劳动者报酬	劳动者报酬	劳动者报酬	生产税净额
所属机构部门	所有部门	非金融企业	金融企业	政府	所有部门	非金融企业	金融企业	政府	所有部门
指示变量	国内生产总值	第二产业增加值加上第三产业中的批发和零售业增加值、交通运输、仓储和邮政业增加值、住宿和餐饮业增加值、房地产业增加值总和	金融业增加值	第三产业中一定比例的其他行业增加值	90%第一产业增加值+城镇就业人员工资总额	包括农林牧渔业、采矿业、制造业、电力、煤气及水的生产和供应业、建筑业、交通运输、仓储和邮政业、信息传输、计算机服务和软件业、批发和零售业、住宿和餐饮业、房地产业以及租赁和商务服务业等行业的城镇就业人员工资总额	金融业城镇就业人员工资总额	包括科学研究、技术服务和地质勘查业，水利、环境和公共设施管理业，居民服务和其他服务业，教育，卫生、社会保障和社会福利业，文化、体育和娱乐业，以及公共管理和社会组织等行业的城镇就业人员工资总额	包括国内增值税、消费税、进口货物增值税和消费税、营业税、烟叶税、房产税、关税、印花税、车船税、城市维护建设税、城镇土地使用税、耕地占用税等税种的总和
指示变量数据来源	国家统计数据库	国家统计数据库	国家统计数据库	国家统计数据库	国家统计数据库、Wind资讯	Wind资讯	Wind资讯	Wind资讯	Wind资讯

续表

序号	10	11	12	13	14	15	16	17	18	19	20	21
所属子矩阵	增加值矩阵	增加值矩阵	增加值矩阵	再次分配支出矩阵	再次分配支出矩阵	再次分配支出矩阵	再次分配支出矩阵	再次分配支出矩阵	再次分配收入矩阵	再次分配收入矩阵	再次分配收入矩阵	再次分配收入矩阵
所属目标变量	生产税净额	生产税净额	生产税净额	转移支出	转移支出	转移支出	转移支出	转移支出	转移收入	转移收入	转移收入	转移收入
所属机构部门	非金融企业	金融企业	政府	所有部门	非金融企业	金融企业	住户	国外	所有部门	非金融企业	金融企业	政府
指示变量	包括重点行业货物劳务税收入中的工业增加值税、消费税、65%的商业增值税和交通运输业、建筑业、租赁及商务服务业、电信业、住宿餐饮业、房地产业等行业的营业税的总和	重点行业货物劳务税收入中的金融业的营业税	重点行业货物劳务税收入中的5%的商业增值税	包括重点行业所得税收入中的企业所得税、个人所得税、30%社会保险费收入（政府补贴的部门）	重点行业所得税收入中的企业所得税扣除金融保险业企业所得税后剩余的部分	重点行业所得税收入中金融保险业企业所得税	包括重点行业所得税收入中的个人所得税和70%的社会保险费收入	中国国际收支平衡表中经常转移贷方的数据	包括重点行业所得税收入中的企业所得税、个人所得税、30%社会保险费收入（政府补贴的部门）	保险业原保险赔付支出中的财产险赔付支付	保险业原保险费收入中的财产保险费收入	包括重点行业所得税收入中的企业所得税、个人所得税和70%的社会保险费收入
指示变量数据来源	中国税收季度报告	中国税收季度报告	中国税收季度报告	中国税收季度报告	中国税收季度报告	中国税收季度报告	中国税收季度报告	中国国际收支平衡表（季度表）	中国税收季度报告	中经网统计数据库	中经网统计数据库	中国税收季度报告

续表

序号	22	23	24	25	26	27	28	29	30	31	32	33	34
所属子矩阵	再次分配收入矩阵	初次分配收入矩阵	初次分配收入矩阵	初次分配收入矩阵	初次分配收入矩阵	初次分配收入矩阵	初次分配支出矩阵	初次分配支出矩阵	初次分配支出矩阵	初次分配支出矩阵	初次分配支出矩阵	可支配收入使用矩阵	可支配收入使用矩阵
所属目标变量	转移收入	财产收入	财产收入	财产收入	财产收入	财产收入	财产支出	财产支出	财产支出	财产支出	财产支出	消费	消费
所属机构部门	国外	所有部门	非金融企业	政府	住户	国外	所有部门	非金融企业	政府	住户	国外	住户	政府
指示变量	中国国际收支平衡表中经常转移借方的数据	商业银行净利润（税后利润）	商业银行净利润×（各项存款余额－政府存款余额－住户存款余额－非银行存款余额－境外存款余额）/各项存款余额	商业银行净利润×政府存款余额/各项存款余额	商业银行净利润×住户存款余额/各项存款余额	中国国际收支平衡表中投资收益借方的数据	商业银行净利润	商业银行净利润×境内非金融企业及机关团体贷款余额/各项贷款余额	商业银行净利润×境内非金融企业及机关团体贷款余额/各项贷款余额	商业银行净利润×境内住户贷款余额/各项贷款余额	中国国际收支平衡表中投资收益贷方的数据	城镇居民人均现金消费支出×城镇居民常住人口+农村居民人均现金生活消费支出×农村居民常住人口	全国财政总支出
指示变量数据来源	中国国际收支平衡表（季度表）	中经网统计数据库	中经网统计数据库	中经网统计数据库	中经网统计数据库	中国国际收支平衡表（季度表）	中经网统计数据库	中经网统计数据库	中经网统计数据库	中经网统计数据库	中国国际收支平衡表（季度表）	国家统计数据库、Wind 资讯	Wind 资讯

4. 填补指示变量的缺失数据

在收集整理指示变量时序数据时，发现有个别变量的历史数据并不完整，如全国商业银行净利润，其只收集到2011年以后的季度数据和2006—2010年度的年度数据，而缺失了2011年以前的季度数据，为了补齐这些季度数据，本书采用建立状态空间模型的方法对其进行估计，基本思路是：先利用状态空间模型对年度总量于年内各季度的权重进行估计，然后再利用估计出来的季度权重计算年内各季度数据，具体地，首先假设测量方程为：

$$\begin{cases} y_{1,t} = z_1 \cdot x_{1,t} + r_{1,t} \\ y_{2,t} = z_2 \cdot x_{2,t} + r_{2,t} \\ y_{3,t} = z_3 \cdot x_{3,t} + r_{3,t} \\ x_{4,t} = 1 - x_{1,t} - x_{2,t} - x_{3,t} \end{cases} \tag{4-1}$$

其中，前三个方程均为一元线性回归方程，自变量 $x_{i,t}(i=1, 2, 3; t=1, 2\cdots T)$（季度权重）为不可观测的 AR（1）过程，$z_i(i=1, 2, 3)$ 为方程的回归系数，$r_{i,t}(i=1, 2, 3; t=1, 2\cdots T)$ 是均值为 $E(r_{i,t})=0$、方差为 $Var(r_{i,t})=r$ 和协方差为 $Cov(r_{i,t}, r_{j,t})=0(i\neq j)$ 的误差项，第四个方程为一个恒等式，没有误项，是一个约束条件，起到年内四个季度权重之和等于1的约束作用。

然后，再根据不可观测变量 $x_{i,t}(i=1, 2, 3; t=1, 2\cdots T)$ 的变化趋势，假设其状态方程为：

$$\begin{cases} x_{1,t} = b_1 \cdot x_{1,t-1} + u_1 + w_{1,t} \\ x_{2,t} = b_2 \cdot x_{2,t-1} + u_2 + w_{2,t} \\ x_{3,t} = b_3 \cdot x_{3,t-1} + u_3 + w_{3,t} \end{cases} \tag{4-2}$$

其中，$b_i(i=1, 2, 3)$ 为方程的回归系数，$u_i(i=1, 2, 3)$ 是常数项，误差项 $w_{i,t}(i=1, 2, 3; t=1, 2\cdots T)$ 的均值为 $E(w_{i,t})=0$，方差 $Var(w_{i,t})=q_{ii}$，协方差 $Cov(w_{i,t}, w_{j,t})=q_{ij}$ $(i\neq j)$。

用矩阵形式表示，测量方程（4-1）可以表示为：

$$Y_t = ZX_t + A_1 + R_t, (t = 1,2\cdots T) \tag{4-3}$$

其中，$Z=\begin{pmatrix} z_1 & 0 & 0 \\ 0 & z_2 & 0 \\ 0 & 0 & z_3 \\ -1 & -1 & -1 \end{pmatrix}$，$A_1=\begin{pmatrix} 0 \\ 0 \\ 0 \\ 1 \end{pmatrix}$，误差项 $R_t=\begin{pmatrix} r_{1,t} \\ r_{2,t} \\ r_{3,t} \\ 0 \end{pmatrix}$，其均值为 $E(R_t)=0$，协方差 $H_t=\begin{pmatrix} r & 0 & 0 & 0 \\ 0 & r & 0 & 0 \\ 0 & 0 & r & 0 \\ 0 & 0 & 0 & 0 \end{pmatrix}$。

状态方程（4－2）用矩阵形式可以表示为：

$$X_t = BX_{t-1} + U + W_t \quad (t = 1,2\cdots T) \tag{4-4}$$

其中，$B=\begin{pmatrix} b_1 & 0 & 0 \\ 0 & b_2 & 0 \\ 0 & 0 & b_3 \end{pmatrix}$，$U=\begin{pmatrix} u_1 \\ u_2 \\ u_3 \end{pmatrix}$，误差项 $W_t=\begin{pmatrix} w_{1,t} \\ w_{2,t} \\ w_{3,t} \end{pmatrix}$，其均值为 $E(W_t)=0$，协方差为 $Q=\begin{pmatrix} q_{11} & q_{12} & q_{13} \\ q_{12} & q_{22} & q_{23} \\ q_{13} & q_{23} & q_{33} \end{pmatrix}$。

为了求解上述测量方程和状态方程中的系统矩阵 Z、H_t、B、U 和 Q，可以通过卡尔曼滤波算法求得。在此，为了推算全国商业银行 2011 年以前各季度的净利润，我们以 2011—2014 年全国商业银行净利润的季度比重数据为样本，利用上述状态空间模型通过反倒推的方法先求得 2011 年以前各年内的季度比重后，再实现年度总量分解，最终达到填补指示变量缺失的历史季度数据的目的。

5. 时序分解效果检验及最终分解模型选择

根据第 3 章关于动态时间序列分解理论模型的论述可以知道，国外学者对动态时间序列分解模型已经做了非常广泛的研究，这些研究归纳起来主要分为非基于指示变量动态时序分解模型和基于指示变量动态时序分解模型两大类。在实践中，由于非基于指示变量的动态时间序列分解模型只借助低频目标变量信息进行时间序列分解，分解结果往往无法描述时间序列的短期波动和季度波动，分解效果比较平滑，这往往与实际情况并不是特别相符；基于指示变量动态时间序列分解模型则有两方面的优点，其一方面可以基于高频辅助变量信息形成时序分解的假设条件，避免因主观因素建立与客观实际不符合的假设；另一方面也可以充分合理利用各相关的经济信息和统计信息参与时序分解，分解结果更合理、有效和更有说服力，因此，在国际上引起了众多学者关注和普遍研究，也被认为使用最广泛、最成功的动态时序分解方法。

鉴于上述原因，本书试图利用基于指示变量动态时序分解模型实现对中国实物资金流量表年度数据的分解，而在基于指示变量动态时序分解模型中又以最优化动态时序分解模型最为流行，其主要是以 Chow-Lin 系模型和 Denton 系模型为代表，然而，因为这两个体系模型中的每一种分解模型所追求的目标不同，它们的分解效果也不一样，因此，为了从 Chow-Lin 系模型和 Denton 系模型中选择最适合的分解模型实现对中国实物资金流量表年度数据进行分解，本书先通过 R 软件依次采用 Chow-Lin（AR1）、DAFD、DASD、DRFD 和 DRSD 等模型分别对中国实物资金流量表的 34 个目标变量的年度序列进行动态分解，然后再根据 Baoline Chen（2007）五大检验标准（见第三章的 3.2 节）对每一种分解模型对每一个目标变量的最终分解结果进行一一检验，综合比较每一种分解模型的最终分解效果，最后从中选择最合适的分解模型作为测算中国季度实物资金流量矩阵表数据的动态时序分解模型。在此，由于本书考虑的目标变量不存在同期限制关系，因此对第五大检验标准不做检验，其他四大检验结果如下：

（1）最终分解结果满足原目标序列的年度限制情况检验。在 Chow-Lin（AR1）、DAFD、DASD、DRFD 和 DRSD 等模型依次分别对所有 34 个目标年度序列实现最终分解的 170 个时间序列中，根据 $D_y^R = Y_{a,T} \Big/ \sum_{t=4T-3}^{4T} y_{q,t}$（$T=1, 2\cdots n$）测算，每个最终分解结果都可以使得 $D_y^R = 1$，即所有 170 个最终分解序列都满足分解年度限制的基本要求，所以我们认为在最终分解的年度限制问题上，这五个分解模型不存在任何差异，也符合时间序列分解的最基本要求。

（2）最终分解结果保持指示变量序列短期波动情况检验。为了便于比较，本书以 C^P 调整比例测度作为检验各个最终分解结果保持指示变量序列短期波动情况的指标。经过 R 软件运算，所得的检验结果如图 4－1 所示，从图中可以发现，曲线 Chow-Lin（AR1）、DRFD、DRSD、DAFD 和 DASD 之间的变化特点存在明显差异，其中，曲线 Chow-Lin（AR1）位于各个目标变量处的 C^P 值均保持在 0—0.1 的比例水平内波动，波动幅度比较小；与曲线 Chow-Lin（AR1）相比，曲线 DRFD 和 DRSD 的波动幅度也比较平稳，但其绝大数目标变量处的 C^P 值都比 Chow-Lin（AR1）的更大些；曲线 DAFD 和 DASD 两者基本吻合在一起，它们的波动幅度都比较大，其在大多数目标变量处的 C^P 值均超过了 0.1 的比例水平。这些检验结果总体上表明了基于 Chow-Lin（AR1）动态时序分解模型的最终分解结果保持指示变量序列短期波动情况最好，其次是 DRFD 和 DRSD 动态时序分解模型的最终分解结果，而基于 DAFD 和 DASD 动态时序分解模型的最终分解结果保持指示变量序列短期波动情况则比较糟糕。

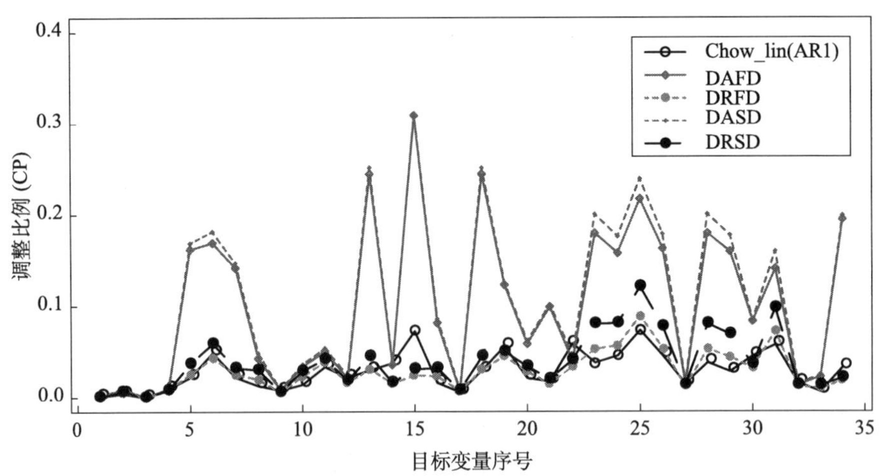

图 4－1　不同时序分解结果改变指示变量波动的程度

（3）最终分解结果中位于年度间间断点两侧和年内中间部分的失真或扭曲情况检验。其中，为检验 Chow-Lin（AR1）、DRFD、DRSD、DAFD 和 DASD 等各动态时序分解模型的最终分解结果位于年度间间断点两侧的失真或扭曲情况，在此，本书以 BR_B 扭曲比例测度作为其检验指标。经过 R 软件运算，所得的检验结果如图 4-2 所示。从图中可以发现，曲线 DRFD 和 DRSD 几乎吻合在一起，并且在各个目标变量处的扭曲比例 BR_B 值都很小，而曲线 Chow-Lin（AR1）则位于曲线 DRSD 和 DRFD 之上和位于曲线 DAFD 和 DASD 之下，但它位于目标变量处的扭曲比例 BR_B 值基本控制在 5% 左右。这表明了 DRSD 和 DRFD 动态时序分解方法的最终分解结果位于年度间间断点两侧的失真或扭曲程度最小，其次是 Chow-Lin（AR1）动态时序分解方法，失真或扭曲程度最大的是 DAFD 和 DASD 动态时序分解方法。因此，如果单从最终分解结果位于年度间间断点两侧的失真或扭曲情况考虑，选择 DRSD 和 DRFD 动态时序分解方法最合适，其次是 Chow-Lin（AR1）方法，最后才考虑 DAFD 和 DASD 方法。

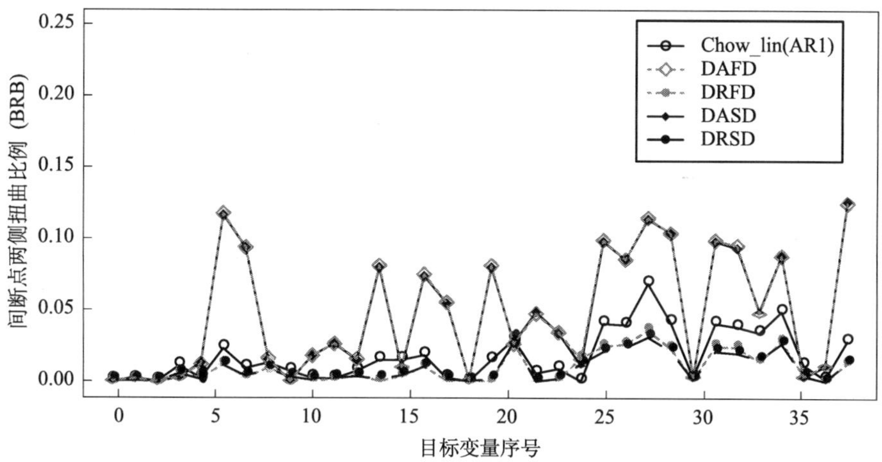

图 4-2　不同时序分解结果相对于指示变量位于年度间间断点两侧的扭曲情况

为检验 Chow-Lin（AR1）、DRFD、DRSD、DAFD 和 DASD 等各动态时序分解模型的最终分解结果位于年内中间部门的失真或扭曲情况，本书以 BR_M 扭曲比例测度作为其检验指标。经过 R 软件运算，所得的检验结果如图 4-3 所示，从中可以看到，曲线 Chow-Lin（AR1）、DRFD、DRSD、DAFD 和 DASD 的波动幅度基本上都控制在 10% 的范围内。从各条曲线变化情况看，曲线 Chow-Lin（AR1）在总共 34 个目标变量中除了位于第 22 号目标变量处向上穿过其他四条曲线外，其他大部分均保持在最低的位置，并且与0位置很贴近，曲线DRFD则除了个别位置之外均在Chow-Lin（AR1）曲线之上，而曲线DRSD、DAFD和DASD则相互穿插曲线Chow-Lin（AR1）和DRFD上方。总体上看，除了个别目标变量外，Chow-Lin（AR1）动态时序分解模型的最终分解结果位于年内中间部门的失真或扭曲程度最小，其次是DRFD动态时序分解模型的最终分解结果，最后是DRSD、DAFD和DASD动态时序分解模型。

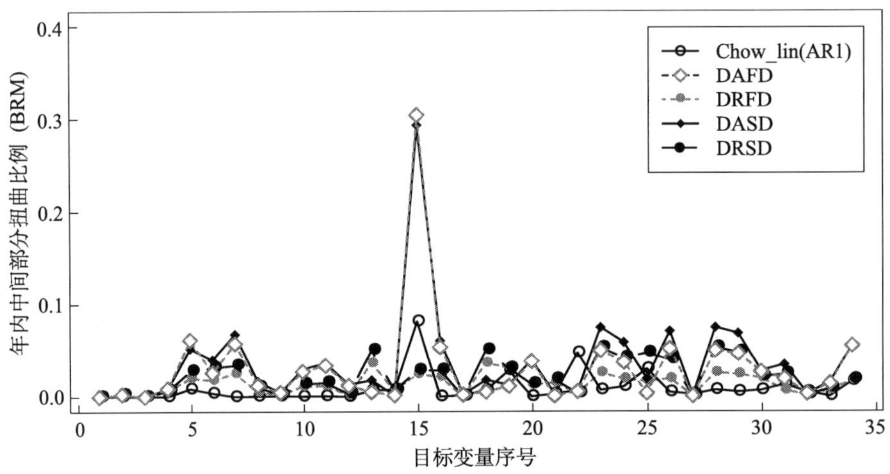

图4-3　不同时序分解结果相对于指示变量位于年内中间的扭曲情况

（4）最终分解结果位于序列的首、尾两端出现不连续性或剧烈扭曲情况检验。其中，为了对Chow-Lin（AR1）、DRFD、DRSD、DAFD和DASD等各动态时序分解模型的最终分解结果位于序列的开头部分出现不连续性或剧烈扭曲情况进行检验，本书以*BB*扭曲比例测度作为其检验指标。经过R软件运算，所得的检验结果如图4-4所示，从图中可以看到，除了曲线Chow-Lin（AR1）比较靠近横轴平稳波动之外，其他四条曲线的波动幅度都非常大，其中波动幅度最大的是DRSD和DASD曲线，其在绝大多数目标变量处的扭曲比例*BB*值也都超过了30%，有些甚至达到了80%以上，其次是DRFD和DAFD曲线，其在绝大多数目标变量处的扭曲比例*BB*值也都超过了20%，有些甚至接近了60%。这表明Chow-Lin（AR1）动态时序分解模型的最终分解结果位于序列开头部分的失真或扭曲程度最小，而其他动态时序分解模型的最终分解结果的失真或扭曲程度都很大。因此，如果单凭最终分解结果位于序列开头部分的失真或扭曲情况考虑，选择 Chow-Lin（AR1）动态时序分解模型最合适，而其他模型则可以不做考虑。

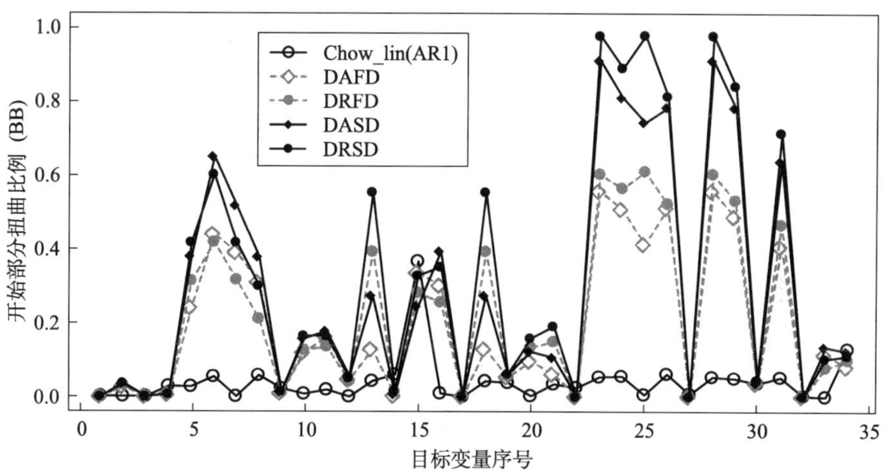

图 4－4　不同时序分解结果相对于指示变量位于序列开头出现的扭曲情况

为了对 Chow-Lin（AR1）、DRFD、DRSD、DAFD 和 DASD 等各动态时序分解模型的最终分解结果位于序列的末尾部分出现不连续性或剧烈扭曲情况进行检验，在此，我们以 *BE* 扭曲比例测度作为其检验指标。经过 R 软件运算，所得的检验结果如图 4－5 所示，从中可以发现，曲线 DRFD 的波动幅度最小，其于各个目标变量处的 *BE* 值几乎都接近 0；Chow-Lin（AR1）曲线除了在第 19 号、22 号和 29 号目标变量处明显位于曲线 DRFD 之上外，其他部分基本上与曲线 DRFD 吻合，而曲线 DRSD、DAFD 和 DASD 都居于曲线 DRFD 和 Chow-Lin（AR1）之上，并且曲线 DAFD 和 DASD 更加明显。这可以说明基于 DRFD 动态时序分解方法的最终分解结果位于序列末尾部分的失真或扭曲程度最小，其次是基于 Chow-Lin（AR1）动态时序分解方法的最终分解结果，而其他另外三种动态时序分解方法的最终分解结果的失真或扭曲程度都比较大。因此，如果单凭最终分解结果位于序列结尾部分的失真或扭曲情况考虑，选择 DRFD 动态时序分解方法最合适，其次是 Chow-Lin（AR1）方法，其他方法可以另做考虑。

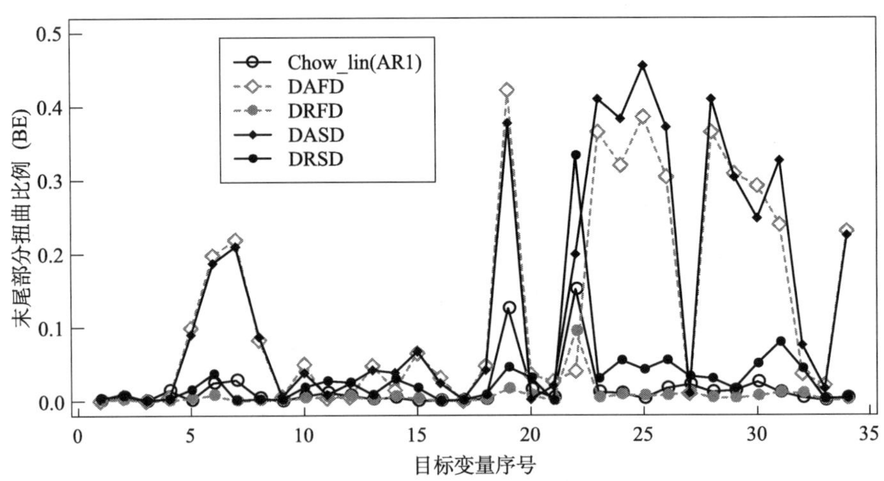

图 4-5　不同时序分解结果相对于指示变量位于序列末尾出现的扭曲情况

综合从上述各个检验结果的分析情况看，在每个目标变量关于 Chow-Lin（AR1）、DRFD、DRSD、DAFD 和 DASD 等基于指示变量时间序列分解模型的 5 个最终分解结果中，每个结果对应于每一种检验标准的检验结果都不一样，因此，单凭某个目标变量的检验结果或某种检验标准来判断哪种方法是最合适用于实现对中国实物资金流量表中的目标变量进行动态时序分解还是比较难选择的。因此，为了便于比较，本书分别对上述 5 种方法的各个检验指标做了平均化处理，结果如表 4-4 所示。从表中可以发现，上述 5 种方法对 30 个目标变量共分解出的 150 个最终分解都满足了分解年度限制的基本要求；从保持指示变量的短期波动情况来看，Chow-Lin（AR1）分解方法最好，其次是 DRFD 分解方法，其 $\overline{C^P}$ 值分别为 0.02991 和 0.02896，最差的是 DASD 分解方法，其 $\overline{C^P}$ 值为 0.10736；从年度间间断点两侧分解失真或扭曲的程度来看，扭曲程度最小的前三种动态时序分解方法依次是 DRSD 方法、DRFD 方法和 Chow-Lin（AR1）方法，其 $\overline{BR_B}$ 值分别为 0.00911、0.00971 和 0.01806；年内中间部分分解扭曲程度最小的是 Chow-Lin（AR1）分解方法，其次是 DRFD 分解方法，其 $\overline{BR_M}$ 值分别为 0.00917 和 0.01332；从最终分解结果序列的开头部分的扭曲程度来看，扭曲程度最小的是 Chow-Lin 方法，其 $\overline{BB}$ 值为 0.04147，其他方法扭曲程度都比较大；从最终分解结果序列末尾部分的扭曲程度来看，扭曲程度最小的前三种方法依次是DRFD方法、Chow-Lin（AR1）方法和DRSD方法，其$\overline{BE}$值分别为0.00686、0.01797和0.03164。从上述分析可见，根据某个检验准则的平均检验结果来判定哪个动态时序分解方法最好还是无法实现的，为此，我们再对表4－4中的最后5个平均检验指标进行平均化处理，结果如表4－3中的最后一行所示，从中可以判定基于Chow-Lin（AR1）动态时序分解方法的最终分解结果是最好的，其次是基于DRFD动态时序分解方法的最终分解结果，因此，本书选择Chow-Lin（AR1）动态时序分解方法的最终分解结果作为编制中国季度实物资金流量表的数据来源。

表4－4　　Chow-Lin分解法和Denton分解法分解效果检验

检验指标＼分解方法	Chow-Lin（AR1）	DAFD	DASD	DRFD	DRSD
$\overline{D_y^R}$	1.00000	1.00000	1.00000	1.00000	1.00000
$\overline{C^P}$	0.02991	0.10069	0.10736	0.02896	0.03866
$\overline{BR_B}$	0.01806	0.04745	0.04717	0.00971	0.00911
$\overline{BR_M}$	0.00917	0.02978	0.03580	0.01332	0.02098
$\overline{BB}$	0.04147	0.19778	0.29547	0.22346	0.32899
$\overline{BE}$	0.01797	0.12388	0.14127	0.00686	0.03164
平均	0.02332	0.09992	0.12541	0.05646	0.08588

注：平均项为后5个检验指标的平均数。

6. 编制中国季度实物资金流量矩阵表

根据矩阵式资金流量表各子矩阵的平衡关系以及使用Chow-Lin（AR1）动态时序分解模型对34个目标变量年度数据进行动态时序分解的最终结果，依次对2006—2014年每个季度的子矩阵Y、$U2$、$R1$、$U1$、GS、$R2$、Z、GU和S进行填写，其中对于增加值矩阵Y，先根据动态时序分解结果填写非金融企业、金融企业、政府和所有部门合计项的劳动者报酬、生产税净额、增加值合计，再根据Y矩阵的内部平衡关系依次填写住户部门的、劳动者报酬、生产税净额、增加值合计，最后填写各个部门的营业盈余。对于矩阵 $U2$，先根据动态时序分解结果填写非金融企业、金融企业、政府部门、国外部门、各部门合计项的转移收入，然后再填写住户部门的转移收入。对于矩阵 $R1$ 中的劳动者报酬支出，先根据矩阵 Y 的结果填写国内各部门劳动者报酬支出，根据动态时序分解结果填写国外劳动者报酬支出，再合计国内各部门的劳动者报酬支出和国外劳动者报酬支出；对于矩阵 $R1$ 中的国内部门生产税净额支出则根据矩阵 Y 的结果填写，国外部门生产税净额支出为 0；对于矩阵 $R1$ 中的财产支出则先根据动态时序分解结果填写非金融企业、政府部门、住户部门、国外部门、所有部门合计的数据，最后填写金融企业部门的数据。对于矩阵 $U1$，劳动者报酬收入只有住户部门和国外部门得到，生产税只有政府部门得到，对于劳动者报酬收入，先根据 $R1$ 所有部门的劳动者报酬支出合计填写 $U1$ 所有部门的劳动者报酬收入，根据动态时序分解结果填写国外劳动者报酬收入，再填写住户部门的劳动者报酬收入；对于矩阵 $U1$ 中政府部门的生产税净额收入，则根据 $R1$ 各部门生产税净额合计填写；对于矩阵 $U1$ 中的财产性收入，则先根据动态时序分解结果填写非金融企业部门、政府部门、住户部门、国外部门、所有部门合计的数据，再填写金融企业部门的数据。对于矩阵 $R2$，先根据动态时序分解结果填写非金融企业部门、金融部门、住户部门、国外部门、所有部门合计的转移支出，再填写政府部门的转移支出。对于矩阵 Z，除了住户和政府部门有最终消费外，其他部门都没有，其消费数据根据动态时序分解结果填写；GU 根据 GS 填写；最后 S 矩阵根据 GU、$R1$、$R2$ 和 Z 填写。通过以上的编制过程可以编制出我国 2006—2014 年各季度的实物资金流量矩阵表，详见附录。

4.4 本章小结

季度实物资金流量统计数据是宏观经济视野观察短期实体经济关系的重要基础，但是，编制季度实物资金流量表需要的基础资料非常多且复杂，编制工作难度大，至今还无法直接从官方公布的统计资料中得到季度实物资金流量统计数据。为此，本章从中国机构部门分类与产业部门分类之间的关系出发，对照中国官方编制中国年度实物资金流量表所使用的方案，首先确定了编制中国季度实物资金流量表所需要的目标变量和对这些目标变量对应的指示变量，然后再分别基于 Chow-Lin（AR1）、DRFD、DRSD、DAFD 和 DASD 等动态时序分解方法依次对各目标变量进行动态时序分解，比较它们的分解效果结果发现，DRFD、DRSD、DAFD 和 DASD 动态时序分解方法的计算过程虽然比较便捷，但最终分解结果在保持指示变量的短期波动性上、年内中间部分扭曲程度上、首尾两端的扭曲程度上都不如 Chow-Lin（AR1）动态时序分解方法的最终分解效果好，总体上看，Chow-Lin（AR1）动态时序分解方法的最终分解效果是最好的，因此，本书以基于 Chow-Lin（AR1）动态时序分解方法的最终分解结果为基础编制了 2006—2014 年中国各季度实物资金流量的矩阵表，为下一步研究分析验证中国宏观经济的短期波动带来的影响奠定了基础。

第 5 章　中国季度实物资金流量矩阵表的实证及应用

鉴于资金流量统计矩阵是 SAM 的重要组成部分，它不仅具有特殊的分析功能，还具有结构模块化便于分析的优点。为此，本章拟以第 4 章编制的中国季度实物资金流量矩阵表数据为基础，以资金流量矩阵表的分析方法为工具，从原始收入（增加值）分配、初次收入分配、再次收入分配和可支配收入使用等多个角度来对我国国民收入分析格局的短期波动特点及演变趋势进行实证分析研究，这样一方面可以从数据的一致性、相关性和可解释性角度来检验本书编制出的中国季度实物资金流量矩阵表的科学性和可靠性，另一方面也可以揭示我国各机构部门在实现国民收入分配过程中所存在的依存关系，为我国制定各项有针对性的收入分配政策提供科学的理论基础和现实依据。本章主要从以下三个方面对我国国民收入分配格局进行实证研究：一是从流量角度来分析描述我国各机构部门分配收入流量大小情况；二从结构份额角度来分析我国各机构部门的交易结构，以及交易活动在各机构部门分布的情况；三是从时间上来分析分配收入流量、结构份额在各机构部门之间的变动情况。

5.1　国民收入分配资金流量分析

5.1.1　机构部门国民收入分配季度资金流入分析

第 4 章编制的中国季度实物资金流量核算矩阵表，其主要由机构部门国民收入分配资金流入矩阵表和支出矩阵表拼接组成，其中前面部分（如表 5－1）又由初次分配收入、再次分配收入和增加值 3 个子矩阵拼接组成，第一个子矩阵包括劳动者报酬、生产税净额和财产收入 3 个交易项目，第二个子矩阵只有一个简化了的转移收入交易项目，增加值子矩阵包括劳动者报酬、生产税净额和营业盈余（含折旧）3 个交易项目。通过对表 5－1 各个机构部门不同交易项目的季度资金流入的流量静态和动态分析，可以掌握各个机构部门在某一个季度的收入流量大小状况以及其随时间的变化趋势。

表 5－1　　国民收入分配资金流入矩阵表结构

指标	部门	初次分配收入	再次分配收入	增加值	总收入
部门		*U*1	*U*2	*Y*	*GS*

1. 机构部门初次分配季度资金收入流量分析

（1）初次分配劳动者报酬绝大部分分配给住户部门，极小部分分配给国外部门。通过观察 2006 年第一季度到 2014 年第四季度机构部门国民分配的收入流量矩阵表中的劳动者报酬（见图 5－1）可以发现：2006—2014 年，在国民收入初次分配的过程中，住户部门获取的劳动者报酬从长期趋势看呈稳步提高的态势，从季节性波动幅度看，则随着劳动者报酬收入水平的不断提高，波动幅度呈比例扩大的趋势。国外部门劳动者报酬收入水平呈现明显的阶段性变化趋势，其中，第一阶段为 2006 年一季度至 2009 年三季度，基本维持在 45 亿元左右；第二阶段为

2009年四季度至2014年一季度，由于受到2008年美国次贷经济危机的冲击，其于2009年四季度开始迅速下滑到了26.37亿元，后来每个季度都与此差不多，一直延续到2014年一季度；第三阶段为2014年上半年后，国外部门获取的劳动者报酬收入水平才开始出现迅速反弹，并且直线攀升到了2014年第二、第三和第四季度的60.54亿元、86.20亿元和78.82亿元。

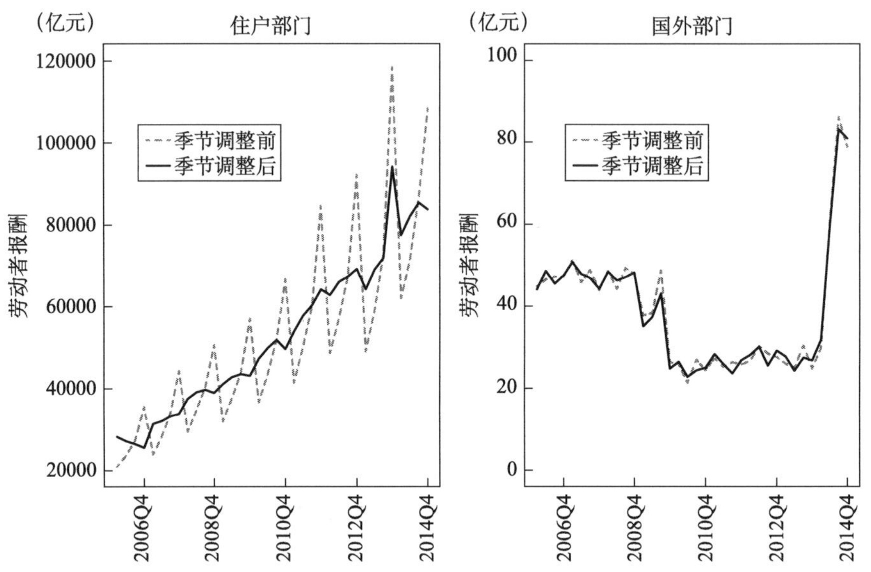

图5-1　2006—2014年在初次分配中住户及国外部门获取劳动者报酬的趋势

（2）生产税净额全部分配给政府部门，财产收入按部门提供资本参与创造增加值的贡献程度进行分配。在初次分配过程中，各机构部门除了对劳动者报酬收入进行分配外，生产税净额和财产收入也是重要的分配对象，其中，生产税净额为政府部门独占，财产收入按各机构部门提供资本参与全社会创造总增加值的贡献进行分配。

2006年第一季度到2014年第四季度政府部门获得的生产税净额变化趋势如图5-2所示，从图中可以观察到，从长期总体趋势来看，2006—2014年，政府部门获得的生产税净额是呈现上升趋势的，从短期波动情况来看，2008年和2011—2012年却出现了比较明显的异常波动现象，究其缘故，一方面主要是受到2008年美国次贷经济危机影响，政府部门获得的生产税净额从2008年第三季度的

10090.33亿元[①]逐渐下滑到了2009年第一季度的9034.05亿元，2009年第二季度后才开始恢复反弹至9962.14亿元；另一方面主要是受到欧美债务危机不断恶化以及国内房地产调控政策的双重影响，2011年开始中国经济进入发展转型期和增速“换挡期”，经济结构积极调整导致了政府部门获得的生产税净额出现短期异常波动现象。

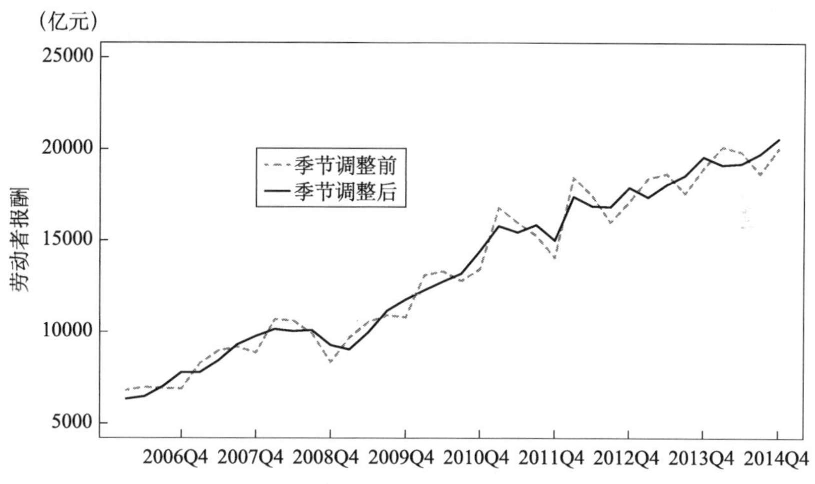

图5-2　2006—2014年在初次分配中政府部门获取生产税净额的趋势

就初次分配中的财产收入而言，我国各机构部门获得的财产收入主要来源于存贷款交易、证券交易、股票交易和基金交易等金融产品的利息和红利，其中利息占的比例最多，比如2014年我国各机构部门利息总收入占财产总收入的比重达到了75.1%。通过对2006年第一季度至2014年第四季度各机构部门获得财产性收入变化趋势情况（见图5-3）的观察可以发现，从长期总体趋势来看，各机构部门获得的财产收入都是随着时间的推移呈上升态势的；但从短期季度波动特点来看，各机构部门获得的财产收入于2009年后开始出现明显的短期波动，尤其是越往后季度的波动幅度越大，究其原因主要是存款利率频繁波动引起的。自2008年美国爆发次贷危机以来到2014年，中国人民银行对我国的基准利率共进行了12次调整，其中有7次下调（一年期存款利率），存款利率调整得越低，各机构部门持有长期存款量就越少，从而获取的存款利息就越

① 季节调整后的数据。

不稳定，结果导致各机构部门的财产收入呈现波动更加明显的趋势。

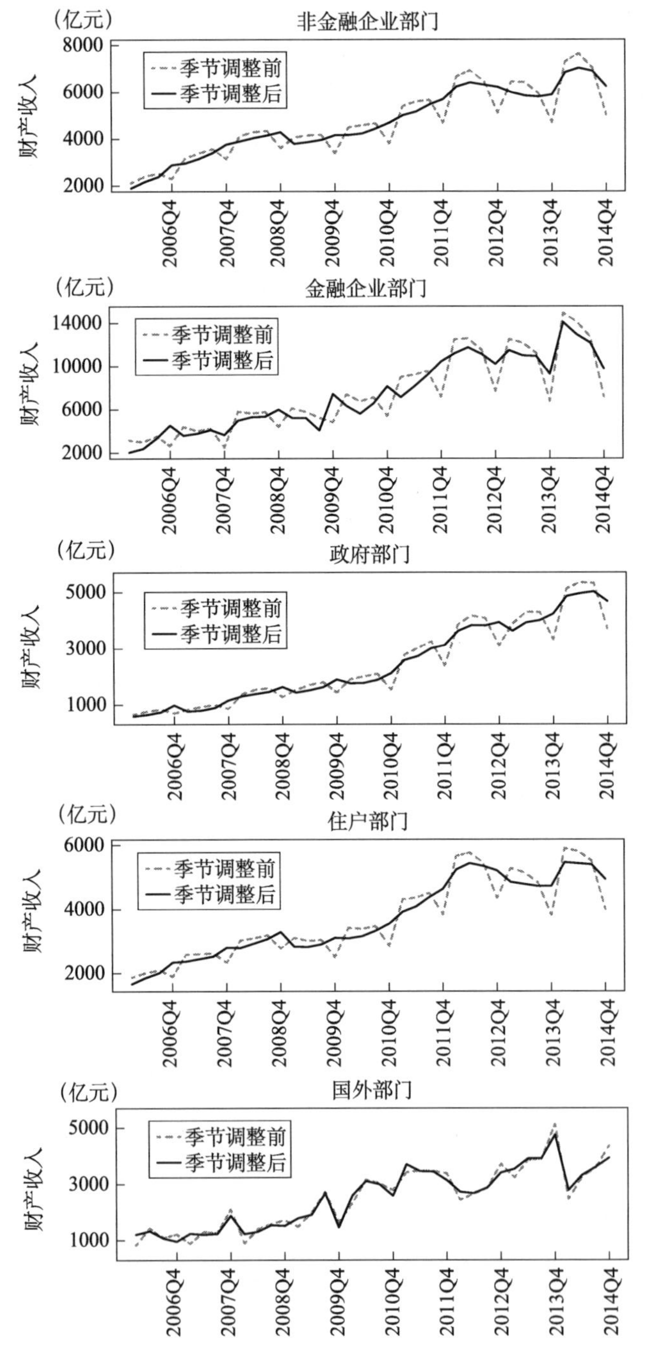

图 5－3　2006—2014 年在初次分配中各机构部门获取财产收入的趋势

2. 机构部门再次分配季度资金收入流量分析

国民收入再次分配主要体现在经常转移交易项目上。非金融企业部门获得的经常转移收入主要来源于金融机构的保险赔付，金融机构所获得的经常转移收入主要来源于其他部门缴纳的非寿险保费，政府部门所获得的经常转移收入主要来源于政府部门本身和住户部门缴纳的所得税、财产税和社会保险缴款，住户部门所获得的经常转移收入主要来源于政府部门支付的社会保险福利和社会补助，政府部门所获得的经常转移收入主要来源于国内部门对国外部门的捐赠支出。通过对2006年第一季度至2014年第四季度各机构部门获得的转移收入变化趋势的观察（见图5-4），可以发现，从总量分配来看，转移收入分配的赢家主要是政府部门和住户部门；从长期总体趋势来看，各机部门获得的转移收入都是随着时间的推移而呈现上升的态势；从季度的变化情况来看，它们却存在着明显的差异，其中政府部门和住户部门的转移收入存在着明显的季节性变化规律，并且季节变化都是随着收入水平不断提高而呈比例扩大的趋势；从国内各部门转移收入的短期变动情况来看，非金融企业部门的转移收入于2008年变化程度最明显，其由2007年第四季度的255.40亿元逐季迅速攀升到了2008第四季度的360.30亿元，2009年第二季度恢复正常，2008年非金融企业转移收入持续攀高的原因是受南方特大雪灾及汶川大地震等自然灾害影响；从图5-4中我们还可以发现，国外部门获取的转移收入总量虽然小，但它随时间变化的趋势改变却非常明显，其由2011年第一季度的212.8亿元逐季迅速提高到2013年第二季度的1004.60亿元，随后又下降到2014年第四季度的679.72亿元；相对于其他机构部门而言，金融企业部门获取的转移收入季节性变化特点和短期波动则不是特别明显。

3. 机构部门分配季度增加值的情况分析

（1）机构部门从季度增加值中获取劳动者报酬的情况分析。在机构部门分配收入流量矩阵表5-1中，体现原始收入分配过程的是增加值矩阵。按收入法核算国内增加值，其可以分为劳动者报酬、生产税净

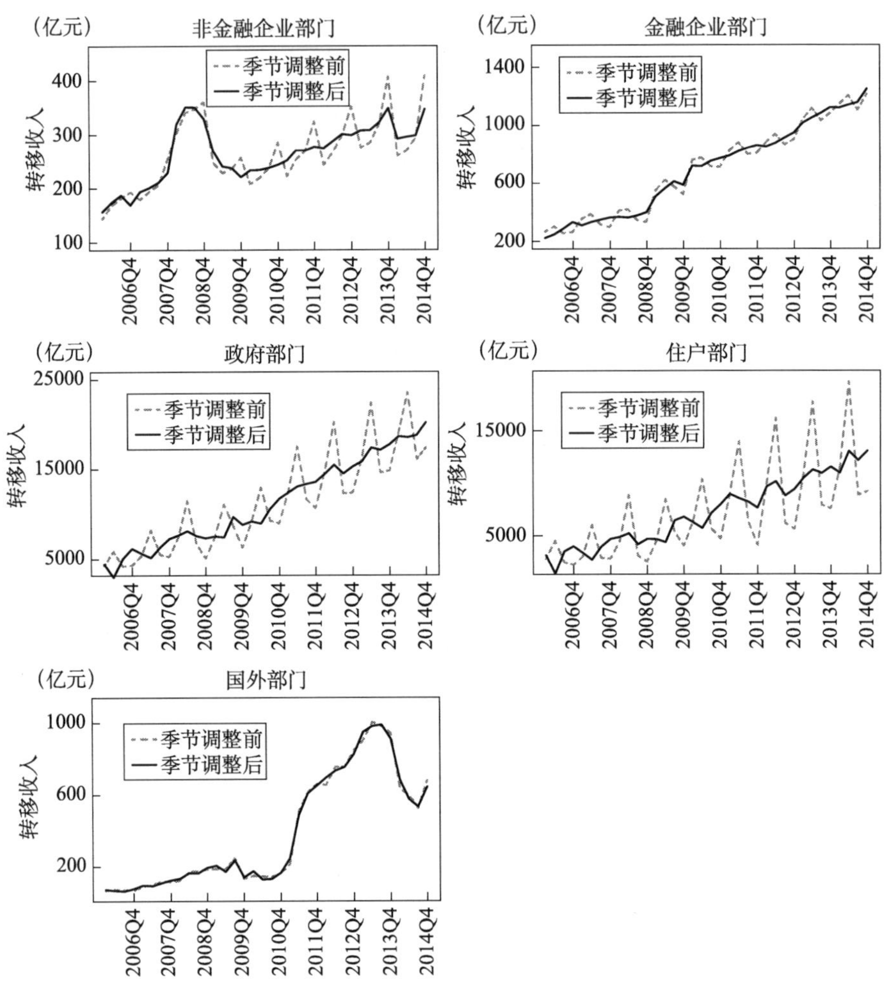

图 5－4　2006—2014 年各机构部门在再次分配中获取转移收入的趋势

额和营业盈余（含折旧）三部分。劳动者报酬是指劳动者参与生产活动所应得到的各种形式的报酬，主要包括劳动者应得的税前工资、奖金、各种津（补）贴和福利费等。通过对 2006 年第一季度至 2014 年第四季度各机构部门从所创造的增加值中拿到劳动者报酬的趋势的观察（见图 5－5），可以发现，从长期总体趋势看，各机构部门得到的劳动者报酬都呈明显的增加态势，其中增长最快的是金融企业部门，2006—2014 年，金融企业部门从增加值中得到的劳动者报酬收入年均增长速度为 20.4%，同期非金融企业部门和住户部门从增加值中得到的劳动者报酬收入年均分别增长15.6%和14.3%，政府部门从增加值中得到的劳动者报酬收入年均增长仅为12.9%。从季度的波动情况看，2006—2014年，各机构部门所创造的增加值中劳动者报酬的季度变化都存在着非常明显的差异，其中，非金融企业部门于2010年后每年第一至第三季度的劳动报酬都比较低，第四季度最高并且很明显，出现这种情况的可能原因是与非金融企业部门逐年加大绩效工资发放有关。

此外，从图5-5中我们还可以发现，2013年第一至第三季度非金融企业部门的劳动者报酬收入都比2012年同期的明显低，而到了第四季度又出现较大幅度反弹现象，究其原因，主要是由于2012年12月中央出台了“八项规定”。具体的，一方面，某些行业生产经营受到了明显冲击，如餐饮行业特别是中高档餐饮行业，据国家统计局发布的数据显示，2013年第一季度社会消费品零售总额中的限额以上企业餐饮收入同比下降了2.6%；另一方面，“中央八项规定”刚出台时，许多非金融企业对该文件进行了过度解读而少发或停发了职工的正常福利，甚至有的企业借以“中央八项规定”之名故意减少了职工的工资，从而引起了2013年前三季度非金融企业部门的劳动者报酬收入出现下滑的趋势。但是，随着时间的推移，企业对“中央八项规定”有了正确认识后才补发之前未发的职工正常福利和故意减少的工资，因此才出现非金融企业的劳动者报酬于2013年第四季度发生明显反弹的现象，特别是2014年7月全国总工会发文对企业职工正常福利做出了明确规定后，非金融企业的劳动者报酬才恢复到2014年以后的正常轨道上来。

2006年第一季度至2014年第四季度，金融企业部门和住户部门的劳动者报酬收入都呈现明显的季节性变化规律，并且它们的变化都呈随着收入水平的提高而出现扩大的趋势。但是，从年内的变化特点来看，它们的变化特征存在着明显不同，其中金融企业部门年内的劳动者报酬收入主要是呈两头季度高中间季度低的“V”形态势，而住户部门则出现逐季增加的态势，因为住户部门从自身得到的劳动者报酬其中大部分来自农村住户，因此我国农业生产活动的季度化规律很大程度上决定了其季节性变化规律的特点。对于政府部门而言，2006—2014年，除了2014年第三季度之外，各季度的劳动者报酬收入都很平稳，这主要由我国公职人员流动性不大和工资收入比较稳定所决定，但是，2014 年第三季度政府部门的劳动者报酬收入出现偏高，主要原因是 2014 年后很多地方的公务员绩效考评与奖金挂钩，当年绩效考评完成后发放的奖金一般都集中于下一年的第三季度。

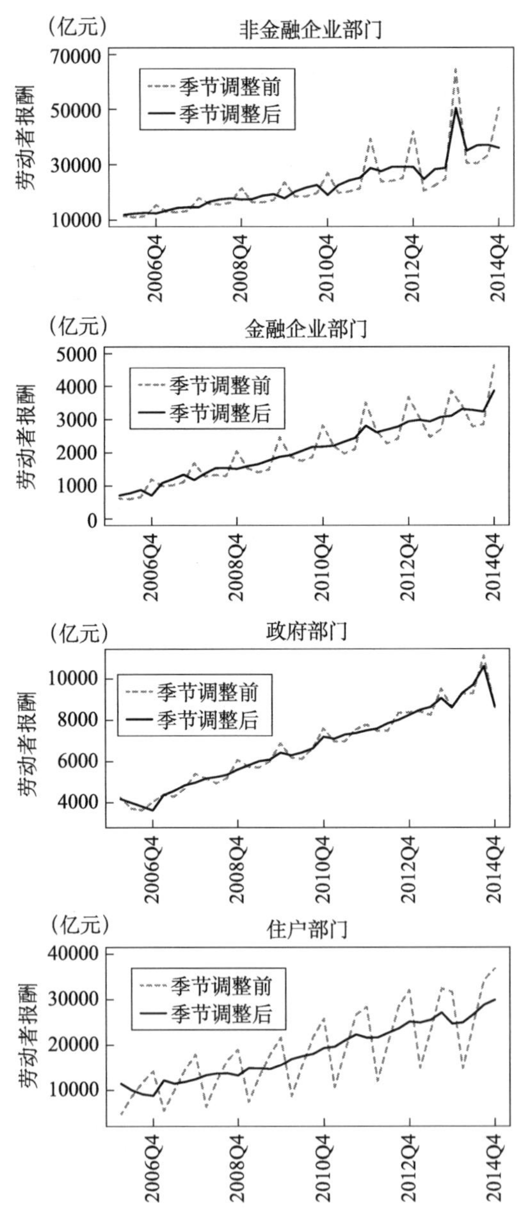

图 5－5　2006—2014 年各机构部门增加值中劳动者报酬的趋势

（2）机构部门支付生产税净额形成增加值的季度分析。通过对 2006 年第一季度至 2014 年第四季度各机构部门缴付的生产税净额变化情况的观察（见图 5－6），可以发现，非金融企业和金融企业部门是生产税的缴付大户，2006—2014 年，他们缴付的生产税净额增长速度都比较快，年均增长速度分别达到了 13.6% 和 23.6%，住户部门虽然也是政府部门获取生产税净额的重要单位，但其缴付的资金总量非常不稳定，而政府自身缴付的生产税净额总量却非常有限。从季度的变化情况看，非金融企业部门、金融企业部门和政府自身部门缴付的生产税净额季节性变化都比较小，而住户部门缴付的生产税净额季节性波动则比较大，原因是住户部门缴付的生产税绝大部分主要来源于个体工商户或私营企业，它们的特点是经营规模小、抗风险能力弱、经营业绩不稳定，因此形成的税源不稳定。另外，从住户部门缴付的生产税净额季节性波动中我们还发现，2009—2014 年（除了 2013 年外）期间，每年第四季度住户部门缴付的生产税净额都是负值，这恰恰说明了自 2008 年美国爆发次贷危机后，我国政府不断加强对农业生产和私营企业的扶植补贴力度，但这些补贴可能由于审批过程比较烦琐而真正实施到位的时间都比较延后。

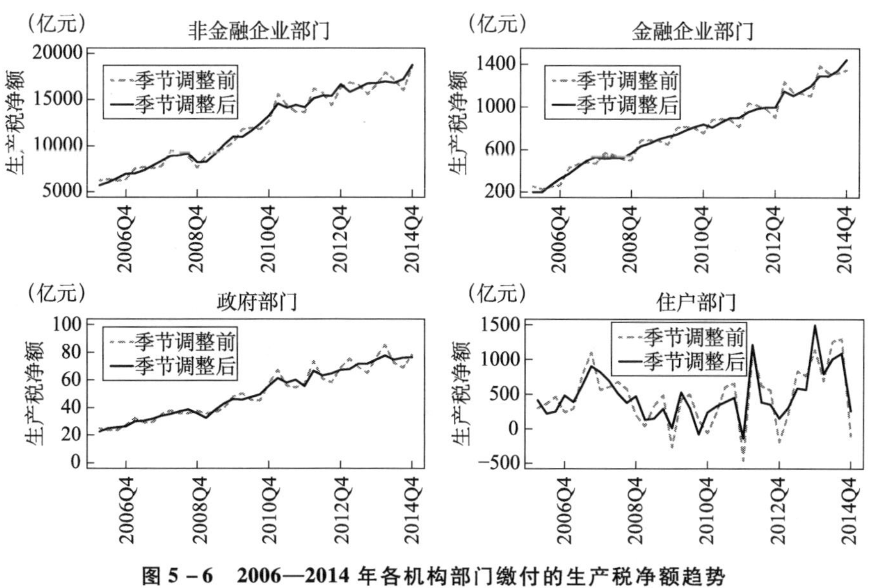

图 5－6　2006—2014 年各机构部门缴付的生产税净额趋势

5.1.2 机构部门国民收入分配季度资金流出分析

国民收入分配资金流出矩阵表如表 5－2 所示，主要由初次分配、再次分配和可支配三个支出子矩阵拼接而成，与国民收入分配资金流入矩阵表（表 5－1）一样，表 5－2 前两个子矩阵也包括劳动者报酬、生产税净额、财产收入和转移收入等交易项目，二者不同的是前者记录的是收入，后者记录的是支出；另外，表 5－2 与表 5－1 不同的还有：表 5－2 将表 5－1 中的增加值子矩阵换成了可支配收入使用子矩阵，其包括消费和储蓄两个交易项目。在表 5－2 中，国内各机构部门的劳动者报酬支出和生产税净额支出与表 5－1 中的增加值子矩阵里各机构部门对应的劳动者报酬收入和生产税净额收入部分相等，但各机构部门的财产支出和转移支出则未必等于它们在表 5－1 中的财产收入和转移收入。

表 5－2　　国民收入分配资金流出矩阵表

指标	部门
部门	
初次分配支出	$R1$
再次分配支出	$R2$
可支配收入使用	Z
总 支 出	GS′

1. 各机构部门的财产支出流量分析

在我国，各机构部门的财产支出主要为利息支付，例如，2014 年，我国非金融企业、金融企业、政府和住户等部门的利息支付各占总财产支出的比例分别达到了 49.8%、92.7%、100%和 99.4%。2006 年第一季度至 2014 年第四季度，各机构部门的财产性支出变化趋势如图 5－7 所示，从图中可以发现，从长期总体趋势来看，2006—2014 年，非金融企业部门的财产性支出呈现比较稳定的上升趋势，金融企业、政府和住户部门的财产性支出则主要呈现两个不同阶段的变化趋势，第一阶段为：2006 年初至 2012 年上半年，在这一阶段，金融企业、政府和住户部门的财产性支出都呈现稳定上升的趋势；第二阶段为 2012 年下半年后，在这一阶段，金融企业、政府和住户部门的财产性支出都呈波动下滑的趋势，这主要与我国经济于 2012 年开始进入“常态化”模式有关。从季节变化规律来看，国内各机构部门的财产性支出于每年的第一、第二和第三季度都比较高，而第四季度都比较低，其中非金融企业部门于 2006—2014 年间一至四季度各季度的平均构成为：25.8：26.6：26.5：21.1，金融企业部门一至四季度各季度的平均构成为：25.9：27.1：26.7：20.3，政府部门一至四季度各季度的平均构成为：25.8：26.5：26.5：21.2，住户部门一至四季度各季度的

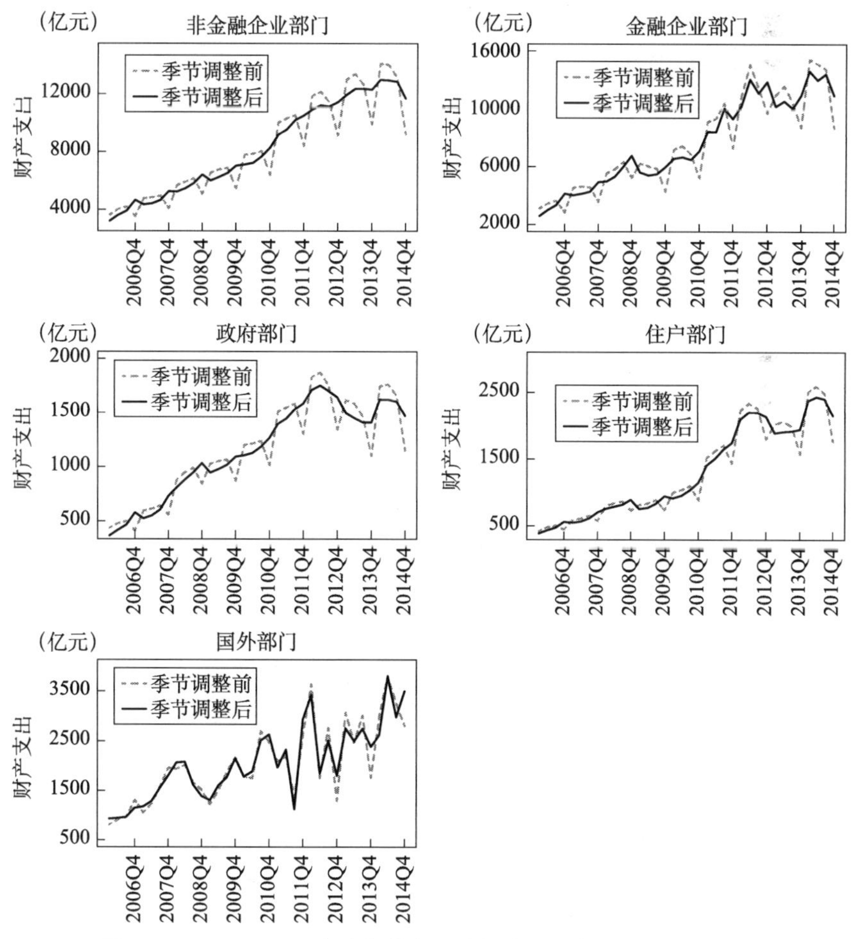

图 5－7　2006—2014 年各机构部门在初次分配中财产支出的趋势

平均构成为：25.0：26.2：26.8：22.0，这与我国商业银行每年放贷高峰期一般为第一、第二和第三季度的特点基本吻合。对于国外部门而言，财产性支出季度性规律不是特别明显，季度间的波动也比较大，尤其是在2012—2014年期间更是如此。

2. 各机构部门的转移支出流量分析

企业部门的转移支出主要集中在企业所得税和企业财产税支付上，在2014年，非金融企业和金融企业部门这两税种的合计分别占各自转移总支出的79.7%和65.9%；政府部门的转移支出主要为社会保险缴款、社会保险福利支出和社会补助支出，在2014年，这三者合计占到了政府部门转移总支出的99.5%；住户部门的转移支出主要集中在个人所得税和财产税支付以及社会保险缴款上，在2014年，这三者合计占到了住户部门转移总支出的87.2%。通过对2006年第一季度至2014年第四季度各机构部门的转移支出变化趋势图的观察（见图5－8），可以发现，从长期总体趋势看，2006—2014年，国内各机构部门的转移支出均呈现比较稳定的上升趋势，而国外部门的转移支出则存在比较明显的波动；从季节变化规律情况看，非金融企业、金融企业和政府部门的转移支出都具有明显的季度性变化规律，而且波动都呈现随着转移支出水平的不断提高而呈比例扩大的趋势，住户部门的转移支出季节性变化规律，相对这三个部门而言，则没有特别明显；从转移支出年内季度分布结构来看，2006—2014年非金融企业部门第一至第四季度各季度的平均分布为：23.3：35.9：21.0：19.8，金融企业部门第一至第四季度各季度的平均分布为：14.4：54.4：18.1：13.2，政府部门第一至第四季度各季度的平均分布为：22.4：44.4：18.0：15.2，住户部门第一至第四季度各季度的平均分布为：26.5：24.0：25.0：24.5。

3. 住户部门及政府部门的最终消费支出流量分析

可支配收入使用由两部分支出组成，其中一部分是最终消费支出，另一部分是储蓄。参与最终消费的只有住户部门及政府部门。2006年第一季度至2014年第四季度住户部门和政府部门的最终消费

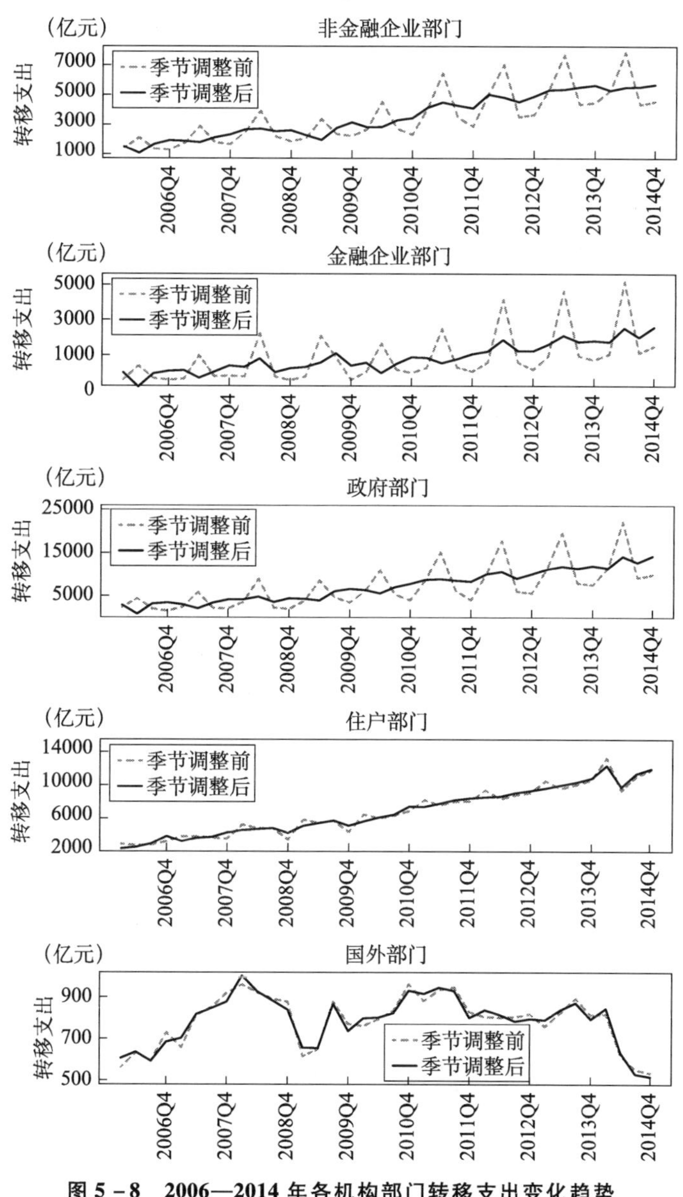

图 5－8　2006—2014 年各机构部门转移支出变化趋势

支出变化趋势如图 5－9 所示，从长期总体趋势来看，2006—2014 年，住户部门和政府部门的最终消费都呈稳定增长态势，其年平均分别增长 14.2% 和 13.7%；从季节变化规律来看，住户部门和政府部门的消费都存在明显的季度变化规律，其中住户部门年内季度消费支出的结构分布主要呈现两头高中间低的态势，这与我国居民消费旺季出现在年头年尾以及消费淡季出现在年中的消费习惯基本吻合。2006—2014年，住户部门第一至第四季度各季度的平均最终消费支出分布为：26.1∶22.2∶24.8∶26.9；2006—2014年，政府部门年内季度消费支出的结构分布基本呈现了第一季度低第四季度高、第二季度和第三季度小幅波动的走势特点，政府部门第一至第四季度各季度的平均最终消费支出分布为：18.3∶22.9∶22.6∶36.3。我国政府部门消费支出出现“前低后高”的特点主要原因[①]：一是由于每年3月全国人大代表大会批准中央财政预算之前，政府只能对一些延续性的项目进行开支，而新增的项目开支只有中央财政预算通过全国人大代表大会批准后才可以进行，所以政府部门的消费支出时间必须得往后移；二是项目的启动都需要经过前期的规划设计、可行性研究和招投标等一系列工作后才能到实施过程，一般项目前期管理工作运用资金比较少，实施阶段运用的资金最多，这也是政府消费支出资金往后沉的一个重要原因；三是预算项目支出需要凭票据结算，这部分预算支出往往拖的时间比较长，很多都是在临近年底前才完成支付。

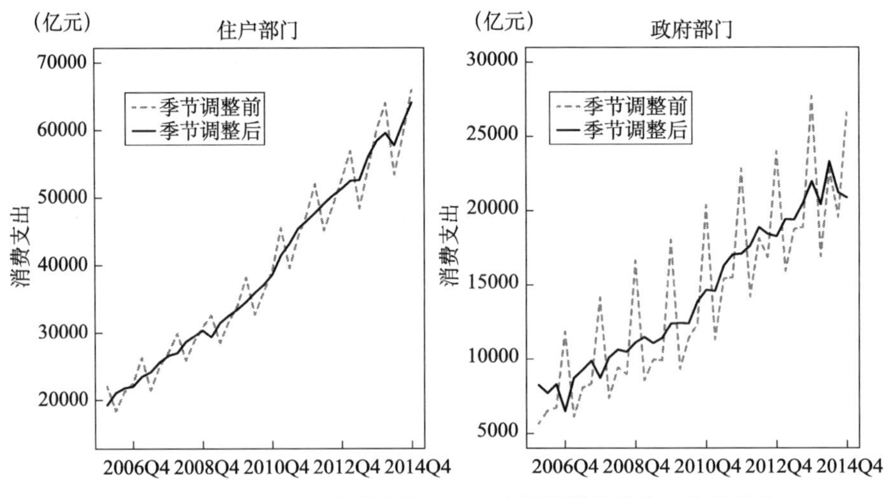

图5-9 2006—2014年住户部门和政府部门最终消费支出的趋势

---

① 戴柏华. 财政支出进度呈“前低后高”走势主要有三方面原因［EB/OL］. http://www.gov.cn/2011lhft/2/content_1819792.htm.

5.2　国民收入分配结构系数季度分析

通过对资金流量矩阵表的分析，不仅可以了解各机构部门在国民收入分配过程中关于各交易项目资金流量大小状况，还可以进一步整理计算出机构部门交易结构系数和交易项目在各机构部门的占有份额系数，通过这些系数可以分析了解各机构部门进行各种交易的比重以及各交易项目分配在各机构部门的比重情况。

5.2.1　机构部门交易结构系数季度分析

1. 机构部门交易结构系数

机构部门交易结构系数可以表示为某个机构部门在收入分配过程中进行某种交易活动时，该交易活动所发生的资金流量占该机构部门于整个收入分配过程中所有交易活动发生总资金流量的比重，其可以分别从收入角度和支出角度两个方面来进行描述。

（1）机构部门收入结构系数。机构部门收入结构系数可以分为分配收入结构系数和总收入结构系数两种，其中机构部门分配收入结构系数可以根据表 5 - 1 用数学公式表示为：

$$a_{ij}^{\#} = \frac{u_{ij}}{\sum_{j=1}^{m} u_{ij}}, (i = 1,2\cdots n;j = 1,2\cdots m) \quad (5-1)$$

其中，u_{ij} 为分配收入矩阵 U（由子矩阵 $U1$ 和 $U2$ 组合而成）的元素，表示机构部门 i 在收入分配过程中通过第 j 种交易项目获取的资金数量。

用矩阵可以表示为：

$$A^{\#} = (\hat{U})^{-1} \cdot U \quad (5-2)$$

其中，$\hat{U}$ 表示以 U 矩阵行元素合计为主对角线上元素的对角矩阵。

机构部门总收入结构系数表示为某个部门通过某个交易项目得到的

资金数量占该部门总收入的比重，根据表 5 - 1 用数学公式可以表示为：

$$a_{ij}^{\#\#} = \frac{u_{ij}}{gs_i},\ (i = 1,2\cdots n;j = 1,2\cdots m) \tag{5-3}$$

用矩阵可以表示为：

$$A^{\#\#} = (\hat{GS})^{-1} \cdot U \tag{5-4}$$

其中，$\hat{GS}$ 表示以向量 GS 的元素为主对角线上元素的对角矩阵。

以 2014 年第四季度为例，机构部门分配收入结构系数 $A_{2014Q4}^{\#}$ 和 $A_{2014Q4}^{\#\#}$ 可以根据第四章编制出 2014 年第四季度中国实物资金流量矩阵表及公式（5 - 2）和公式（5 - 3）计算出结果如表 5 - 3 和表 5 - 4 所示。

表 5 - 3　2014 年第四季度机构部门分配收入结构系数矩阵表 $A_{2014Q4}^{\#}$

指标	劳动者报酬	生产税净额	财产收入	转移收入
非金融企业	0.0000	0.0000	0.9247	0.0753
金融企业	0.0000	0.0000	0.8552	0.1448
政府	0.0000	0.4873	0.0903	0.4225
住户	0.8878	0.0000	0.0368	0.0754
国外	0.0154	0.0000	0.8516	0.1330

表 5 - 4　2014 年四季度机构部门总收入结构系数矩阵表 $A_{2014Q4}^{\#\#}$

指标	劳动者报酬	生产税净额	财产收入	转移收入
非金融企业	0.0000	0.0000	0.0438	0.0036
金融企业	0.0000	0.0000	0.3510	0.0594
政府	0.0000	0.3745	0.0694	0.3247
住户	0.6394	0.0000	0.0265	0.0543
国外	0.0154	0.0000	0.8516	0.1330

（2）机构部门支出结构系数。机构部门支出结构系数分为分配支出结构系数和总支出结构系数，机构部门分配支出结构系数根据表 5 - 2 用数学公式可以表示为：

$$a_{ji}^{*} = \frac{r_{ji}}{\sum_{j=1}^{m} r_{ji}}\quad (i = 1,2\cdots n;\ j = 1,2\cdots m) \tag{5-5}$$

其中，r_{ji} 为分配收入矩阵 R（由子矩阵 $R1$ 和 $R2$ 组合而成）的元素，

表示机构部门 i 在收入分配过程中通过第 j 种交易项目支付出的资金数量。用矩阵可以表示为：

$$A^{*} = R \cdot (\hat{R})^{-1} \tag{5-6}$$

其中，$\hat{R}$表示以 R 矩阵元素列合计为主对角线上元素的对角矩阵。

机构部门总支出结构系数表示为某个部门进行某种交易时支付的资金流量占该部门总支出的比重，根据表 5-2 用数学公式可以表示为：

$$a_{ji}^{**} = \frac{r_{ji}}{gs_i} \quad (i = 1,2\cdots n; j = 1,2\cdots m) \tag{5-7}$$

用矩阵可以表示为：

$$A^{**} = R \cdot (\hat{GS})^{-1} \tag{5-8}$$

以 2014 年第四季度为例，机构部门分配支出交易结构系数 A_{2014Q4}^{*} 和 A_{2014Q4}^{**} 可以根据第四章编制出 2014 年第四季度中国实物资金流量矩阵表及公式（5-6）和公式（5-8）计算出如表 5-5 和表 5-6 所示。

表 5-5　2014 年第四季度机构部门分配支出结构系数矩阵表 A_{2014Q4}^{*}

指标	非金融企业	金融企业	政府	住户	国外
劳动者报酬	0.638	0.260	0.451	0.731	0.146
生产税净额	0.208	0.076	0.004	-0.002	0.000
财产支出	0.103	0.551	0.057	0.035	0.717
转移支出	0.051	0.113	0.488	0.236	0.137

表 5-6　2014 年第四季度机构部门总支出结构系数矩阵表 A_{2014Q4}^{**}

指标	非金融企业	金融企业	政府	住户	国外
劳动者报酬	0.500	0.227	0.172	0.217	0.112
生产税净额	0.163	0.066	0.001	-0.001	0.000
财产支出	0.080	0.481	0.022	0.010	0.549
转移支出	0.040	0.099	0.186	0.070	0.105

2. 机构部门分配收入结构系数分析

（1）各机构部门分配收入结构差异明显。通过观察 2006 年第一季度至第 2014 年四季度各机构部门分配收入构成变化趋势（见图 5-10），从

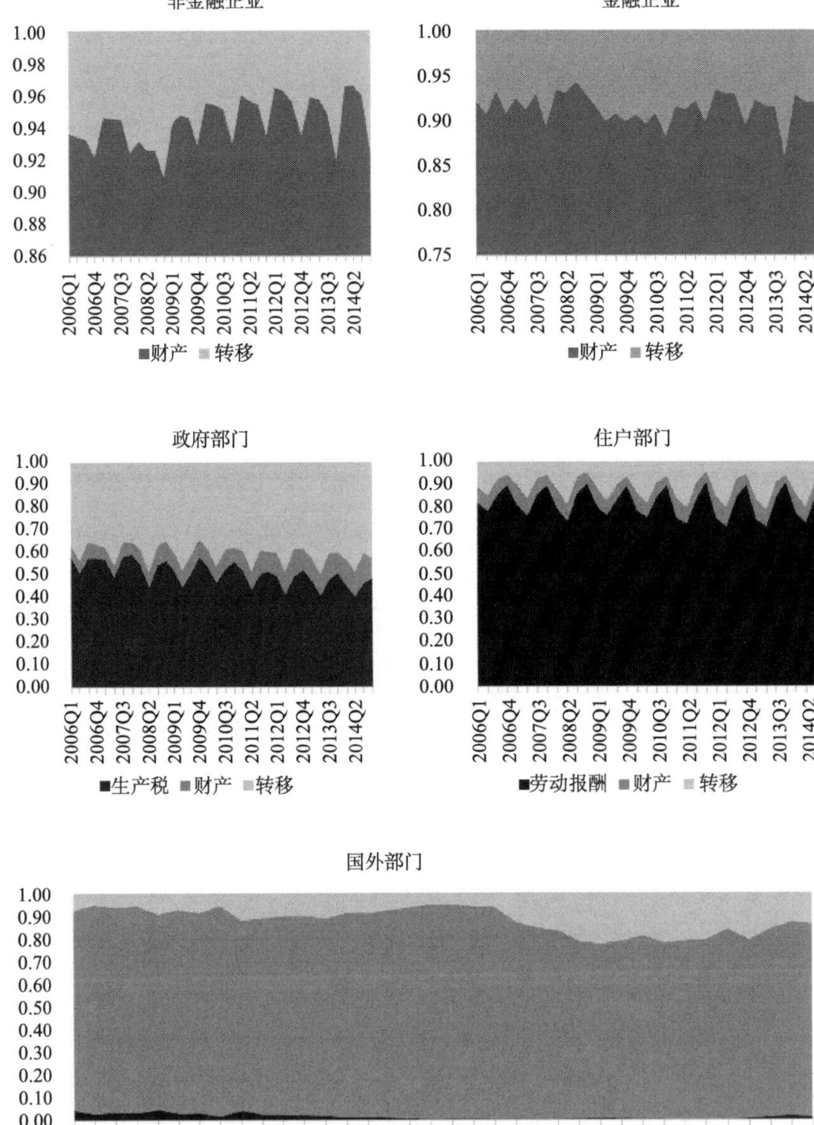

图 5-10　2006—2014 年各机构部门分配收入构成的变化趋势

中可以发现，企业和国外部门的分配收入主要来源于财产收入，2006—2014 年各季度中，企业部门财产收入占总分配收入的比重均在 85.5% 以上，国外部门则均在 77.2% 以上；政府部门的分配收入主要来源于生产税净额和转移收入，2006—2014 年各季度中，政府部门生产税净额占总分配收入的比重均在 40.7% 以上，转移收入占总分配收入的比重均在 33.9% 以上；住户部门的分配收入主要来源于劳动者报酬，2006—2014 年各季度中，住户部门劳动者报酬占总分配收入的比重均在 71.3% 以上。

（2）政府及住户部门的分配收入结构呈现明显的季节性变化趋势。从图 5 - 10 中也可以发现，政府部门和住户部门分配收入构成都呈现非常明显的季节性变化规律。其中，政府部门分配收入构成季度变化特点为：每年中第一、第三和第四季度的生产税净额占总分配收入的比重相差不大且都明显高于第二季度，随着时间推移，第一、二、三和四季度各生产税净额比重序列均略有下滑的趋势，财产收入和转移收入变化趋势则略有上升趋势，说明在国民分配过程中转移收入和财产收入对政府部门分配收入的贡献都有所提高，但不是特别明显。住户部门分配收入结构季度变化特点为：每年中各季度劳动者报酬占总分配收入的比重都呈现先降后逐渐拉升的态势，2006—2014 年期间，住户部门分配收入中的劳动报酬，第一季度平均比重为 77.9%，第二季度平均比重为 74.3%，第三季度平均比重为 84.8%，第四季度平均比重为 89.9%；从长期趋势看，住户部门分配收入构成的季度性变化规律基本保持稳定。与政府部门和住户部门不同，企业部门和国外部门的分配收入构成则没有表现出明显的季度性变化规律，说明其各分配收入来源比较稳定。

3. 机构部门分配支出结构系数分析

（1）各机构部门分配支出结构差异明显。2006—2014 年，非金融企业部门各季度的劳动者报酬、生产税净额、财产和转移支出的平均构成为 50.4 : 25.3 : 17.0 : 7.3，相应的金融企业部门的平均构成为 16.9 : 6.1 : 66.7 : 10.3，政府部门的平均构成为 49.4 : 0.4 : 7.7 : 42.5，住户部门的平均构成为66.2∶2.1∶4.9∶26.8，国外部门的平均构成为7.2∶0.0∶65.1∶27.7。非金融企业部门的主要支出项目为劳动者报酬和生产税净额，2006—2014年，这两项支出之和各季度平均占到了该部门各季度总分配支出的75.7%；金融企业部门的主要支出项目为财产支出，其各季度平均占到了该部门各季度平均总分配支出的66.7%；政府部门和住户部门的主要支出项目都为劳动者报酬支出和转移支出，政府部门劳动者报酬支出与转移支出之和的各季度平均占总分配支出各季度平均的比重达91.9%，住户部门达93.0%；国外部门的主要支出项目为财产支出和转移支出，这两项支出之和的各季度平均占到了该部门各季度平均总分配支出的92.8%。对于各机构部门分配支出结构，也可以通过观察2006—2014年各机构部门分配支出分季构成变化趋势图（见图5-11）发现同样的情况。

（2）国内各机构部门分配支出构成显现出的季度性变化规律存在一定差异。通过观察2006—2014年各机构部门分配支出分季构成变化趋势图（见图5-11）还可以发现，国内各机构部门的分配支出构成虽然都表现出明显的季度性规律，但对不同机构部门其变化趋势存在着一定的差异，其中企业部门表现出的季节波动幅度都比较整齐，说明企业部门分配支出构成长期保持基本稳定，而政府部门和住户部门的劳动者报酬比重则随着时间的推移有些被转移支出挤压的现象。

5.2.2 交易项目部门结构系数的季度分析

1. 交易项目部门结构系数

交易项目部门结构系数反映的是在整个国民收入分配（包括初次分配和再次分配）过程中，某个机构部门通过某种交易项目进行交易时产生的资金流量占全部机构部门通过该交易项目进行交易时产生资金总流量的比重，其也可以从收入角度和支出角度两个方面进行描述，其中交易项目收入部门结构系数可以根据表5-1用数学公式表示为：

$$b_{ij}^{\#} = \frac{u_{ij}}{\sum_{i=1}^{n} u_{ij}} \quad (i = 1,2\cdots n;\ j = 1,2\cdots m) \tag{5-9}$$

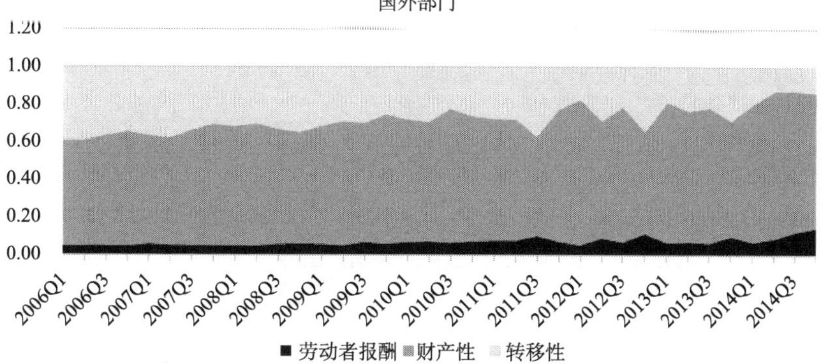

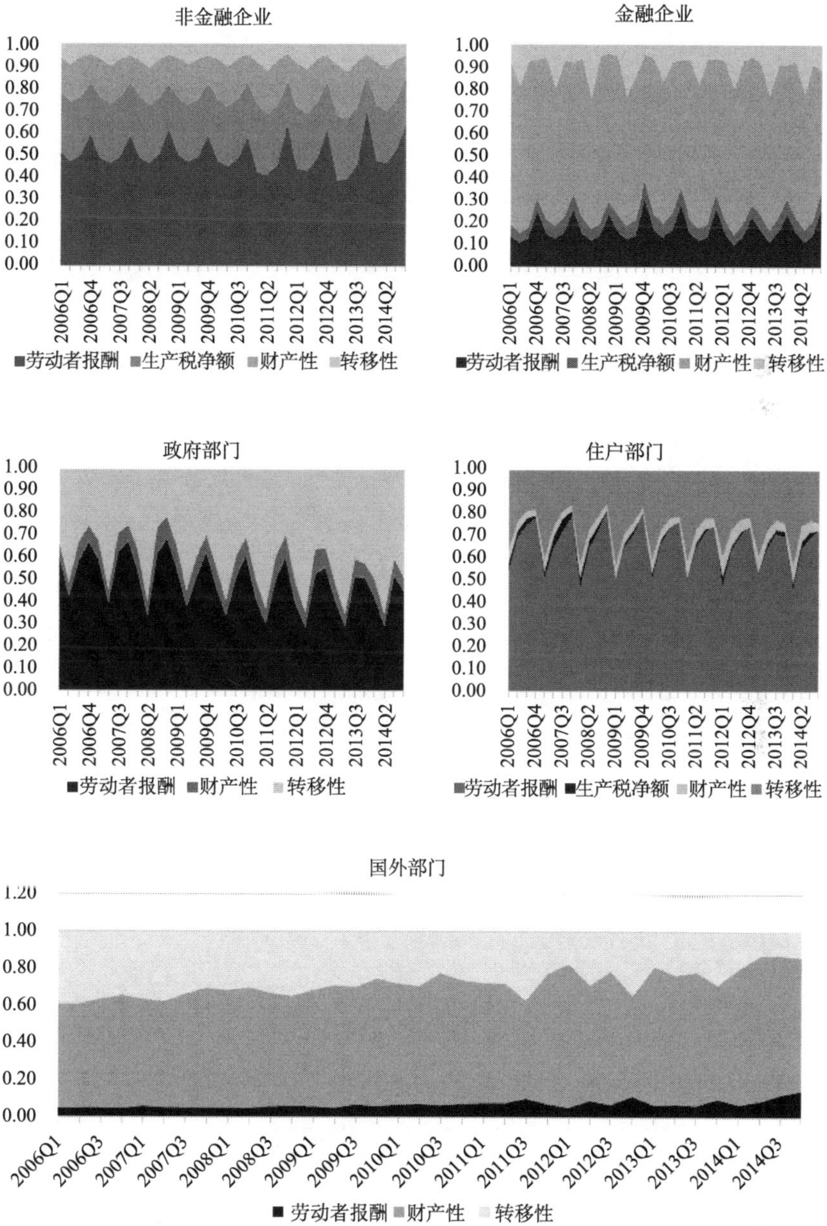

图 5－11　2006—2014 年各机构部门分配支出构成的变化趋势

其中，u_{ij} 为分配收入矩阵 U（由子矩阵 $U1$ 、$U2$ 和 Y 组合而成）的元素，表示机构部门 i 在收入分配过程中通过第 j 种交易项目获取的资金数量。用矩阵可以表示为：

$$B^{\#} = U \cdot (\hat{U})^{-1} \tag{5-10}$$

其中，$\hat{U}$ 表示以 U 矩阵列元素合计为主对角线上元素的对角矩阵。

交易项目支出部门结构系数可以根据表 5－2 用数学公式表示为：

$$b_{ji}^{*} = \frac{r_{ji}}{\sum_{i=1}^{n} r_{ji}} \quad (i = 1,2\cdots n; j = 1,2\cdots m) \tag{5-11}$$

r_{ji} 为分配支出矩阵 R（由分块子矩阵 $R1$、$R2$ 和 Z 组合而成）的元素，表示机构部门 i 在收入分配过程中通过第 j 种交易项目支付的资金数量。用矩阵可以表示为：

$$B^{*} = (\hat{R})^{-1} \cdot R \tag{5-12}$$

其中，$\hat{R}$ 表示以 R 矩阵行元素合计为主对角线上元素的对角矩阵。

以 2014 年第四季度为例，交易项目收入部门结构系数矩阵 $B_{2014Q4}^{\#}$ 和交易项目支出部门结构系数矩阵 B_{2014Q4}^{*} 可以根据第四章编制出 2014 年第四季度中国实物资金流量矩阵表及公式（5－10）和公式（5－12）分别计算出的结果如表 5－7 和表 5－8 所示。

表 5－7　2014 年第四季度交易项目收入部门结构系数矩阵 $B_{2014Q4}^{\#}$

指标	劳动者报酬	生产税净额	财产收入	转移收入	增加值
非金融企业	0.0000	0.0000	0.2029	0.0142	0.6031
金融企业	0.0000	0.0000	0.2895	0.0420	0.0665
政府	0.0000	1.0000	0.1500	0.6017	0.0684
住户	0.9993	0.0000	0.1817	0.3185	0.2620
国外	0.0007	0.0000	0.1759	0.0236	0.0000

表 5－8　2014 年第四季度交易项目支出部门结构系数矩阵 B_{2014Q4}^{*}

指标	非金融企业	金融企业	政府	住户	国外
劳动者报酬	0.5284	0.0428	0.0847	0.3389	0.0053
生产税净额	0.9340	0.0672	0.0039	－0.0051	0.0000

续表

指标	非金融企业	金融企业	政府	住户	国外
财产支出	0.3725	0.3964	0.0465	0.0713	0.1133
转移支出	0.1581	0.0697	0.3438	0.4099	0.0185
可支配收入使用	0.1369	0.0144	0.1833	0.6588	0.0066

2. 交易项目收入部门结构系数季度分析

在初次分配中，劳动者报酬收入主要分配给住户部门，2006—2014 年，住户部门各季度获得的劳动报酬占总的劳动报酬收入都在 99.8% 以上，生产税净额全部分配给政府部门，财产收入则主要按各部门提供资本参与创造增加值的贡献多少来进行分配，企业、政府、住户和国外等部门于 2006—2014 年各季度平均初次分配收入比重分别为 5.6%、8.6%、18.4%、64.5% 和 2.9%。

（1）机构部门初次分配收入比重呈不断分化趋势。从年度变化趋势看，2006—2014 年，金融企业与非金融企业初次分配收入比重不断分化，金融企业初次分配收入比重不断提高，而非金融企业初次分配收入比重则不断下降，2006 年金融企业和非金融企业初次分配收入比重分别为 7.2% 和 5.4%，到 2014 年，前者提高到了 9.0%，而后者则下降到了 5.0%；政府部门与住户部门初次分配收入比重呈在波动中不断分化的特点，其中前者在波动中呈上升态势，而后者则在波动中呈下降态势，2006 年政府部门和住户部门初次分配收入比重分别为 17.8% 和 66.8%，政府部门初次分配收入比重先下降到 2009 年的 17.4%，后反弹至 2014 年的 18.1%，住户部门初次分配收入比重则先下降到 2012 年的 63.7%，后小幅度回弹至 2014 年的 65.2%，详见图 5-12。

（2）国内机构部门分配收入比重季节性变化规律明显，再次分配结果更倾斜于政府部门。通过对图 5-13 的观察可以发现，2006—2014 年，国内各个机构部门分配收入比重均呈现明显的季节性变化规律。在收入初次分配过程中，企业部门和政府部门的初次分配收入比重于每年都呈现逐季下降的态势，而住户部门的初次分配收入比重于每年呈现逐季上升的态势。受初次分配格局的影响，经过再次分配后，虽然金融企

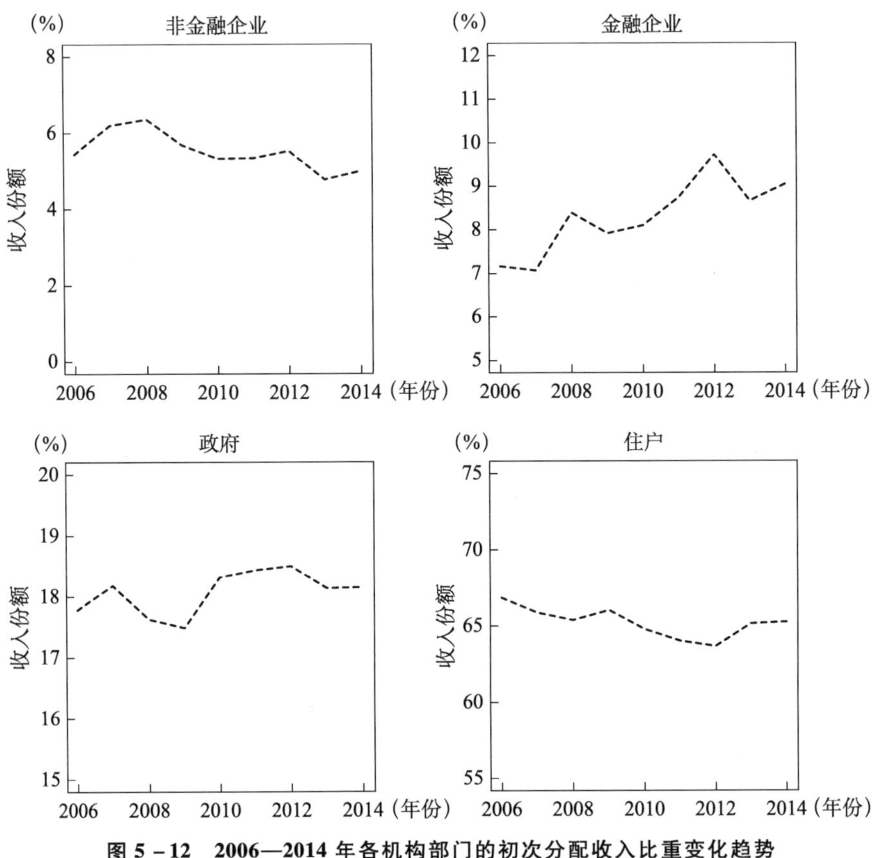

图 5-12　2006—2014 年各机构部门的初次分配收入比重变化趋势

业部门的总分配收入比重不断提高、非金融企业部门的总分配收入比重不断下降、政府部门的总分配收入比重在波动中提高、住户部门的总分配收入比重在波动中下降的总体趋势还保持，但非金融企业部门、金融企业部门和住户部门的总分配收入比重均明显向下调整，其平均分别往下调整 0.8 个、1.0 个和 4.9 个百分点；从分季调整幅度看，非金融企业和金融企业于第二季度向下调整的幅度最大，其调整的幅度分别为 1.3 个、1.7 个百分点，住户部门于第四个季度向下调整的幅度最大，其调整的幅度为 5.4 个百分点。

3. 交易项目支出部门结构系数季度分析

从交易项目支出部门结构系数矩阵表来看（见表 5-8），表中第一行表示的是由各机构部门支付的劳动者报酬分别占总国民经济劳动者报

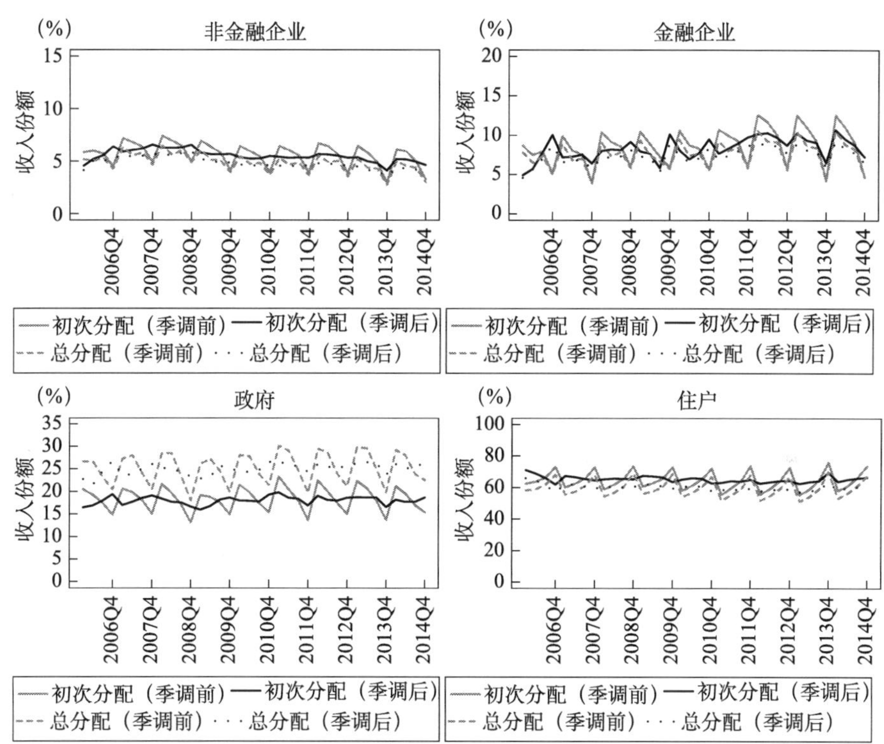

图 5－13　2006—2014 年国内各机构部门分配收入比重的变化趋势

酬支付的比重情况，第二行表示的是由各机构部门支付的生产税净额分别占总国民经济生产税净额的比重情况，后面的各支出项目以此类推。在国民经济分配支出中，劳动者报酬支付以企业部门和住户部门为主，2006—2014 年，这两个部门各季度平均的劳动者报酬支付比重合计达 85.3%；生产税支出以企业部门为主，2006—2014 年，企业部门各季度平均生产税净额支出比重达 95.9%；财产支出也以企业部门为主，2006—2014 年，其各季度平均财产支出比重达 78.6%；转移支出则主要以政府部门和住户部门支出为主，2006—2014 年，这两个部门各季度平均财产支出比重合计达到了 70.4%。

（1）企业部门劳动者报酬支出比重的季度性变化规律与住户部门劳动者报酬支出比重的季度性变化规律呈反向趋势。通过对图 5－14 的观察可以发现，2006 年第一季度至 2014 年第四季度，企业部门和住户部门劳动者报酬支出比重均呈现明显的季节变化规律，但两者的走势恰好呈相反态势，其中企业部门劳动者报酬支出比重的季节变化规律走势为“先降后升”，而住户部门的为“先升后降”，其中的主要原因是由我国产业活动的季节性变化规律决定。季节调整后，企业部门和住户部门劳动者报酬支出比重基本稳定。

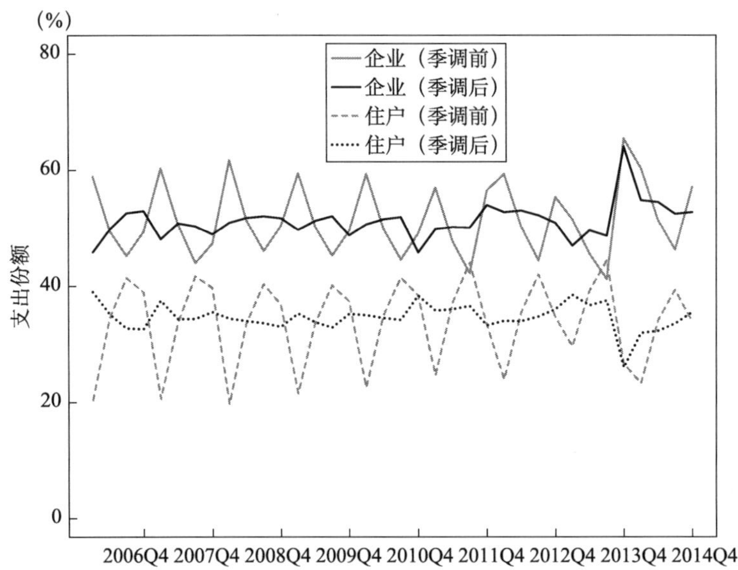

图 5－14　2006—2014 年企业及住户部门劳动者报酬支出比重的变化趋势

（2）非金融企业生产税净额支出比重在波动中呈先降后升再降趋势。通过对图 5－15 的观察可以发现，2006 年第一季度至 2014 年第四季度，非金融企业部门生产税净额季度支出比重大体上都可以划分成三个阶段，第一时间段为 2007 年三季度之前，第二时间段为 2007 年四季度至 2011 年四季度，第三时间段为 2012 年一季度以后。在第一时间段里，随着金融市场的活跃（股市暴涨），金融企业生产税净额季度支出比重不断提高而导致非金融企业生产税净额季度支出比重不断下降；在第二时间段里，随着金融市场的不断走低以及受美国次贷危机冲击私营中小企业首当其冲，以致金融企业生产税净额季度支出比重略有下降，住户部门生产税净额季度支出比重大幅度下降，因此非金融企业生产税净额支出比重不断提高；在第三时间段里，随着我国经济不断进入转型升级阶段，非金融企业发展遇到很多困难与挑战，因此导致非金融企业生产税净额支出比重不稳定甚至有下降的趋势。

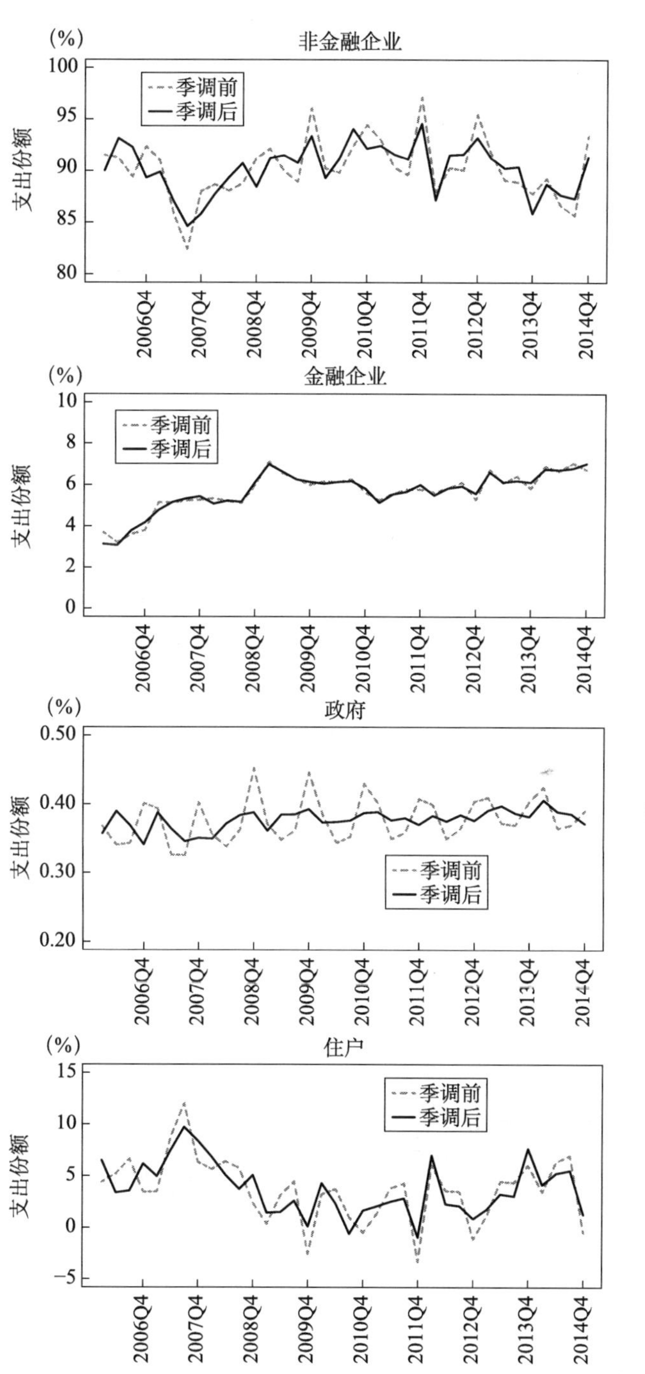

图 5-15　2006—2014 年国内各机构部门生产税净额支出比重的变化趋势

（3）非金融企业、政府和住户部门的财产支出比重的短期波动相对比较小，而金融企业和国外部门的财产支出比重的短期波动则相对比较大。从图5-16中可以发现，2006年第一季度至2014年第四季度，非金融企业、政府及住户部门的财产支出比重曲线（未季节调整）均比较平滑，说明这三个部门的财产支出比重在短期内的波动幅度都比较小，但从长期趋势看，都不缺乏变化的趋势。非金融企业部门的财产支出比重变化趋势大致可以划分为五个时间段，在每个时间段里其受房地产价格波动影响都比较明显。其中，在第一个时间段里（2006年第一季度至2008年第四季度），随着全国房地产销售价格先扬后抑，全国房地产销售价格指数[①]从2006年第一季度的103.7波动上涨到2007年第四季度的109.2，然后再下降到2008年第四季度的97.3，在此时间段里，房地产企业贷款需求由强逐渐变弱，相应地，非金融企业部门的财产支出比重由高逐渐变到低，其由2007年之前各季度均保持在37.1%以上逐渐下降到2008年第四季度的36.4%；在第二个时间段里（2009年第一季度至2010年第一季度），随着全国房地产销售价格指数由2009年第一季度的96.6迅速上涨到2010年第一季度的114.1，相应地，非金融企业季度财产支出比重也迅速地跟着由2008年第四季度的36.4%提高到了2010年第一季度的39.2%；在第三个时间段里（2010年第二季度至2012年第三季度），由于国家进行住房限购政策，全国房地产销售价格指数由2010年第二季度的109.6下降到了2012年第三季度的98.8[②]，相应地，非金融企业部门的财产支出比重也跟着迅速地由2010年第一季度的39.2%下降到2012年第三季度的36.6%；在第四个时间段里（2012年第四季度至2013年第四季度），由于国家加快城镇化建设、首套房贷松动、党的十八大召开后取消住房限购预期加大等诸多因素的影响，全国房地产销售价格又出现新一轮大幅反弹，全国房地

① 全国房地产销售价格指数，2010年12月之前，月度数据为统计局公布的全国70个大中城市的房屋销售价格指数实际数据，季度数据由月度数据直接平均整理得到，数据来源于司尔亚司数据信息有限公司（CEIC）的“中国经济数据库”。

② 全国房地产销售价格指数，2010年12月之后，月度数据由国家统计局公布的70个大中城市住宅销售价格指数直接平均得到，季度数据由月度的平均数据再平均得到，数据来源于中金在线中的宏观数据库。

产销售价格指数由第三阶段 2012 年第三季度的 98.8 迅速上涨到 2013 年第三季度的 107.4，相应地，非金融企业部门的财产支出比重又迅速地反弹，由 2012 年第四季度的 37.2% 迅速提高到 2013 年第四季度的 40.9%；在第五个时间段里（2014 年第一季度至 2014 年底），随着前阶段的房价过快上涨，泡沫风险不断加大，银行放贷更加谨慎，因此导致这一阶段出现房贷难和房价回落现象，全国房地产销售价格指数上阶段由 2013 年第三季度的 107.4 迅速下降到 2014 年第四季度的 97.0，相应地，非金融企业部门的财产支出比重也由 2014 年第一季度的 38.4% 下降到 2014 年第四季度的 37.3%。

对政府部门而言，政府部门的财产支出比重变化主要与全国税收入增速有关，如果税收收入增长快，政府部门手头资金就宽裕，借贷资金规模就相对小，利息支出少，财产支出自然就少，反之，财产支出就多。在 2008 年第二季度之前，全国税收收入增速除了在 2006 年第一季度和第四季度分别为 19.0% 和 13.8% 相对比较低外，其他各季度的增速均在 20% 以上，其中，2007 年第二季度至 2008 年第二季度全国税收收入增速均达到 30% 以上，由此，政府部门的财产支出比重于 2008 年第二季度之前都停留在 5.8% 以下；但随着 2008 年第三季度全球金融危机的到来，全国税收收入增速到 2008 年第四季度开始连续三个季度出现负增长，导致政府部门的财产支出比重于 2008 年第四季度之后开始逐季攀升到 2009 年第四季度的最高峰值 6.3%；随后随着经济复苏，全国税收收入增速逐渐反弹，因此政府部门的季度财产支出比重也随之逐渐下降。

对住户部门而言，2008 年全球金融危机之后，随着全球经济的逐渐复苏，国内个体工商户和私营企业对资金需求量不断增加，其通过各种信贷方式来筹集资金的力度也不断增大，因此导致了住户部门的财产支出比重呈现逐渐上升的趋势。但由于国内外经济在复苏的过程中仍存在诸多不确定的因素，金融市场仍面临着许多风险，个体工商户和私营企业等个体单位仍无法排除融资难、贷款难等问题的长期困扰，因此，住户部门的财产支出比重出现明显上升的同时，仍存在明显的波动性。

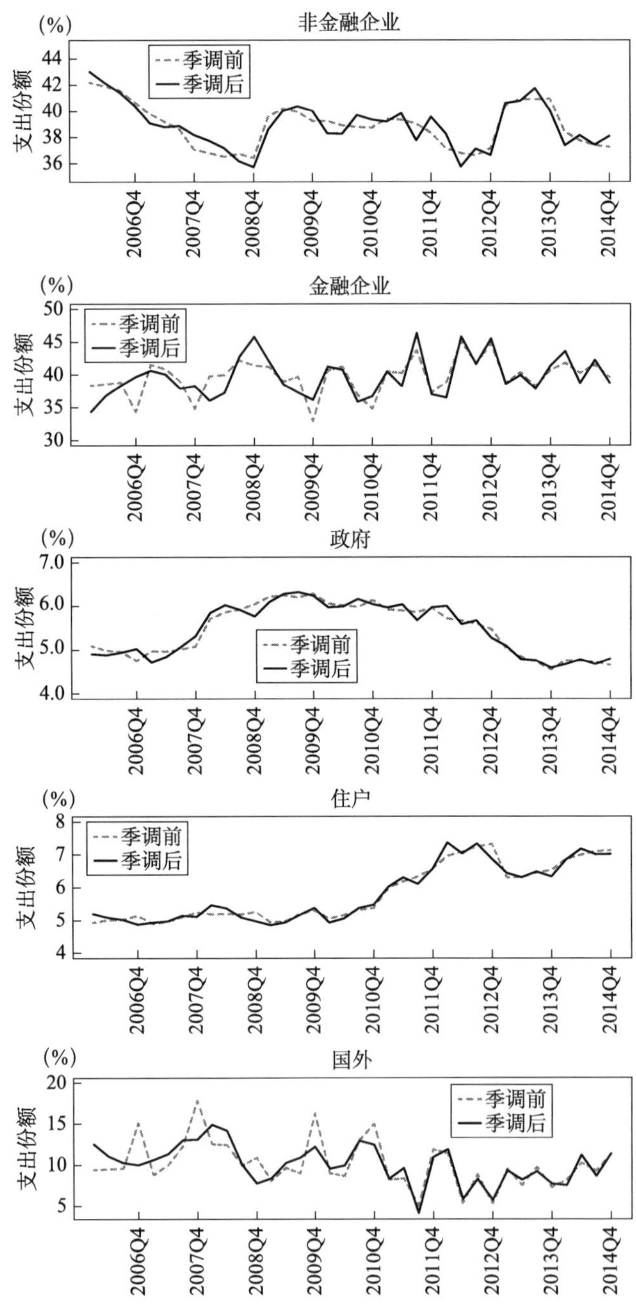

图 5－16　2006—2014 年各机构部门财产支出比重的变化趋势

相对于上述三个部门而言，金融企业部门和国外部门的财产支出情况更加复杂。在世界经济全球化不断深入的当今世界，金融企业部门不仅为国内经济发展提供大量的资金支持，同时也为世界经济全球化提供了重要舞台，因此，金融企业部门在推动资本流动方面与国外部门存在着密切关系。2006—2014 年，金融企业部门除了受国内金融市场因素影响外，还受到各国汇率、利率、贸易摩擦、经济发展和政治等诸多不稳定因素的影响，因此，金融企业部门的资本流动存在着很多不稳定性，对于国外部门而言也同样存在类似的情况，这从金融企业部门和国外部门的财产支出比重短期波动情况可以得到体现。

（4）从长期总体趋势来看，政府部门和住户部门的可支配收入比重略有提高。各机构部门的可支配收入①在资金流量矩阵表中，等于分配总收入减少去分配总支出的差额。从长期总体变化趋势看，政府部门和住户部门的支配收入比重略有提高，而企业部门的支配收入比重有所下降。2006 年，政府、住户和企业部门的可支配收入比重分别为 18.1%、58.9%和 23.9%，到 2014 年，政府和住户部门的可支配收入比重分别提高到了 18.9%和 60.7%，而企业部门的可支配收入比重则下降到了 20.5%。

从图 5－17 来看，2006 年第一季度至 2014 年第四季度，国内各机构部门季度可支配收入比重均存在明显的季节性变化规律，其中企业部门的季度可支配收入比重除了于 2013 年发生特别扭曲现象外，其他年份都呈现"先升后降"的态势；住户部门的季度可支配收入比重除了于 2013 年发生特别扭曲现象外，其他年份基本上都呈现"缓升急降再急升"的态势；政府部门的季度可支配收入比重则出现"急降缓升再急降"的态势。企业部门和住户部门的季度可支配收入比重于 2013 年发生特别扭曲现象的主要原因是 2012 年 12 月中央出台了"中央八项规定"后所致，其中，企业部门于 2013 年前三个季度的可支配收入比

① 按照中国官方公布的资金流量实物交易表数据，其并未包括国外部门的初次分配总收入、再次分配总项目数据，也不符合"增加值＝初次分配总收入＝可支配总收入＝消费＋储蓄"国民经济核算的基本平衡关系，为此，本文根据李宝瑜等著的《中国社会核算矩阵研究》对国外部门的初次分配总收入、再次分配总收入及总储蓄进行重新核算调整使之满足上述的基本平衡关系，从而也增加了国外部门的初次分配总收入、再次分配总收入。

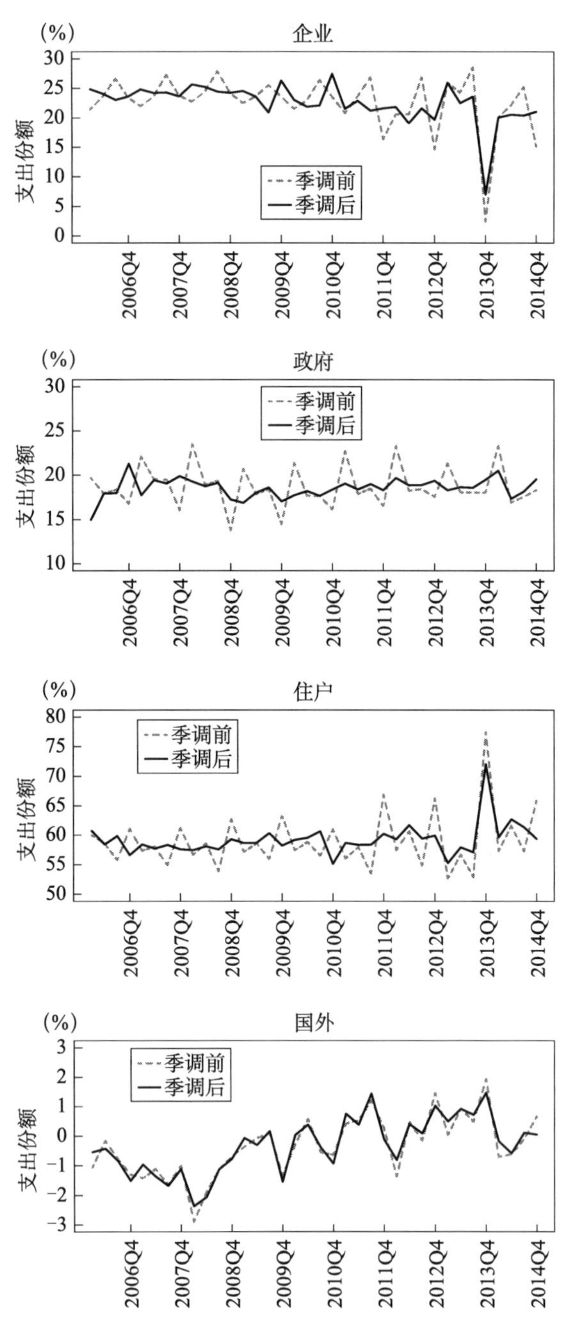

图 5-17　2006—2014 年各机构部门可支配收入比重的变化趋势

重都比往年同期高 4—5 个百分点，而住户部门的则比往年同期低 3—6 个百分点，到 2013 年第四季度，随着企业对“中央八项规定”的正确解读，企业部门和住户部门的季度可支配收入比重才出现明显反弹并于 2014 年以后恢复比较正常的比例水平。政府部门的季度可支配收入比重于 2013 年没有出发生特别扭曲现象，一方面可以说明政府部门的薪酬体系管理比较规范，平时额外的福利不多；另一方面，也可以说明政府部门对“中央八项规定”的文件精神理解得更到位。

5.3　本章小结

本章主要以第 4 章编制的我国 2006—2014 年各季度实物资金流量矩阵表数据为基础，以资金流量矩阵表中的分配收入流量子矩阵、支出流量子矩阵、增加值子矩阵、可支配收入使用子矩阵等为工具，从原始收入分配、初次收入分配、再次收入分配和可支配收入使用等多个角度来对我国国民收入分析格局的短期波动特点及演变趋势进行实证研究，分析结果表明，本书编制的中国季度实物资金流量矩阵表数据逻辑关系合理，数据季节性变化特点符合我国经济生产活动规律，数据的一致性比较高，数据的可解释性也比较强，因此，可以认为本书编制的中国季度实物资金流量矩阵表比较科学和可靠。在本章对我国国民收入分析格局进行的实证研究过程中，还了解到我国各机构部门在实现国民收入分配过程中所存在的各种依存关系，这为我国制定各项有针对性的收入分配政策提供了科学的理论基础和现实依据。

第6章　中国与发达国家宏观收入分配的比较

第二次世界大战后，美国是世界上最早研究编制本国资金流量表的国家，随后许多国家出于管理本国经济运行的考量，也纷纷效仿美国研究设计出了符合本国国情的资金流量表，其中最具代表性的是日本和加拿大。鉴于美国、日本和加拿大都是世界上经济最发达的国家之一，而且他们国家资金流量表记载的实物资金流量数据资料，不仅内容翔实，而且时序数据序列时间长，既有年度数据，也有季度数据。因此，如果我们能从他们记录的历年实物资金流量数据中探寻出编制资金流量表的共同特点，以及分析出发达国家宏观收入分配过程的某种共同规律，这无疑为我们借鉴发达国家的经验提供了宝贵的前车之鉴。基于此，本章将以美国、日本和加拿大的实物资金流量表历年季度数据为例，分析美国、日本、加拿大三国国民收入分配格局的短期波动特点及长期变化趋势，以从国际实践视角来进一步检验中国季度实物资金流量表数据的可靠性，并以实物资金流量表季度数据为基础，分析比较中国国民收入与美国、日本和加拿大的差异，力求为进一步完善编制我国季度实物资金流量表，以及为我国进行宏观调控和出台收入分配政策提供必要的参考。

6.1　美国宏观分配收入波动特点及演变趋势分析

6.1.1　美国国民初次分配收入

美国资金流量表将国内机构部门主要划分为住户及非营利团体、非金融企业、金融企业、一般政府四个部门，其中非金融企业部门又包括非金融企业工商业和非金融非企业工商业部门，一般政府部门又包括联邦政府和州及地方政府部门。在美国国民总收入初次分配中，国内各机构部门的初次分配收入总额可以分别表示为：

企业部门初次分配总收入 = 营业盈余净额 + 财产收入净额；

政府部门初次分配总收入 = 营业盈余净额 + 生产税净额 + 财产收入净额[①]；

住户及非营利团体初次分配总收入 = 营业盈余净额 + 劳动者报酬 + 财产收入净额。

1. 企业部门初次分配收入水平尽管呈上升态度，但波动性仍比较大

美国各机构部门的季度初次分配总收入[②]短期波动特点及演变趋势如图 6 – 1 所示，从图中可以发现，在 1990 年第一季度至 2015 年第四季度期间，美国企业部门的季度初次分配总收入水平虽然呈总体上升态势，但阶段性波动特点非常明显，尤其是进入 21 世纪后，波动幅度更加剧烈。具体地，美国非金融企业部门的初次分配季度总收入先由 1990 年第一季度的 539. 0 亿美元逐渐提高到 1999 年第二季度的 1128. 0

---

① 本公式里的营业盈余是指由政府拥有或代理的企业所产生的营业盈余，如美国邮政服务公司等。

② 美联储公布的各机构部门初次分配总收入、可支配总收入的季度数据均为季节调整后的数据。

亿美元，然后由此连续 11 个季度逐季下降到了 2000 年第一季度的 733.88 亿美元，接着又连续逐季反弹上升到 2005 年第四季度的 2041.55 亿美元，紧接着又连续下降到 2008 年第四季度的 1383.13 亿美元，最后又在波动中反弹直到 2015 年第四度上升至 2317.67 亿美元。对美国金融企业部门初次分配季度总收入变化趋势而言，其可以分成两个时间段：第一个时间段为 2000 年第四季度之前，在此期间，美国金融企业部门的初次分配季度总收入主要呈现小幅波动缓慢上升态势；第二个时间段为 2001 年第一季度以后，在此期间，美国金融企业部门的初次分配季度总收入震荡加剧，其先从 2000 年第三季度的 229.22 亿美元跳跃式地提高到 2001 年第一季度的 406.08 亿美元，此后逐渐提高到 2004 年第三季度的 622.90 亿美元，然后又震荡下滑并于 2008 年第四季度跳崖式地下降到 -415.04 亿美元，紧接着 2009 年第二季度又井喷式报复性反弹到 606.10 亿美元，截至 2015 年底，美国金融企业部门的初次分配季度总收入仍在不断的震荡中度过。美国企业部门初次分配季度总收入进入 21 世纪以来出现反复剧烈震荡的主要原因：一方面是进入 21 世纪后，美国高科技信息产业投资热减退，经济发展出现衰退，从而加速了美国寻求其自身经济结构调整的结果；另一方面是经济危机不断，如 1997 年的亚洲金融危机、1999 年后的股市暴跌、2001 年的“9·11 事件”、2008 年的美国次贷危机、2009 年后的欧洲主权债务危机等，这些大事件对投资者的投资信心和消费者的消费信心造成了很大的冲击，这首当其冲的当然是企业部门，对于金融企业部门来说更是如此。

2. 住户及非营利团体初次分配收入稳定增加，联邦政府初次分配收入长期处于赤字状态

从图 6-1 中可以发现，美国住户及非营利团体部门初次分配收入，除了 2008 年第三季度至 2009 年第三季度明显下降（原因是 2008 年次贷危机导致）外，其余季度都呈稳定增加态势；在 2008 年第四季度之前，美国一般政府初次分配收入呈稳定增加态势，但 2008 年金融危机之后，由于联邦政府初次分配收入长期赤字出现扩大和不稳定，同时地

方州和政府初次分配收入也下降，因此导致一般政府部门初次分配收入于2008年第四季度之后呈下降或不稳定的态势。美国联邦政府初次分配收入赤字变化状态可以分为三个时间段：第一个时间段为1990年第一季度至1998年第二季度，在此期间，美国联邦政府初次分配收入赤字从1990年第一季度的-575.0亿美元扩大到1998年第二季度的-731.0亿美元，其主要原因是长期处于负值状态的财产净收入呈扩大的趋势，其由1990年第一季度的-631.28亿美元扩大到1998年第二季度的-865.08亿美元；第二个时间段为1998年第三季度至2003年第四季度，在此期间，美国联邦政府初次分配收入赤字从1998年第三季度的-730.4亿美元缩小到了2003年第四季度的-545.0亿美元，其主要原因是负的财产净收入由1998年第三季度的-962.4亿美元缩小到了2003年第四季度的-672.9亿美元；第三个时间段为：2004年第一季度至2015年底，在此期间，美国联邦政府初次分配收入赤字在-158.6亿美元至892.4亿美元之间波动，其主要原因是在这个阶段联邦政府部门的财产净收入一直保持在比较高赤字状态下波动，尤其是2008年金融危机以后更是如此。

3. 住户及非营利组织部门收获初次分配收入最多，但比重呈下降趋势

从各机构部门的初次分配收入比重看，美国国内各机构部门的季度初次分配收入比重波动特点及变化趋势如图6-2所示，从图中可以看到，在美国国民收入初次分配过程中，住户及非营利团体得到的收入最多，在1990年第一季度至2015年第四季度期间，其各季度的初次分配比重均超过85%，而企业和政府部门合计拿到的还不足15%。美国企业部门和政府部门拿到的初次分配收入比较低的主要原因是美国劳动报酬占GDP的比重比较高，比如其比重2015年达53.06%，劳动报酬绝大多数都集中流向住户部门。从初次分配收入比重的变化趋势来看，在1990年第一季度至2015年第四季度期间，住户及非营利团体部门的初次分配收入比重的变化趋势可以分为三个时间段：住户及非营利组织部门初次分配季度收入比重，在第一个时间段（1991年第一季度至2005

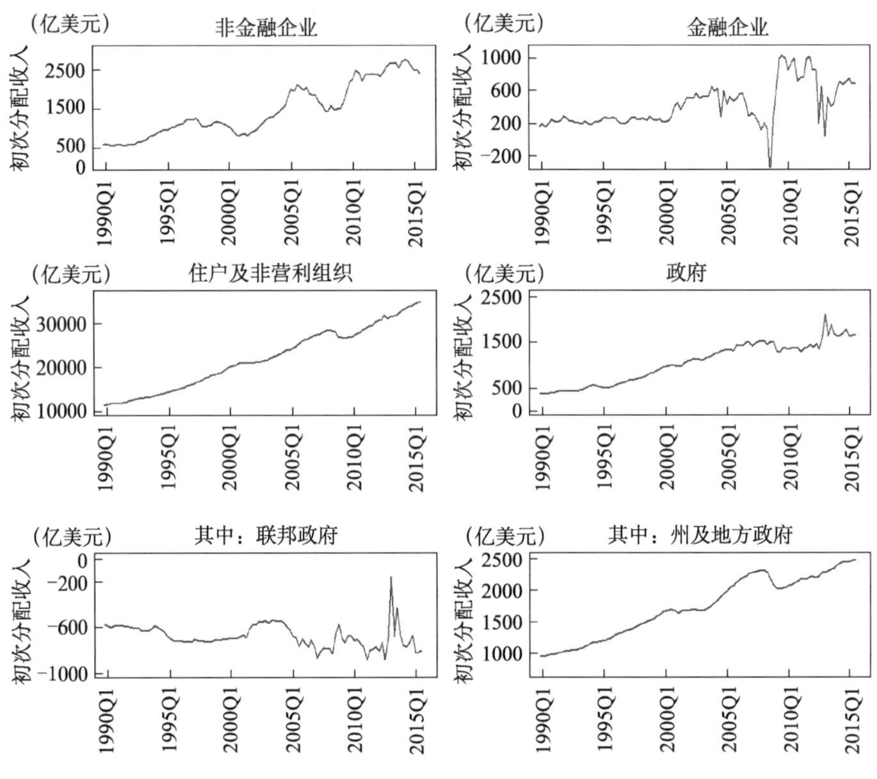

图 6－1　1990—2015 年美国各部门初次分配总收入的变化趋势

数据来源：美国联邦储备经济数据库，https：//fred. stlouisfed. org/.

年第四季度）里，其从 1991 年第一季度的 91. 2% 下降到 2005 年第四季度的 86. 6%；在第二个时间段（2006 年第一季度至 2008 年第四季度）里，其从 2006 年第一季度的 86. 7% 提高到 2008 年第四季度的 91. 7%；在第三个时间段（2009 年第一季度至 2015 年第四季度）里，其又下降到 2015 年第四季度的 88. 0%。在 1991 年第一季度至 2005 年第四季度期间，住户及非营利团体初次分配季度收入比重在下降的过程中虽然有一定的反弹，但总体变化仍为下降趋势。与住户及非营利团体部门相反，在此期间，政府部门初次分配季度收入比重自 2008 年后虽然产生比较大的波动，但总体变化仍呈上升的态势。

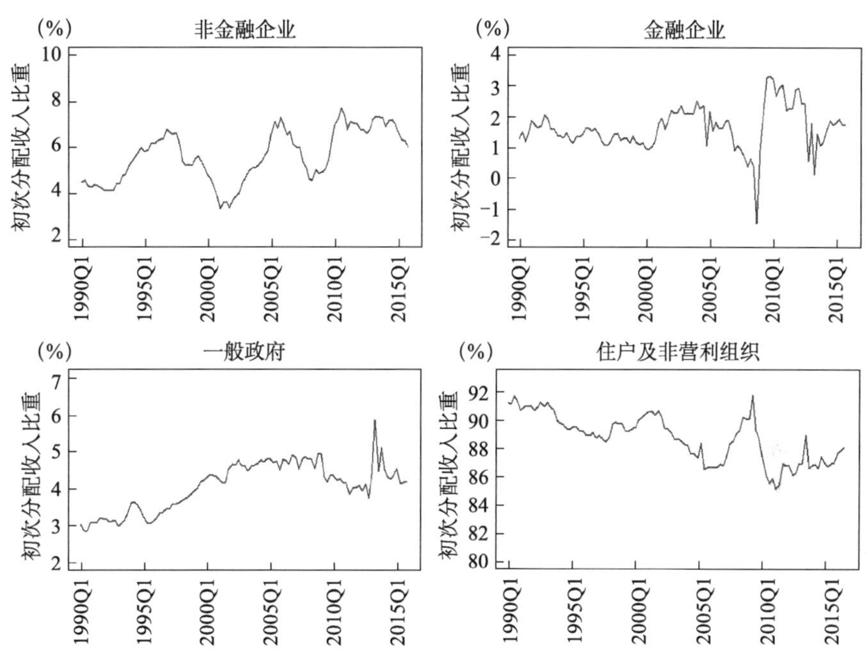

图 6－2　1990—2015 年美国初次分配总收入占各部门比重的变化趋势

数据来源：根据美国联邦储备经济数据库所提供的数据进行整理。

4. 企业部门初次分配收入比重变化趋势在金融危机爆发期间变化都比较明显

通过对图 6－2 的观察可以发现，在 1990 年第一季度至 2015 年第四季度期间，不管是美国非金融企业部门还是金融企业部门，其初次分配收入比重变化趋势于各次金融危机期间波动都比较明显，尤其是 2008 年美国次贷危机期间变化的幅度更加明显。其中，美国非金融企业部门初次分配收入比重的变化趋势主要以亚洲金融危机爆发的时间（1997 年）和美国次贷危机爆发的时间（2008 年）为分界点形成周期性上下波动，但由于两次金融危机爆发的地点不同，形成的影响存在一定时间差。在 1997 年亚洲金融危机前，美国非金融企业部门的初次分配收入比重从 1991 年第一季度的 4.4% 提高到 1997 年第三季度的 6.4%，在亚洲金融危机爆发后，随着危机影响的不断扩散，美国非金融企业部门的初次分配收入比重逐渐下降到 2001 年第四季度的 3.2%；

进入2002年后，随着美国经济的好转，非金融企业部门的初次分配收入比重逐渐提高到2005年第四季度的7.1%；与1997年亚洲金融危机的影响不同，2008年美国爆发次贷危机前两年，美国非金融企业部门的初次分配收入比重就已经开始提前陷入新一轮的下降周期，到2008年第三季度爆发次贷危机时，已经下降到了4.5%左右徘徊；美国次贷危机后，随着经济的复苏，直到2009年四季度以后，美国非金融企业部门的初次分配收入比重才恢复到6.0%以上。美国金融企业部门各季度初次分配收入比重在2000年之前一直都是围绕在1.5%左右上下小幅波动，在2000年第一季度至2004年第三季度期间有提高的趋势，受2008年美国爆发次贷危机的提前影响，2004年底后开始从2004年第三季度的2.3%逐渐下降到2008年第四季度的-1.5%；美国次贷危机后，随着经济的复苏，2009年第三季度又直线反弹至3.3%，但随后仍呈下降的趋势。

6.1.2 美国国民再次分配收入

1. 在美国国民收入再次分配过程中，美国各机构部门的可支配总收入中的一部分来源于初次分配总收入，另一部分来源于转移净收入

通过观察1990年第一季度至2015年第四季度美国国内各机构部门季度可支配总收入变化趋势情况图6-3可以发现，20世纪末以来，美国企业部门和政府部门的可支配收入都发生了跌宕起伏的变化。其中，非金融企业部门可支配收入先从1997年第四季度的680.01亿美元连续下降到2001年第一季度的295.10亿美元后，再连续反弹增加到2005年第四季度的1100.58亿美元，接着又连续下降到2008年第四季度的780.84亿美元，此后又在波动中反弹到2015年第四季度的1208.07亿美元。对于金融企业部门季度可支配总收入而言，其变化趋势于1990年以来直到美国次贷危机爆发前两年都比较平稳，可是从2007年第一季度开始则出现了负值现象，到了2008年第四季度更是降到了最低值-759.38亿美元。2009年第一季度后，由于美国联邦政府出手对金融

机构进行了连续几个季度的大力救助，才使得美国金融企业部门的可支配总收入出现连续直线反弹，2009 年第一季度至 2009 年第三季度分别反弹到了 70.56 亿美元、332.10 亿美元、654.31 亿美元和 662.33 亿美元。相对于非金融企业可支配总收入变化趋势而言，政府部门季度可支配总收入的变化趋势有所滞后，自 1990 年第一季度以来，政府部门季度可支配总收入出现首轮较大幅度下降的时间要比非金融企业可支配收入出现首轮较大幅度下降的时间晚了大约三年，政府部门季度可支配总收入出现首轮下降的时间为从 2001 年第一季度开始至 2003 年第三季度，其从 4038.77 亿美元下降到了 2948.27 亿美元；此后，随着经济形势的好转，政府部门季度可支配总收入又连续反弹到 2007 年第二季度的 4711.08 亿美元，可惜这时候美国次贷危机已来临，因此其又从 2007 年第三季度开始下降，直到次贷危机爆发后的 2009 年第三季度已降到 2086.44 亿美元；2010 年后，随着新一轮经济形势又转好，其于 2015

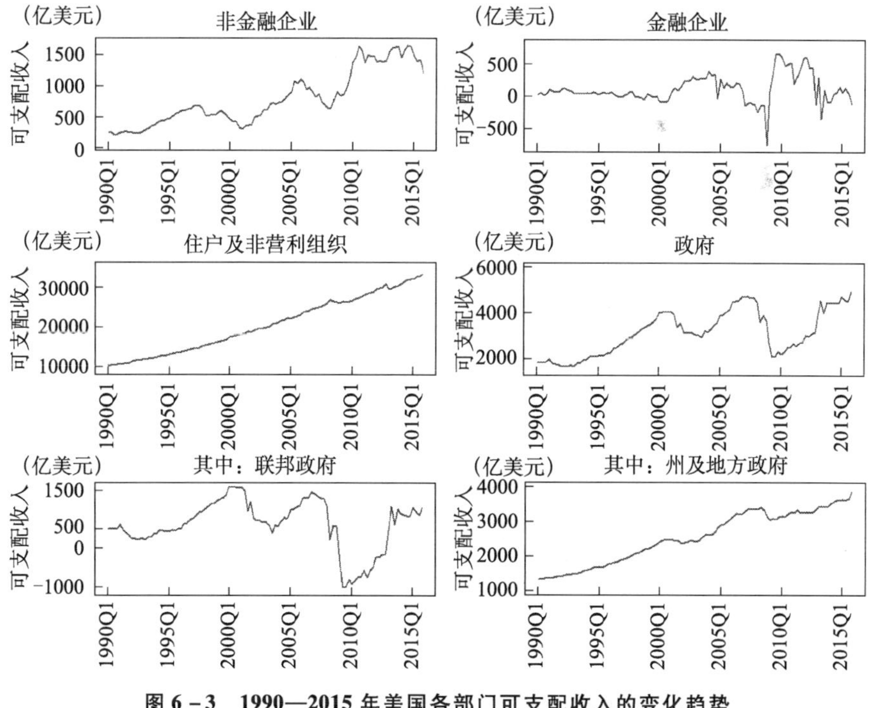

图 6－3　1990—2015 年美国各部门可支配收入的变化趋势

数据来源：美国联邦储备经济数据库，https：//fred. stlouisfed. org/.

年第四季度又反弹到4930.86亿美元。美国政府部门可支配收入出现如此之大的反复波动，主要原因是由联邦政府可支配收入的不稳定引起的。对于住户及非营利团体而言，其可支配收入的变化趋势基本保持在平稳增长的态势。

2. 在国民收入再次分配过程中，美国政府部门收入比重大幅度提高，而其他部门的收入比重则出现不同程度下降

通过对美国各机构部门季度可支配收入比重变化趋势的观察（见图6－4），可以发现，在1990年第一季度至2015年第四季度期间，经过国民收入再次分配后，美国政府部门的可支配收入比重比初次分配收入比重平均提高了9.2个百分点，住户及非营利团体、非金融企业和金融企业部门则分别平均下降了5.4个、2.4个和1.2个百分点。从

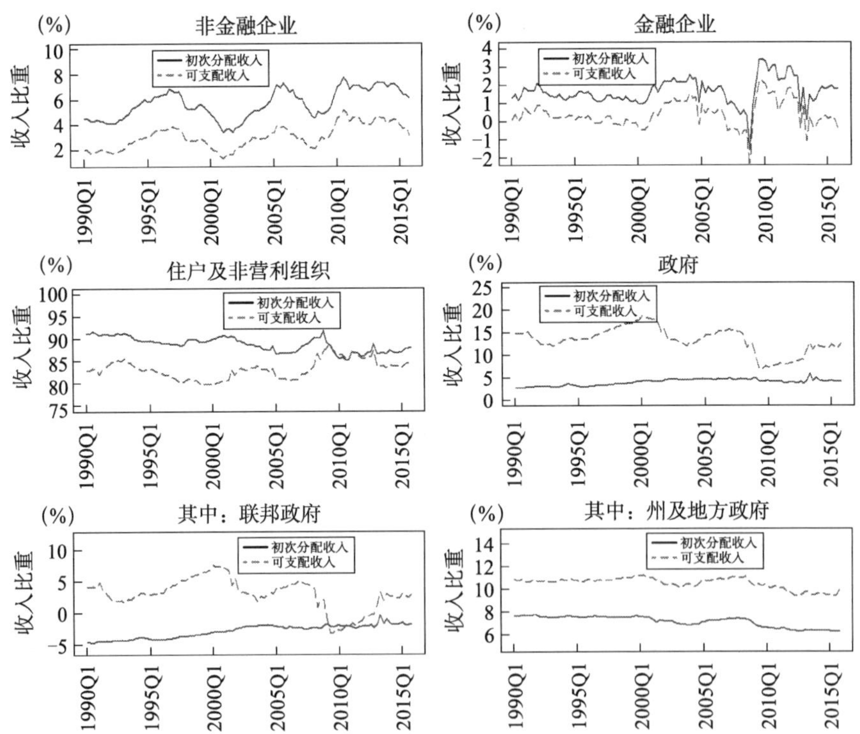

图6－4　1990—2015年美国各部门初次分配收入比重及可支配收入比重的比较

数据来源：根据美国联邦储备经济数据库所提供的数据整理。

各部门可支配收入比重的演变趋势来看，在 1990 年第一季度至 2015 年第四季度期间，除了政府部门外，美国其他各机构部门可支配收入比重走势与初次分配总收入比重的走势基本一致。政府部门可支配收入比重走势大体上可以分为两个时间段：第一个时间段为 2000 年以前，在此时期，美国政府部门的可支配收入比重从 1991 年第一季度的 14.9% 提高到了 2000 年第一季度的 18.4%；第二个时间段为 2000 年以后，在此时期，美国政府部门的可支配收入比重从 2000 年第一季度的 18.4% 逐渐下降到了 2015 年第四季度的 12.6%，这阶段政府部门可支配收入比重下降的主要原因是联邦政府部门可支配收入下降。

6.2　日本宏观分配收入波动特点及演变趋势分析

6.2.1　日本国民初次分配收入

日本实物资金流量账户将国内机构部门主要划分为非金融企业、金融企业、一般政府、住户（包括私人非公司组织企业）和为住户服务的非营利团体[①]五个部门。在国民总收入初次分配中，日本国内各机构部门的初次分配收入总额可以分别表示为：

企业部门初次分配总收入 = 营业盈余净额 + 财产收入净额；

政府部门初次分配总收入 = 生产税净额 + 财产收入净额；

住户部门初次分配总收入 = 劳动者报酬 + 营业盈余净额 + 财产收入净额；

为住户服务的非营利团体初次分配总收入 = 财产收入净额。

① 在机构部门分类上，日本与美国有所不同，日本将住户和为住户服务的非营利团体分成两个不同的部门，而美国则将这两部门视为同一个部门。

1. 日本住户部门初次分配总收入走势决定日本全国国民初次分配总收入走势

在图 6－5 中，通过对日本各机构部门季度初次分配总收入[①]的波动特点及变化趋势的观察可以发现，在 1994 年第一季度至 2014 年第四季度期间，日本住户部门初次分配总收入走势与日本全国国民初次分配总收入的走势基本一致，可见，日本住户部门在初次分配过程中起到决定性的作用。在 1994 年第一季度至 2014 年第四季度期间，日本住户部门初次分配总收入走势大致可以分为三个时间段：

在第一个时间段（1994 年第一季度至 1998 年第三季度）里，日本全国及日本住户部门的国民初次分配总收入走势都是呈先升后降的态势，日本全国国民初次分配总收入先由 1994 年第一季度的 8980.0[②] 亿美元提高到 1995 年第二季度的 11781.7 亿美元，日本住户部门的初次分配收入也同步地由 7931.3 亿美元[③]提高到 10145.6 亿美元，然后，两者再次同步逐渐地分别下降到 1998 年第三季度的 7371.1 亿美元和 6096.4 亿美元。在此期间，日本全国民及日本住户部门的初次分配收入都出现如此先升后降走势的主要原因是：进入 1996 年后，日本前期过度投资形成的经济泡沫开始逐渐破灭，工人工资收入增长停滞甚至下降，失业率不断攀升，个人和家庭收支恶化等原因导致了全国国民初次分配总收入和住户部门的初次分配收入出现下降。

在第二个时间段（1998 年第四季度至 2012 年第三季度）里，日本全国及日本住户部门的初次分配收入都是呈波动上升的态势，其先分别

① 日本内阁府公布的日本资本筹集账户季度数据为未经过季节调整的原始数据，在其公布的各机构部门资本筹集账户季度数据中，其并没有对非金融企业部门和金融企业部门数据分开处理，而且也没有公布为住户服务非营利团体的季度数据（为住户服务非营利团体的年度初次分配总收入、可支配收入只分别占所有部门的 0.2% 和 2% 左右），根据本书研究需要，文本利用 X－12 季节调整工具对其原始数据进行了季节调整，在分析中，不将企业部门分成非金融企业部门和金融企业部单独分析，也不对为住户服务非营利团体部门做分析。

② 分析中提到的日本各机构部门季度初次分配总收入数据、可支配收入数据均为季节调整后的数据。

③ 日元对美元汇率季度平均数是根据美国联邦储备经济数据库所提供的月平均数进行简单平均后得到。

由1998年第三季度的7371.1亿美元和6096.4亿美元连续反弹到2000年第二季度的9629.2亿美元和7832.3亿美元，然后再下降到2002年第一季度的7661.1亿美元和6101.5亿美元，接着又反弹到2012年第三季度的12359.3亿美元和9726.3亿美元。在此期间，日本全国国民的初次分配总收入和日本住户部门的初次分配收入总体上呈逐渐增加趋势的主要原因，一方面是，从1997年11月以后，日本政府出台了一系列政策法规文件采取有条件的政府注资措施；另一方面是，从2001年起，日本央行又开始执行量化宽松货币政策，并持续到2006年，这些稳定金融体系的措施为解决日本前期积累的不良债权问题提供了良方，也为日本实体经济恢复与发展提供了空间。

在第三个时间段（2012年第四季度至2014年第四季度）里，日本全国及日本住户部门的初次分配收入都出现快速下降的趋势，其分别从2012年第三季度的12359.3亿美元和9726.3亿美元下降到2014年第四季度的9018.7亿美元和6872.4亿美元。其下降的主要原因：一是在这一阶段里全球经济陷于2008年美国次贷危机还未完全恢复过来，全球经济增长还比较疲软，因此拖累了高度依赖出口拉动的日本经济；二是日本经济呈现的产业结构空心化和固化很难继续单靠量化宽松货币政策来维持。

在图6-5中，我们还可以发现，对于日本企业部门和政府部门而言，日本企业和政府部门的季度初次分配总收入走势，虽然也受到日本不同阶段经济形势的影响，但总体趋势都是呈波动上升的态势。另外，如果从季节调整前的情况来看，各机构部门的季度初次分配总收入都存在明显的季节性变化规律，其中企业部门和政府部门更加明显。

2. 在日本国民收入初次分配中，日本住户部门的初次分配总收入比重最大

通过对图6-6的观察可以发现，从各部门初次分配总收入比重大小来看，在1994年第一季度至2014年第四季度期间，日本住户部门的初次分配总收入比重最大，各季度的初次分配总收入比重均为74%以上，而企业部门和政府部门各季度的初次分配总收入比重则仅分别在4%—18%和6%—16%之间波动。从各机构部门季度初次分配总收入比重的波动特

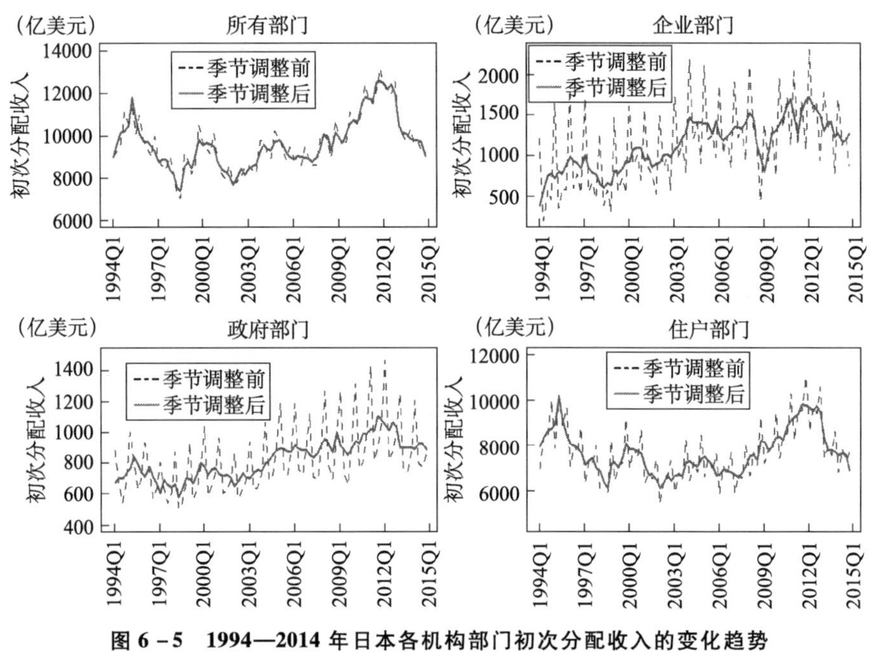

图 6－5　1994—2014 年日本各机构部门初次分配收入的变化趋势

数据来源：根据日本内阁府网站公布的数据整理。

点及变化趋势来看，在 1994 年第一季度至 2014 年第四季度期间，日本住户部门和日本企业部门季度初次分配总收入比重走势总体上呈“一降一升”的态势，其变化趋势可以分为两个时间段：在第一个时间段（1994 年第一季度至 2008 年第一季度）里，日本住户部门初次分配总收入比重从 1994 年第一季度的 88.3% 下降到 2008 年第一季度的 75.2%，走势呈明显的下降趋势，同期，本企业部门的初次分配总收入比重则从 4.2% 提高到 15.3%，走势呈明显提高的趋势；在第二个时间段（2008 年第二季度至 2014 年第四季度）里，日本住户部门的初次分配总收入比重先由 2008 年第一季度的 75.2% 迅速提高到 2009 年第一季度的 82.7%，然后逐渐下降到 2014 年第四季度的 76.2%，同期企业部门恰好相反，在此期间，企业部门初次分配总收入比重先由 2008 年第一季度的 15.3% 迅速下降到 2009 年第一季度的 8.1%，然后逐渐提高到 2014 年第四季度的 14.0%。日本住户部门初次分配总收入比重走势总体下降的主要原因是劳动报酬份额下降，日本劳动报酬占净增加值[①]的比重从 1994 年第

① 净增加值 = 增加值 - 固定资本消耗。

一季度的 68.5% 下降到 2007 年第一季度的 62.1%，接着再反弹至 2009 年第一季度的 69.3%，随后又逐渐下降到 2014 年第四季度的 65.1%。与住户部门和企业部门类似，日本政府部门初次分配收入比重也呈阶段性变化趋势，在 1994 年第一季度至 2014 年第四季度期间，日本政府部门初次分配收入比重先由 1994 年第一季度的 7.5% 提高到 2006 年第一季度的 10.3%，此后又逐渐下降到 2014 年第四季度的 9.8%。

在图 6－6 中，我们还可以发现，如果从季节调整前的情况来看，各机构部门的季度初次分配总收入比重都存在明显的季节性变化规律。

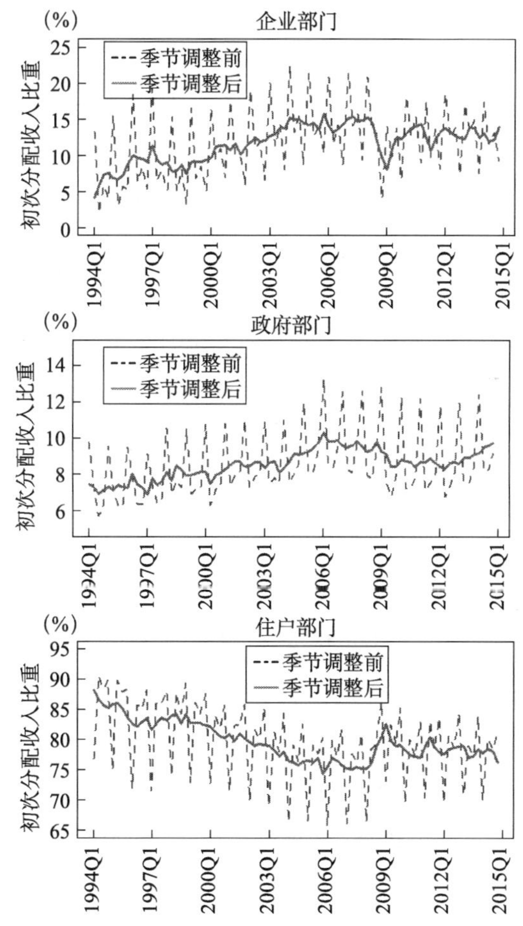

图 6－6　1994—2014 年日本各机构部门初次分配收入比重的变化趋势

数据来源：根据日本内阁府网站公布的数据整理。

6.2.2 日本国民再次分配收入

1. 日本国民收入再次分配前后各机构部门的分配收入走势基本保持一致

与美国一样，日本各机构部门的可支配总收入都是由初次分配总收入和转移净收入构成，其中转移收入主要包括所得税收入、社会缴款和社会福利等。通过比较图6－5和图6－7可以发现，在1994年第一季度至2014年第四季度期间，日本进行国民收入再次分配前后，国内各机构部门的分配收入走势基本一致。

就日本全国和住户部门的可支配总收入而言，在1994年第一季度至2014年第四季度期间，日本全国可支配总收入走势住户部门的可支配总收入基本一致，其大致可以分为三个时间段：在第一个时间段（1994年第一季度至1998年第三季度）里，日本全国和住户部门的可支配收入都是呈先升后降的态势，其先分别从1994年第一季度的8245.2亿美元和6787.6亿美元提高到1995年第二季度的9910.6亿美元和7330.4亿美元，然后再逐渐下降到1998年第三季度的7254.4亿美元和5467.1亿美元；在第二个时间段（1998年第四季度至2012年第三季度）里，日本全国及住户部门的可支配收入都是呈波动上升态势，其先分别从1998年第三季度的7254.4亿美元和5467.1亿美元连续反弹到2000年第二季度的9541.9亿美元和7039.4亿美元，然后再下降到2002年第一季度的7518.5亿美元和5520.2亿美元，接着又反弹到2012年第三季度的12341.3亿美元和9105.1亿美元；在第三个时间段（2012年第四季度至2014年第四季度）里，日本全国及住户部门的可支配收入都出现快速下降的趋势，分别从2012年第三季度的12341.3亿美元和9105.1亿美元快速下降到2014年第四季度的8708.8亿美元和6299.6亿美元。

对于企业部门而言，在1994年第一季度至2014年第四季度期间，企业部门的可支配收入总体趋势是呈波动上升态势的。在图6－7中，我们同时也看到，在2008年第四季度至2009年第一季度美国次贷危机爆发期间，企业部门的可支配收入不降反增（增加了2.4亿美元），这与其初次分配收入出现明显下降（664.1亿美元）态势形成鲜明的反差，其主要原因是在这期间日本企业部门获得的净转移资金比较多，这部分资金主要来源于政府部门的净转移支出，这也恰好解释了政府部门的可支配收入在美国次贷危机爆发期间出现明显下降的原因。

在图6－7中，我们还可以发现，如果从季节调整前的情况来看，各机构部门的季度可支配收入都存在强烈的季节性变化规律。

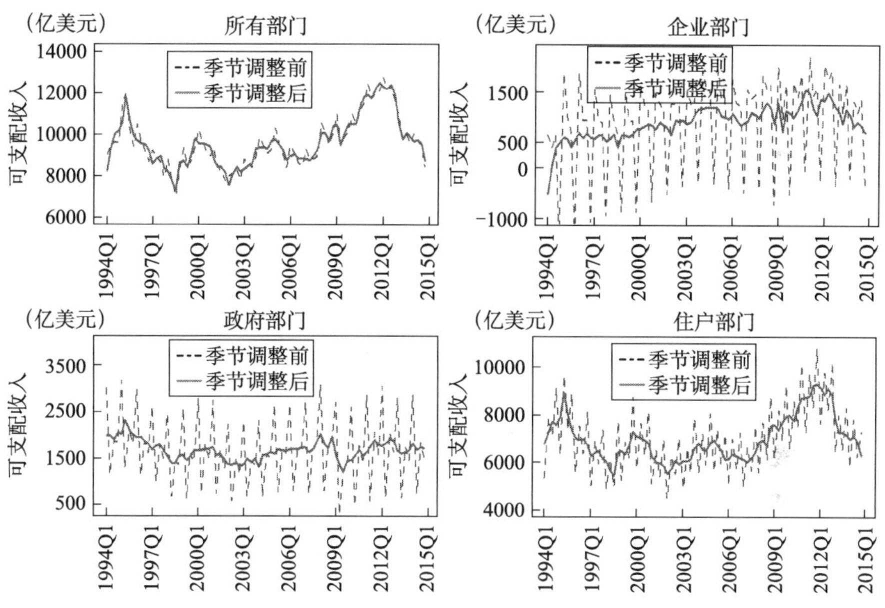

图6－7　1994—2014年日本各机构部门可支配收入的变化趋势

数据来源：根据日本内阁府网站公布的数据整理。

2. 日本政府部门可支配收入比重的变化趋势与日本经济的变化周期密切相关

通过对日本各机构部门季度初次分配收入比重与可支配收入比重比较图6－8的观察，可以发现，在1994年第一季度至2014年第四季度期间，日本国民收入经过再次分配后，政府部门分配收入比重大幅度提高，提高的幅度为9.2个百分点，而企业及住户部门的分配收入比重则出现不同程度下降，下降的幅度分别为2.6个百分点和6.6个百分点。

从图 6-8 中还可以发现，在 1994 年第一季度至 2014 年第四季度期间，日本企业部门和住户部门的季度可支配收入比重走势与其季度初次分配总收入比重走势基本一致，但政府部门的可支配收入比重走势较其初次分配总收入比重走势却发生了明显变化，变化趋势大致可以分为三个时间段：第一个时间段为 1994 年第一季度至 2004 年第一季度，恰好处于

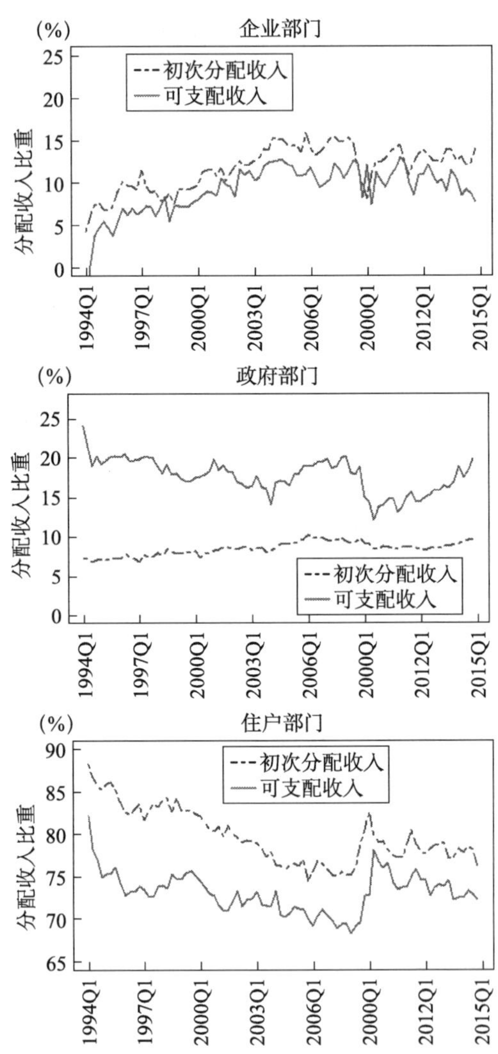

图 6-8　1994—2014 年日本各机构部门初次分配收入比重与可支配收入比重比较

数据来源：根据日本内阁府网站公布的数据整理。

日本经济泡沫破灭期和经济复苏初期期间，在此期间日本政府部门的可支配收入比重从 1994 年第一季度的 24. 2% 下降到了 2004 年第一季度的 14. 1%；第二个时间段为 2004 年第二季度至 2008 年第一季度，即处于日本经济完全恢复期，在此期间，日本政府部门可支配收入比重出现明显上升趋势，其由 2004 年第一季度的 14. 1% 恢复到了 2008 年第一季度的 20. 3%；第三个时间段为从 2008 年第二季度往后至 2014 年底，即在美国次贷危机爆发后，在此期间，日本政府部门可支配收入比重呈现直线下降然后再逐渐反弹的趋势，由于受到美国次贷危机极大冲击，其先从 2008 年第一季度的 20. 3% 直线下降到 2009 年第二季度的 12. 1%，然后逐渐恢复提高到 2014 年第四季度的 18. 4%。从上述的分析结果中可以发现，日本政府部门可支配收入比重的变化趋势与日本经济的变化周期存在着密切关系。

6. 3　加拿大宏观分配收入波动特点及演变趋势分析

6. 3. 1　加拿大国民初次分配收入

加拿大实物资金流量表将机构部门主要划分为住户、为住户服务的非营利团体、非金融企业、金融企业、一般政府和非常住机构六个大部门[①]。在加拿大国民总收入初次分配中，国内各机构部门的初次分配收入总额与美国和日本一样，也可以分别表示为：

企业部门初次分配总收入 = 营业盈余净额 + 财产收入净额；

政府部门初次分配总收入 = 生产税净额 + 财产收入净额；

住户部门初次分配总收入 = 劳动者报酬 + 混合收入净额 + 财产收入

① 在机构部门分类上，加拿大的分类与日本的分类基本一致，两国都将住户和为住户服务的非营利团体分成两个不同的部门。

净额①;

为住户服务的非营利团体初次分配总收入 = 财产收入净额;

非常住机构部门初次分配总收入 = 劳动者报酬 + 净出口收入 + 财产收入净额。

1. 加拿大各机构部门的初次分配总收入变化趋势有一致的,也有不同的

通过对加拿大各机构部门初次分配总收入变化趋势的观察(见图6-9),可以发现,加拿大政府及住户部门的初次分配总收入均保持稳定增加态势。在1997年第一季度至2016年第三季度期间,加拿大政府部门及住户部门的初次分配总收入流量,除因2008年金融危机的影响在2009年第二季度大幅下降外,其余大部分季度都保持稳定的增加态势。在1997年第一季度至2016年第三季度期间,加拿大政府部门及住户部门的初次分配总收入流量先分别从1997年第一季度的170.4亿美元和1492.8亿美元稳定增加到2008年第三季度的434.4亿美元和2649.9亿美元,然后再大幅分别下降到2009年第二季度的377.4亿美元和2608.9亿美元,最近才逐渐恢复并稳定增加到2016年第三季度的527.8亿美元和3447.9亿美元。加拿大政府及住户部门的初次分配总收入均保持稳定增加主要原因是:加拿大在此期间执行严格的金融监管体系,以及在金融危机中不断推出各种有效措施,例如,从1991年开始,加拿大就开始采取严格的通货膨胀目标制以有效长期地保持了比较低的通胀率,以及通过采取降低利率、降低税负、加强空闲人员培训等措施来增加就业机会,确保了经济稳定增长。

金融企业部门的初次分配总收入更具有预知性。从图6-9中可以发现,加拿大非金融企业部门初次分配总收入从1997年第一季度到2008年第三季度即美国爆发次贷危机之前,一直都处于小幅波动逐渐增加的态势,直到2008年第三季度,即美国次贷危机爆发之后才开始

① 此公式中的混合收入包括非农业收入、农业收入和家庭租金收入三部分。

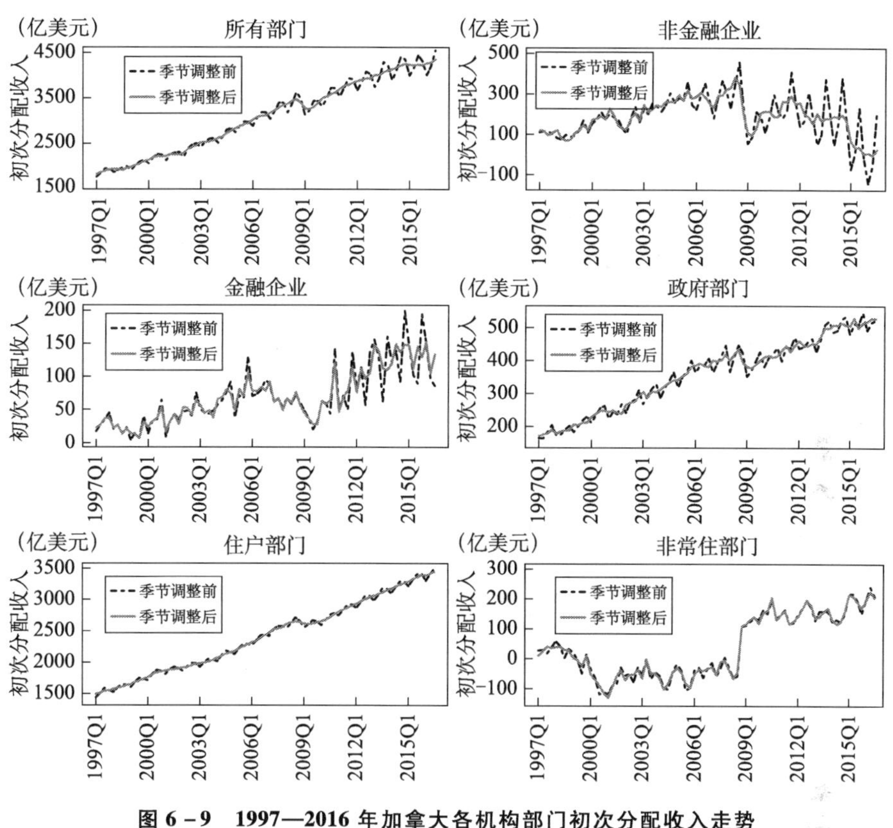

图 6－9　1997—2016 年加拿大各机构部门初次分配收入走势

数据来源：加拿大国家统计局网站，http：//www5. statcan. gc. ca/cansim/a33？lang = eng&spMode = mainTables&themeID = 3764&RT = TABLE.

出现下滑趋势。但是，与非金融企业部门不同，金融企业部门则更有“未卜先知”的预知感觉，在 2008 年美国次贷危机爆发前，金融企业部门初次分配总收入就于 2005 年第四季度开始从 104. 3 亿美元逐渐下降直到 2009 年第四季度的 27. 1 亿美元，说明美国次贷危机爆发前金融企业部门的经济活动已开始逐渐恶化；2010 年以后，经济开始逐渐复苏，金融企业部门初次分配收入则有“春江水暖鸭先知”的感觉，其初次分配总收入于 2010 年初就开始以比 GDP 增速高很多的增速实现逐渐反弹（2010 年第一季度金融企业部门初次分配收入增速度为 28. 9%，GDP 增速度 2. 0%），2016 年第三季度反弹到了 133. 6 亿美元。然而，同期，非金融企业部门初次分配总收入，虽然也转入了一个的反弹期，但非常短暂，随后仍处于长期下降趋势，其下降的主要原因是：非金融企业部门财产净收入负值呈明显扩大的趋势，在2016年第三季度，非金融企业部门财产净收入亏损从2008年第一季度的－284.3亿美元扩大到了－454.4亿美元，扩大幅度达60%之高。

在图6－9中，我们还可以发现，如果从季节调整前的情况来看，企业和政府部门的初次分配总收入存在季节性变化规律，尤其是企业部门2011年以来表现得更加强烈。

2. 加拿大各机构部门季度初次分配总收入比重短期波动特点和长期趋势都比较明显

通过对图6－10的观察，从短期波动特点来看，国内各机构部门季度初次分配总收入比重受季节性因素影响都比较大，其中，企业部门和住户部门从2011年往后季节性变化规律都表现得更加强烈；同样是企业部门和住户部门，其于2008年前后受美国金融危机的影响也比较明显，在美国金融危机爆发期间，企业部门的季度初次分配总收入比重主要表现为下降趋势，而住户部门则表现为抬高趋势。从长期变动趋势来看，企业及政府部门的季度初次分配总收入比重变化趋势大致可以分为两个时间段：第一个时间段为2008年美国金融危机爆发之前，在此期间，企业和政府部门的季度初次分配总收入比重都呈现在波动中提高的趋势，尤其是金融企业和政府部门提高的幅度更加明显；第二个时间段为2008年美国金融危机爆发之后，在此期间，非金融企业与金融企业部门的季度初次分配总收入比重呈“一降一升”趋势，政府部门的则表现为基本保持稳定，住户部门则在2002年第四季度之前均保持在80%上以的较高水平，2003年第一季度以后开始一路下滑，到2011年第二季度达到最低谷（75.1%），然后才开始缓慢反弹至2016年第三季度的79.3%，住户部门初次分配总收入比重出现一路下降的主要原因是：其总初次分配收入中的劳动报酬占比下降，在2002年第四季度之前，绝大部分季度住户部门的劳动报酬占总初次分配收入的比重都在62%以上，而此后则有所下降，最低时2011年第二季度降到了58.1%。

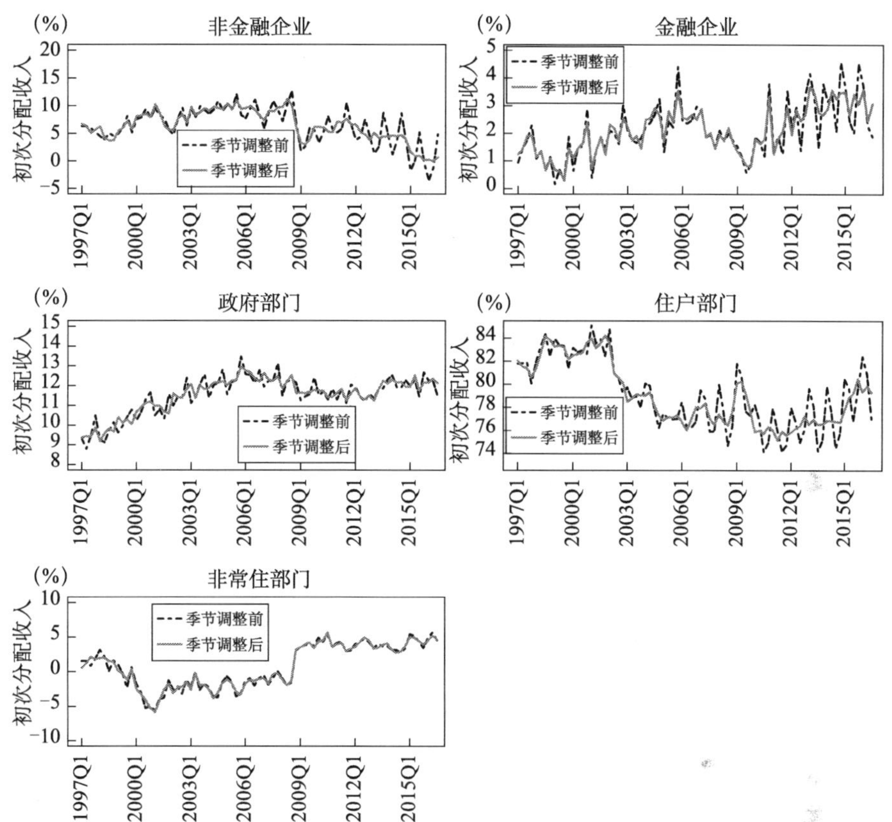

图 6－10　1997—2016 年加拿大各机构部门初次分配总收入比重变化趋势

数据来源：根据加拿大国家统计局网站公布的数据整理。

6.3.2　加拿大国民再次分配收入

1. 加拿大各机构部门的国民分配收入在再次分配前与再次分配后的走势都基本保持一致

与美日可支配收入构成一样，加国各机构部门可支配总收入也都是由初次分配总收入和转移净收入组成，其中转移收入又包括所得税收入、社会缴款和社会福利等交易项目。通过比较图 6－9 和图 6－11 可以发现，在 1997 年第一季度至 2016 年第三季度期间，加拿大进行国民收入再次分配前后，国内各机构部门的分配收入走势基本一致。

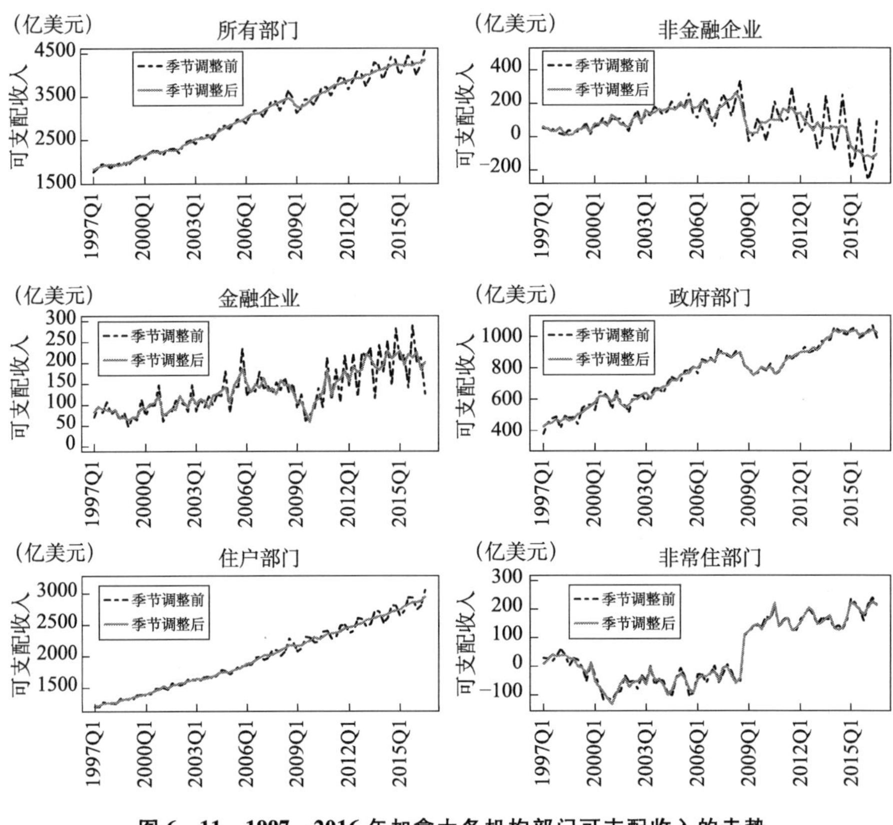

图 6－11　1997—2016 年加拿大各机构部门可支配收入的走势

数据来源：加拿大国家统计局网站，http：//www5. statcan. gc. ca/cansim/a33？lang = eng&spMode = mainTables&themeID = 3764&RT = TABLE.

就企业部门而言，企业部门可支配收入流量走势与其初次分配收入流量走势类似，同样，金融企业部门可支配收入流量比非金融企业部门的可支配收入流量更有预知性。从图 6－11 中可以发现，在 1997 年第一季度至 2008 年第三季度期间，即美国金融危机爆发之前，加拿大非金融企业部门可支配收入一直都处于小幅波动逐渐增加的态势，直到次贷危机爆发之后，才开始出现下滑趋势。但与非金融企业部门不同，在 2008 年美国次贷危机爆发前，金融企业部门可支配收入就于 2005 年第四季度开始从 185.5 亿美元逐渐下降直到 2009 年第四季度的 58.8 亿美元，这说明了美国次贷危机爆发前金融企业部门的经济活动已开始逐渐恶化；2010 年以后，经济开始逐渐复苏，金融企业部门可支配收入也一样有“春江水暖鸭先知”的感觉，其于 2010 年初就开始以比 GDP 增速高很多的增速实现逐渐反弹（2010 年第二季度金融企业部门初次分配收入增速为 11.8%，GDP 增速为 3.4%），2016 年第三季度反弹到了 202.1 亿美元。

除了企业部门外，其他部门可支配收入流量走势也与它们的初次分配收入流走势基本相似。就政府部门而言，在 1997 年第一季度至 2016 年第三季度期间，加拿大政府部门可支配收入，除了因加拿大于 2001 年年底开始实施宽松的财政政策和 2008 年金融危机的影响在 2001 年第四季度和 2009 年第二季度出现较大幅下降外，其余大部分时间都保持小幅波动且逐渐增加的态势。就住户部门而言，在 1997 年第一季度至 2016 年第三季度期间，加拿大住户部门可支配收入一直处于比较平稳的增长态势，但与初次分配总收入相比，其受 2008 年金融危机的影响比较小。就国外部门而言，国外部门可支配收入走势也与其初次分配收入走势类似，在进入 21 世纪之前，国外部门可支配收入走势主要呈下降趋势，进入 21 世纪之后到 2008 年之前，一直保持相对平稳的态势，2008 年金融危机后，陡然跃上一个台阶后保持相对平稳的态势。

2. 加拿大各机构部门的国民收入格局经过再次分配后发生了明显变化

通过对图 6 - 12 的观察，可以发现，在 1997 年第一季度至 2016 年第三季度期间，在再次分配前，金融企业部门和政府部门的平均分配收入（初次的）比重分别为 2.1% 和 11.5%，经过再次分配后，其平均分配收入（可支配的）比重分别变为 4.4% 和 24.9%，分配收入比重都提高了超过 1 倍；相反，在再次分配之前，非金融企业部门和住户部门的平均分配收入（初次的）比重分别为 6.4% 和 79.0%，经过再次分配后，其平均分配收入（可支配的）比重则分别降到了 3.1% 和 64.9%。从国民收入分配格局的变化趋势来看，在 1997 年第一季度至 2016 年第三季度期间，除了政府部门外，其他各机构部门季度可支配收入比重走势与季度初次分配总收入比重走势基本上都是一致的，其中，非金融企业部门可支配收入比重的走势在 2008 年金融危机之前是呈波动中上升的态势，金融危机之后则呈波动中下降的态势；金融企业部门可支配收入比重的走势于 2006 年第一季度之前呈波动中上升的态势，2006 年第二季度至 2009 年第三季度期间呈下降的趋势，2009 年第四季度后则逐渐恢复正常水平；政府部门可支配收入比重的走势呈阶段性地逐渐提高和阶段性地逐渐下降不断自我平衡态势；住户部门可支配收入比重的走势则呈明显的下降趋势。

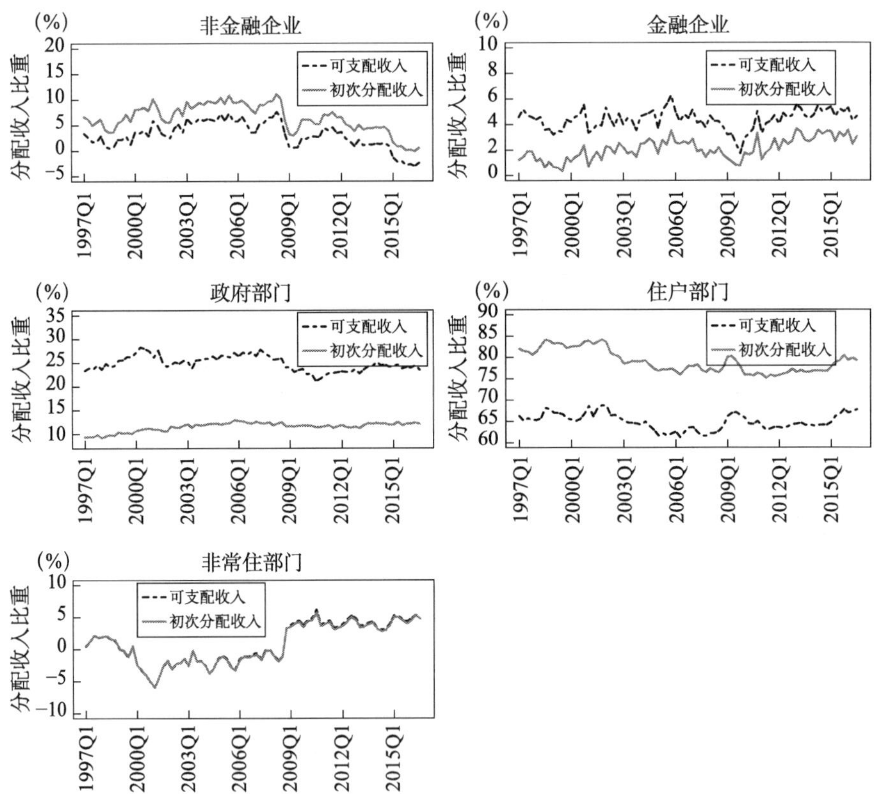

图 6-12　1997—2016 年加拿大各部门初次分配收入比重与可支配收入比重比较

数据来源：根据加拿大国家统计局网站公布的数据整理。

6.4　中国与美国、日本、加拿大国民收入分配的比较

1. 中国住户部门初次分配收入比重偏低

通过对中国与美国、日本和加拿大发达国家各机构部门的初次分配收入比重（已经过季节调整，下同）的比较（见图6－13），可以发现，从变化趋势来看，在2006年第一季度至2014年第四季度期间，中国与美国、日本和加拿大等发达国家各机构部门的初次分配收入比重的变化特点和演变趋势基本一致，其除了企业部门于2008年第四季度前后出现明显异常波动外，其他部门其余时间都保持比较平稳的态势。从初次分配收入比重大小来看，就企业部门而言，在2006年第一季度至2014年第四季度期间，中国企业部门初次分配收入比重略高于日本，而明显高于美国和加拿大，尤其是在2008年后显得更加明显；就政府部门而言，中国政府部门的初次分配收入比重远高于美国、日本和加拿大的初次分配收入比重，高出的幅度分别为13.6个、8.9个和6.1个百分点左右；就住户部门而言，中国住户部门的初次分配收入比重远低于美国、日本和加拿大住户部门的初次分配收入比重，其中比美国低约22个百分点，比日本和加拿大均低约13个百分点。

2. 中国再次分配收入调整幅度变化趋势比较平稳

通过对中国与美国、日本和加拿大各机构部门收入再分配调整幅度进行比较（见图6－14），可以发现，在2006年第一季度至2014年第四季度期间，中国与美国、日本和加拿大等发达国家一样，国民收入经过再次分配以后，各机构部门的分配收入格局均发生了明显变化，其中，政府部门的可支配收入比重比初次分配收入比重明显提高，中国政府部门各季度平均可支配收入比重比初次分配收入比重提高7.0个百分

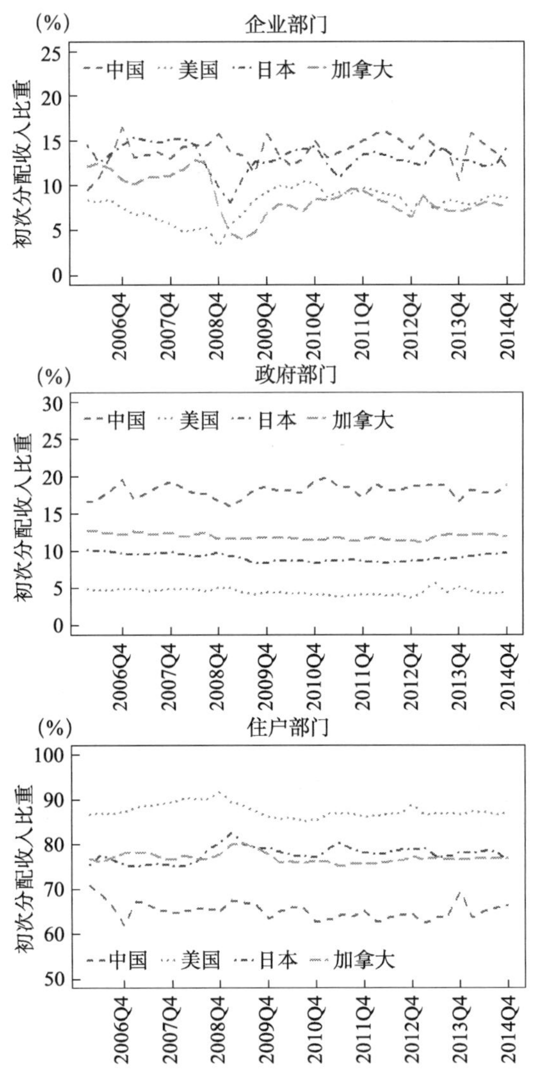

图 6-13　2006—2014 年中国各部门初次分配收入占比与美日等发达国家的比较

数据来源：根据美联储和日本、加拿大的国家统计局网站公布的数据整理。

点，比美国高 0.4 个百分点，比日本和加拿大分别低 0.7 个和 5.4 个百分点；企业部门和住户部门的分配收入比重则出现明显的下调态势，其中，中国企业部门各季度平均可支配收入比重比初次分配收入比重下调 1.6 个百分点，下调的幅度分别比美国、日本和加拿大低 2.1 个、1.1 个和 0.6 个百分点，中国住户部门各季度平均可支配收入比重比初次分配收入比重下调 5.2 个百分点，下调的幅度高于美国和日本 2.5 个和 0.2 个百分点，低于加拿大 7.9 个百分点。从调整幅度变化趋势看，在 2006 年第一季度至 2014 年第四季度期间，中国各机构部门的调整幅度都比较平稳，美国企业部门调整的幅度也都比较平稳，而美国、日本和加拿大政府部门和住户部门以 2008 年为界调整的幅度发生了明显变化，其于 2008 年之前调整的幅度明显比 2008 年后调整的幅度大。

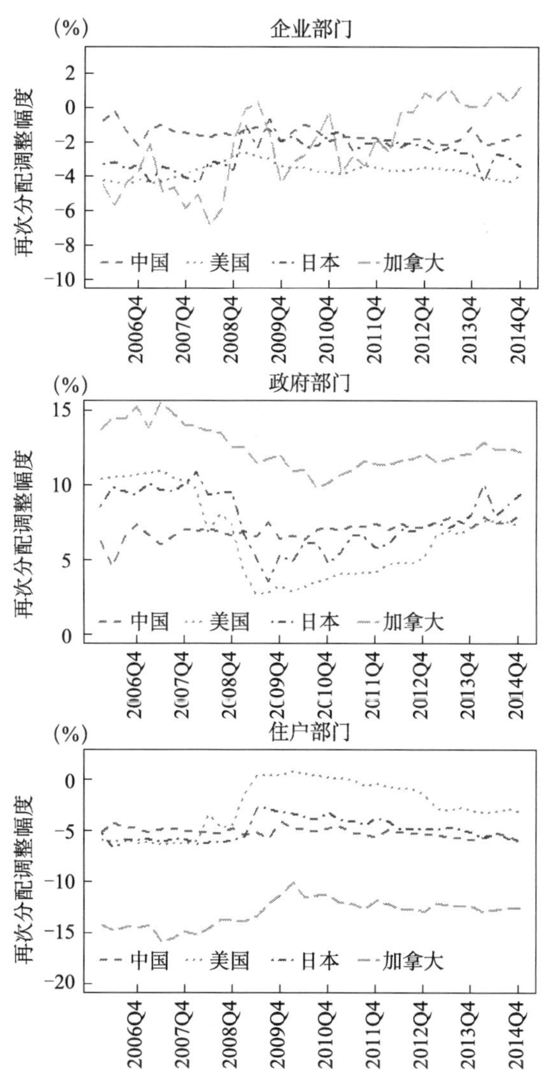

图 6－14　2006—2014 年中国与美日等发达国家各部门再次分配收入调整幅度的比较

数据来源：根据美联储和日本、加拿大的国家统计局网站公布的数据整理。

3. 经过再次分配后，中国住户部门的可支配收入比重仍偏低

通过对中国与美国、日本和加拿大各机构部门可支配收入比重进行比较（见图 6－15），可以发现，从变化趋势来看，在 2006 年第一季度至 2014 年第四季度期间，中国各机构部门的可支配收入比重变化特点

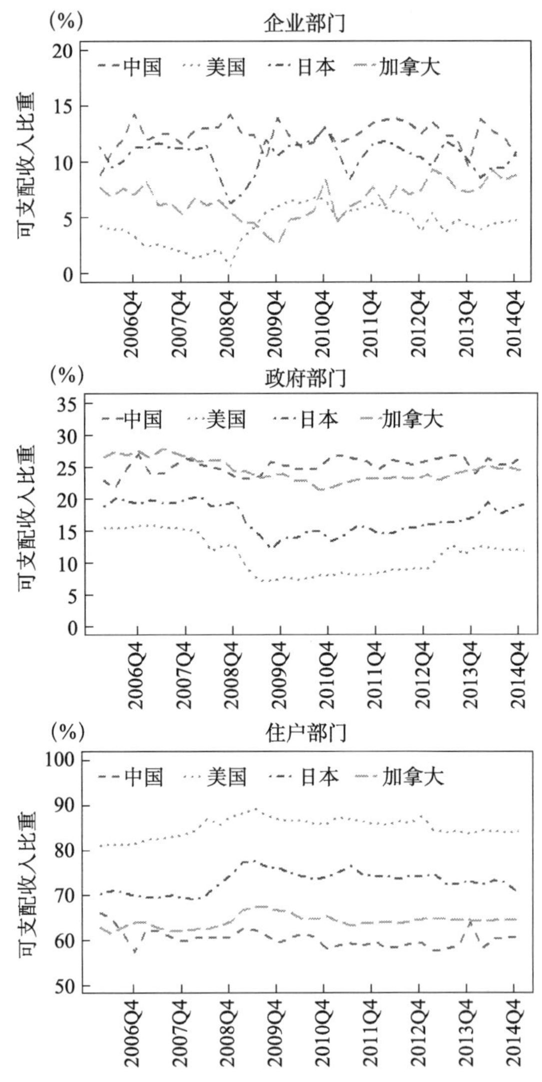

图 6－15　2006—2014 年中国各部门可支配收入占比与美日等发达国家的比较

数据来源：根据美联储和日本、加拿大的国家统计局网站公布的数据整理。

和演变趋势与美国、日本和加拿大等发达国家各机构部门的可支配收入比重变化特点和演变趋势基本一致，其呈现的主要特点为：四国企业部门可支配收入比重的波动都相对比较明显，而政府部门和住户部门的可支配收入比重走势则都比较平稳，唯一不同的是中国政府部门和住户部门的可支配收入比重走势在2008年未发生明显的改变，美国、日本和加拿大的政府部门和住户部门的可支配收入比重走势则在2008年第四季度出现了明显的转折趋势。从可支配收入比重的大小来看，在2006年第一季度至2014年第四季度期间，中国企业部门可支配收入比重均高于美国、日本和加拿大企业部门可支配收入比重，各季度平均高出的幅度分别为8.1个、1.8个和5.7个百分点，中国政府部门的可支配收入比重也高于美国、日本和加拿大政府部门的可支配收入比重，各季度平均高出的幅度分别为14.0个、8.3个和0.7个百分点；中国住户部门的可支配收入比重则远低于美国、日本和加拿大住户部门的可支配收入比重，各季度平均低于美国、日本和加拿大的幅度分别为24.7个、12.8个和3.8个百分点。

4. 中国住户部门初次分配收入中来源于劳动报酬收入的比重偏高

通过对图6-16的观察可以发现，中国、美国、日本和加拿大住户部门初次分配收入中来源于劳动报酬收入的比重都比较高，但中国相对于美国、日本和加拿大要高很多，在2006年第一季度至2014年第四季度期间，中国住户部门初次分配收入中来源于劳动报酬收入各季度的平均比重为83.9%，分别比美国、日本和加拿大高12.1个、3.3个和6.5个百分点，说明中国住户部门的初次分配收入来源比发达国家的更单一，因此，在想方设法提高住户部门初次分配收入在国民收入中的占比时，可以考虑通过提高除劳动报酬以外的财产收入来实现。

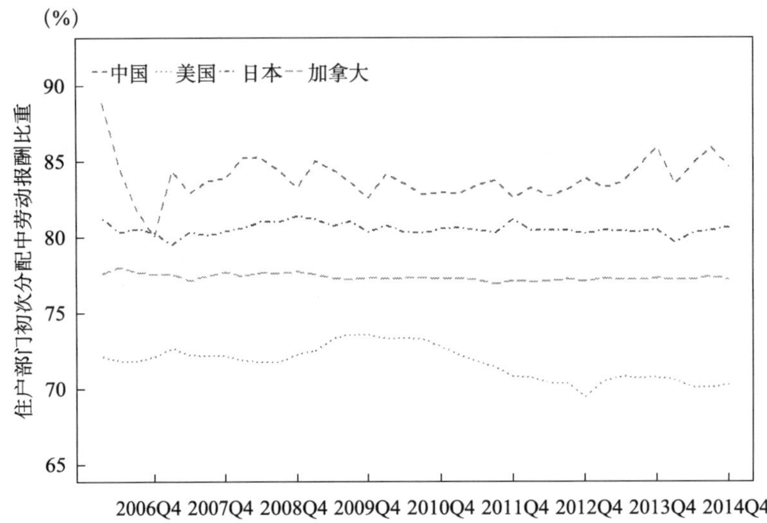

图 6-16 2006—2014 年中国与发达国家住户部门初次分配收入中劳动报酬比重的比较

数据来源：根据美联储和日本、加拿大的国家统计局网站公布的数据整理。

6.5 本章小结

本章主要利用美国、日本和加拿大实物资金流量表历年季度数据，对美国、日本和加拿大宏观收入分配格局的短期波动特点及演变趋势进行研究，根据实物资金流量表季度数据的准确性、及时性、国际可比性、可解释性的数据特征，以国际视角来进一步检验本书编制的中国季度实物资金流量季度表数据的可靠性，同时比较中国国民收入分配与发达国家的差异。

研究结果表明，从发达国家国际视角来看，以捕捉经济活动季节性变化规律为例，本书编制的中国季度实物资金流量表与加拿大和日本季度实物资金流量表一样，基本可以从全局的角度来对经济活动的季节性变化规律做出比较准确的刻画；以跟踪捕捉国家宏观调控和突发经济事件引起的短期经济波动信息情况为例，本书编制的中国季度实物资金流量表也与美国、日本和加拿大季度实物资金流量表一样，可以较准确地对中国的当季经济活动进行衡量，也可以比较灵敏地捕捉到经济的短期波动信息，数据的可解释性也比较强；以数据结构（国民收入分配结构）的逻辑关系为例，中国季度实物资金流量表数据结构的逻辑关系与美国、日本和加拿大数据结构的逻辑关系基本一致，因此，可以认为，本书的中国季度实物资金流量表数据比较科学、可靠。

为此，本章以资金流量表季度数据为基础，更进一步地比较分析中国国民收入与美国、日本和加拿大的差异，结果认为：一是中国住户部门初次分配收入比重偏低，在初次分配中，中国住户部门的国民初次分配收入比重还存在比较大的提升空间；二是中国国民收入在再次分配中向政府部门调整的幅度比日本和加拿大的小，因此，中国可以借鉴日本和加拿大的做法，先提高住户部门的初次分配收入比重，再通过政府部门再次分配的调节作用，实现国民收入公平分配的结果；三是中国住户部门初次分配收入主要来源于劳动报酬收入，来源比较比较单一，因此，可以考虑通过提高除劳动报酬以外的财产收入来实现提高住户部门初次分配在全国国民收入中的占比。

第7章 研究结论与展望

资金流量核算是国民经济核算体系的重要组成部分，资金流量表季度数据对于观察实体经济与金融经济之间的依存关系，分析宏观经济走势具有不可替代的作用。与资金流量表年度数据相比，资金流量表季度数据更能准确地衡量当季的经济活动，更能灵敏地捕捉经济的短期波动信息，同时，季度资金流量表既可以为宏观经济管理者及早发现经济运行中的转折点提供一个可靠的信息平台，也可以为社会各领域经济从业者提供一个及时掌握经济发展变化的“晴雨表”，因此，在经济日趋全球化和经济波动日益频繁和加剧的今天，资金流量表季度数据越来越受到经济研究者的关注。然而遗憾的是，改革开放以来，虽然我国经济体制改革不断深入，经济融入世界的程度不断加大，但我国的季度资金流量表仍然是一块荒芜之地，更谈不上发挥其具有独特优势的用武之地了。鉴于此，本书基于中国的统计现状，以2006—2014年为例，尝试利用已知中国实物资金流量核算年度数据、部门行业季度数据以及动态时间序列分解方法编制出2006—2014年中国季度实物资金流量表，并利用资金流量矩阵分析方法对我国国民收入分配格局的季度波动特点和演变趋势进行研究，重点描述我国各机构部门初次分配环节中的劳动者报酬、生产税净额、财产收入以及再次分配中的经常转移的分配特点。同时，本书还分析考察了20世纪90年代以来美国、日本、加拿大等发达国家国民收入分配格局的季度变化特点和演变趋势，以从国际编制季度实物资金流量表的实践视角来观察本书编制中国季度实物资金流量季度表数据的科学性和可靠性，以及从中探寻出国民收入分配的共同规律，为进一步完善编制我国季度实物资金流量表和国家出台宏观调控政策提供国际参考。

7.1　研究结论

（1）Chow-Lin（AR1）分解模型的分解效果最好。本书经过对国内外有关动态时序分解模型文献的梳理发现，非基于指示变量动态时间序列分解模型对时间序列数据分解效果比较平滑，不适合用于对经济目标变量进行动态时序分解，而基于指示变量动态时间序列分解模型则是以指示变量为协助变量对目标变量进行动态时序分解，分解效果更能灵敏地捕捉目标变量的短期波动信息。然而，不同的基于指示变量动态时间序列分解模型，其分解效果也不同，为此，本书选择 Chow-Lin（AR1）、DRFD、DRSD、DAFD 和 DASD 5 个基于指示变量动态时间序列分解模型，分别对编制中国实物资金流量矩阵表的 34 个目标变量年度数据进行动态时序分解，经过检验比较后发现，在每个目标变量关于 Chow-Lin（AR1）、DRFD、DRSD、DAFD 和 DASD 5 个分解模型分解出的 5 个最终分解结果中，对应于每一种检验标准的检验结果都不一样，但经过综合比较后，我们发现 Chow-Lin（AR1）模型最终分解结果的平均误差仅为 2.3%，分解的效果最好。因此，本书选择 Chow-Lin（AR1）模型作为协助编制我国 2006—2014 年各季度实物资金流量矩阵表的统计估计技术工具。

（2）本书编制出的我国季度实物资金流量矩阵表数据能够及时准确地衡量我国经济活动的基本特征。经过实证分析后发现，本书编制出的我国 2006—2014 年各季度实物资金流量矩阵表数据，不仅能准确及时地反映出我国经济活动的季节性变化规律，而且还能准确及时完整地跟踪我国宏观调控和重大经济事件对我国经济活动的影响。通过对我国 2006—2014 年各季度实物资金流量矩阵表数据的观察可以发现，2006—2014 年，在我国国民收入季度初次分配中，住户部门的劳动者报酬收入、政府部门的生产税净额收入和国内各机构部门的财产收入，国内各机构部门的劳动者报酬支出、生产税净额支出和财产支出，在再次分配中，各机构部门的经常转移收入、转移支出，在可支配收入使用中，住户部门和政府部门的最终消费等交易项目所呈现的明显的季节性规律都基本符合我国经济活动的季节性变化特点；此外，数据进行季节调整后，数据表现出的波动特点与我国政府出台的一系列宏观调控措施和规定性文件的时间节点也基本吻合，如：2008 年 7 月，中央政府根据当年经济形势发展的需要，在财政政策方面，将在 2007 年底中央经济工作会议上定调实行的稳健财政政策调整为积极的财政政策，在货币政策方面，将适度从紧的货币政策改为适度宽松的货币政策，2009 年实施四万亿政府刺激计划，2010 年注重“调结构”“惠民生”的财政政策，2011 年后强调“稳健”和“灵活”的货币政策，以及 2012 年底出台的“中央八项规定”等，在这些宏观经济政策落实时间节点上，从本书编制出的我国季度实物资金流量矩阵表数据变化特点中都可以得到很好的解读，这一方面可以说明本书编制出我国季度实物资金流量表矩阵数据比较真实、可靠，另一方面也说明了其对我国宏观经济政策起到很好的及时的跟踪作用。

（3）中国季度实物资金流量表数据特征与美国、日本、加拿大三国季度实物资金流量表的数据特征基本一致。从捕捉经济活动季节性变化规律来看，本书编制的中国季度实物资金流量表与加拿大和日本季度实物资金流量表一样，基本上可以从全局的角度来对经济活动的季节性变化规律进行比较准确的刻画；从跟踪捕捉国家宏观调控和突发经济事件引起的短期经济波动信息情况来看，本书编制的中国季度实物资金流量表与美国、日本和加拿大季度实物资金流量表的功能一样，可以较准确地对中国的当季经济活动进行衡量，也可以比较灵敏地捕捉到经济的短期波动信息，数据的可解释性也比较强；从数据的结构（国民收入分配结构）逻辑关系来看，虽然中国与美国、日本和加拿大三国实际数据结构有所差异，但数据的结构逻辑关系都是一致的。从国际实践视角来看，本书编制的中国季度实物资金流量表数据比较科学、可靠。

（4）中国国民收入初次分配格局短期波动与美国、日本和加拿大等发达国家相类似，短期波动的幅度都比较大。经过对我国及美国、日本、加拿大等国国民收入季度初次分配格局的分析，结果发现，进行季节调整后，在 2006 年第一季度至 2014 年第四季度期间，我国企业部门、政府部门、住户部门和国外部门的季度初次分配收入占比分别在 9.5%—16.5%之间、16.0%—19.9%之间和 61.9%—71.0%之间波动，美国企业部门、政府部门和住户部门的季度初次分配收入占比分别在 3.2%—10.4%之间、3.7%—5.9%之间、85.1%—91.7%之间波动，日本企业部门、政府部门和住户部门的季度初次分配收入占比分别在 8.1%—15.4%之间、8.3%—10.2%之间、75.1%—82.7%之间波动，加拿大企业部门、政府部门和住户部门的季度初次分配收入占比分别在 4.1%—12.8%之间、11.2%—12.8%之间、75.1%—80.3%之间波动，我国各机构部门的季度初次分配收入波动幅度与美国、日本、加拿大各机构部门的季度初次分配收入波动幅度类似，波动的幅度都比较大。

（5）我国国民初次分配收入结构总体趋势基本保持稳定，但企业部门和住户部门的可支配收入比重则呈“一降一升”态势。经过对我国国民初次分配收入结构系数季度变化趋势的分析结果发现，在 2006 年第一季度至 2014 年第四季度期间，季节调整后，企业部门年内平均初次分配收入比重[①]的波动范围在 12.5%—15.3%之间，政府部门的波动范围在 17.4%—18.5%之间，住户部门的波动范围在 63.6%—66.9%之间，国外部门的波动范围在 2.2%—3.5%之间，各机构部门年内平均初次分配收入比重，除个别年份出现异常外，其余的大体上基本保持稳定的态势；从可支配收入比重变化情况来看，2006—2014 年，企业部门年内平均可支配收入比重呈现波动下降趋势，其波动范围在 19.8%—24.9%之间，住户部门年内平均可支配收入比重呈波动略提高的态势，其波动范围在 58.0%—60.7%之间。

（6）与美国、日本和加拿大相比，在初次分配中，美国、日本和加拿大住户部门的国民初次分配收入比重明显大于中国住户部门的国民初次分配收入比重，在再次分配中，美国、日本和加拿大国民收入向政

---

① 年内平均初次分配收入占比 =（第一季度初次分配收入比重 + 第二季度初次分配收入比重 + 第二季度初次分配收入比重 + 第三季度初次分配收入比重 + 第四季度初次分配收入比重）/4。

府部门调整的幅度也比中国的大。与美国、日本和加拿大相比，2006—2014 年，经过季节调整后，美国、日本和加拿大，其住户部门的季度初次分配收入比重比我国住户部门的季度初次分配收入比重分别平均高约 22 个百分点、13 个百分点和 13 个百分点左右；在再次分配中，美国政府部门季度可支配收入比重比季度初次分配收入比重提高 2. 7—10. 9 个百分点，日本提高 3. 6—10. 8 个百分点，加拿大提高 9. 7—15. 5 个百分点，而我国提高的幅度仅为 4. 6—8. 0 个百分点，我国国民收入再次分配使收入向政府部门调整的平均幅度小于日本和加拿大调整的幅度。

7.2 研究的不足与展望

改革开放以来，我国经济体制改革不断深入，经济融入世界的程度也不断加大，在全球经济波动日益频繁和国际经济形势变化扑朔迷离的今天，本书从动态时间序列分解模型出发，抓住兼具代表性和时效性的指标，就编制我国季度实物资金流量矩阵表展开了深入细致的研究，但限于主客观的原因，研究仍存在不足的地方，这也是今后研究努力完善的方向。

第一，基于指示变量的动态时序分解模型在选择指示变量问题上仍存在一定的主观性。利用基于指示变量的时序分解模型对低频时间序列数据分解转换成高频数据时，其对高频指示变量的依赖性很强，如果指示变量选择不当，最终分解结果可能会存在很大误差。关于指示变量的选择标准，国内外目前都还没有制定出一个统一、大家都普遍接受的选择标准，在实践中对指示变量的选择，则主要从经济学背景和统计方法两个方面考虑，为此，本书从这两个方面尽可能地以国家统计局编制中国年度实物资金流量表使用的《中国实物资金流量表编制方法》为依据选择选择季度指示变量，选择结果比较符合经济学意义，但选择过程上仍存在一定的主观性，这应是后续研究值得关注的问题。

第二，本书编制的我国季度实物资金流量矩阵表的交易项目还比较粗糙。本书编制的我国季度实物资金流量矩阵表，为简化起见，对财产交易部分和经常转移交易部分仅划分为财产收入项目和经常转移收入项目两大类，而没有进一步地细分到利息、分红、租金等财产收入细项和收入税、社会保险缴款、社会保险福利和社会补助等经常转移收入细项。关于这方面的研究将是后续研究的重点。

第三，中国实物资金流量表时效性仍有待提高。对于中国实物资金流量表时效性问题，本书从数据发布频率方面来探索，虽然已经编制出了中国季度实物资金流量表，但编制出来的季度实物资金流量表滞后期仍比较长，为此下一步应该以本书研究的成果为基础，加强收集更丰富的基础资料，结合一些数理统计模型来对滞后期季度数据进行预测，以更完善的中国季度实物资金表来服务中国的经济发展。

第四，基于我国季度实物资金流量矩阵表数据分析我国经济运行问题还不够深入。本书仅基于我国季度实物资金流量矩阵表数据对我国各机构部门的国民收入分配短期变动特点和演变趋势进行描述性分析，分析的深度还不够，后续研究还可以利用季度资金流量矩阵表建立乘数模型，分析各机构部门在国民收入分配过程中的动态依存关系，也可以结合金融资金流量矩阵表来分析实体经济与金融经济之间的动态依存关系等。

参考文献

[1] A Rashid, Z Jehan. Derivation of Quarterly GDP, Investment Spending, and Government Expenditure Figures from Annual Data: The Case of Pakistan [J]. Mpra Paper, 2013. Online at http://mpra.ub.uni-muenchen.de/46937/.

[2] AC Harvey, RG Pierse. Estimating Missing Observations in Economic Time Series [J]. Journal of the American Statistical Association, 1984, 79 (385): 125 – 131.

[3] AC Harvey. Forecasting, Structural Time Series and the Kalman Filter [M]. Cambridge, Cambridge University Press, 1989.

[4] AE Fleming, MM Giugale. Financial systems in transition [M]. Singapore, World Scientific, 2000.

[5] Bain AD. Surveys in applied economics: Flow of funds analysis [J]. Economic Journal, 1973, 83 (332): 1055 – 1093.

[6] Bank of England. An Introduction to Flow-of-Funds Accounting: 1952 – 1970 [S]. London. 1972.

[7] Baoline Chen. An empirical comparison of methods for temporal distribution and interpolation at the national accounts [R]. Bureau of Economic Analysis, 2007.

[8] Basu D, R Vasudevan. Technology, distribution and the rate of profit in the US Economy: Understanding the current crisis [J]. Cambridge Journal of Economics, 2013, 37 (1): 57 – 89.

[9] Beenstock Michael, Felsenstein Daniel. Spatial Vector Auto-regressions [J]. Spatial Economic Analysis, 2007 (2): 167 -196.

[10] Bernhard Winkler, Ad van Riet, Peter Bull. A Flow-of-Funds Perspective on the Financial Crisis volume I: Money, Credit and Sectoral Balance Sheets [M]. New York, Palgrave Macmillan, 2014.

[11] Bernhard Winkler, Ad van Riet, Peter Bull. A Flow-of-Funds Perspective on the Financial Crisis volume II: Macroeconomic Imbalances and Risks to Financial Stability [M]. New York, Palgrave Macmillan, 2014.

[12] Bosworth, Barry, Duesenberry, James S. A flow of Funds Model and its Implications [R]. Boston: Federal Reserve Bank of Boston, Conference Series 10, 1973.

[13] C Almon. The craft of economic modeling [M]. Boston, Ginn Press, 1988.

[14] C Dowson. The Flow of funds Account, the United Nations System of National Accounts, and the developing Countries [R]. In Vincente Galbis, ed., The IMF's Statistical Systems, 401 -411, Washington, DC: International Monetary Fund. 1991a.

[15] C G Chang, TC Liu. Monthly Estimates of Certain National Product Components, 1946 -1949 [J]. The Review of Economics and Statistics, 1951, 33 (3): 219 -227.

[16] C Gourieroux, A Monfort. On the Problem of Missing Data in Linear Models [J]. Review of Economic Studies, 1981, 48 (4): 579 -586.

[17] C Greco. Alcune considerazioni sui criteri di Calcolo di valori trimestrali di tendenza di serie storiche annuali [J]. Annali della Facoltà di Economia e Commercio, 1979 (4): 135 -155.

[18] C Hsiao. Linear Regression Using Both Temporally Aggregated and Temporally Disaggregated Data [J]. Journal of Econometrics, 1979, 10 (2): 243 -252.

[19] C Hsiao. Missing Data and Maximum Likelihood Estimation [J]. Economics Letters, 1980, 6 (3): 249 -253.

[20] CF Ansley, R Kohn. Estimating, Filtering and Smoothing in State Space Models with Incompletely Specified Initial Conditions [J]. Annals of Statistics, 1985, 13 (4): 1286 -1316.

[21] Christiano LJ, M Eichenbaum, C Evans. The effects of monetary policy shocks: Evidence from the flow of funds [J]. Review of Economics and Statistics, 1996, 78 (1): 16 -34.

[22] Copeland MA. A Study of Money flows in the United States [M]. National Bureau of Economic Research, 1952.

[23] Copeland MA. Social Accounting for Money Flow [J]. Accounting Review, 1949, 24 (3): 254 -264.

[24] Copeland MA. Tracing money flows through the American [J]. Economic Review, 1947, 37 (2): 31 -49.

[25] Cour-Thimann, P B Winkler. The ECB's nonstandard monetary policy measures [J]. Oxford Review of Economic Policy, 2012, 28 (4): 765 -803.

[26] D Conniffe. Small-Sample Properties of Estimators of Regression Coefficients Given a Common Pattern of Missing Data [J]. Review of Economic Studies, 1983, 50 (1): 111 -120.

[27] De Bonis, Silvestrini. The effects of financial and real wealth on consumption: New evidence from OECD countries [J]. Applied Financial Economics, 2012, 22 (4 -6): 409 -425.

[28] Di Fonzo. Temporal disaggregation of economic time series: towards a dynamic extension [R]. Department of Science Statistic, University of Pandora, Working Paper, 2002, 17.

[29] DO Stram, WWS Wei. Temporal Aggregation in the ARIMA Process [J]. Journal of Time Series Analysis, 1986, 7 (4): 279 -292.

[30] EG Drettakis. Missing Data in Econometric Estimation [J]. Review of Economic Studies, 1973, 40 (4): 537 -552.

[31] EL Salazar, RJ Smith, R Weale. A Monthly Indicator of GDP [J]. National Institute of Economic Review, 1997 (161): 84 -89.

[32] EL Salazar, RJ Smith, R Weale. Interpolation using a Dynamic Regression Model: Specification and Monte Carlo Properties [J]. National Institute of Economic and Social Research, 1997, 126.

[33] ET Weiler. The Impact of Severe Monetary Restraint on Money Flows [R]. National Bureau of Economic Research, Studies in Income and Wealth, 1962 (26): 239 -262.

[34] Eurostat. Handbook of Quarterly National Accounts [S]. Luxembourg, European Commission, 1999.

[35] L Kuijs. How Will China's Saving-Investment Balance Evolve? [J]. Policy Research Working Paper, 2006, 1 -32 (32).

[36] FC Palm, Th Nijman. Linear Regression Using both Temporally Aggregated and Temporally Disaggregated Data [J]. Journal of Econometrics, 1982, 19 (2 -3): 333 -343.

[37] Friedman BM. Financial Flow Variables and the Short-Run Determination of Long-Term Interest Rates [J]. Journal of Political Economy, 1977, 85 (4): 661 -689.

[38] Friedman BM. Postwar Change in the American Financial Market [M]. The American Economy in Transition. Chicago: University of Chicago Press. 1980a.

[39] Friedman BM. Substitution and Expectation Effects on Long-Term Borrowing Behavior and Long-Term Interest Rates Journal of Money [J]. Credit and Banking, 1979, 11 (2): 131 -150.

[40] Friedman, BM. Changing Effects of Monetary Policy on Real Economic Activity [R]. National Bureau of Economic Research, March 1990.

[41] Friedman, BM. Determination of Long-Term Interest Rates: Implications for Fiscal and Monetary Policies [J]. Journal of Money, Credit, and Banking. 1980b, 12 (2): 331 -352.

[42] Friedman, BM. How important is Disaggregation in Structural Model of Interest Rates Determination [J]. Review of Economic and Statistics, 1980c, 62 (2): 271 -276.

[43] FT Denton. Adjustment of Monthly or Quarterly Series to Annuals Totals: An Approach Based on Quadratic Minimization [J]. Journal of the American Statistical Association, 1971, 66 (333): 99 - 102.

[44] FT Denton. Adjustment of Monthly or Quarterly Series to Annuals Totals: An Approach Based on Quadratic Minimization [J]. Journal of the American Statistical Association, 1971, 66 (333): 99 - 102.

[45] G Gudmundsson. Disaggregation of Annual Flow Data with Multiplicative Trends [J]. Journal of Forecasting, 1999, 18 (1): 33 - 37.

[46] GC Chow, A Lin. Best Linear Unbiased Interpolation, Distribution, and Extrapolation of Time Series By Related Series [J]. The Review of Economics and Statistics, 1971, 53 (4): 372 - 375.

[47] Goldsmith RW, The Flow of Funds in the postwar Economy [M]. Columbia University Press, 1966.

[48] GS Dorrance. Financial Accounting: its Present State and Prospects [J]. International Monetary Fund Staff Papers, 1966, 13 (2): 198 - 228.

[49] GS Dorrance. The Entries in Financial Transactions and Balance Sheet Accounts [J]. Journal of the Royal Statistical Society, 1963, 126: part 3.

[50] GW Mitchell. Interest Rates versus Interest Ceilings in the Allocation of Credit Flows [J]. Journal of Finance, 1967, 22.

[51] HK Heuser. Recent financial changes in western Germany [R]. Federal Reserve Bulletin, 1954.

[52] J Bournay, G Laroque. Réflexions sur le Méthode d'Élaboration des Comptes Trimestriels [J]. Annales de L'Insée, 1979 (36): 3 - 29.

[53] J Durbin, B Quenneville. Benchmarking by State Space Models [J]. International Statistical Review, 1997, 65 (1): 23 - 48.

[54] J M Pavía, B Cabrer, JM Felip. Estimación del VAB Trimestral No Agrario de la Comunidad Valenciana [R]. Valencia, Generalitat Valenciana, 2000.

[55] JC Dowson. A Cyclical Model for postwar U. S Financial Markets

[J]. American Economic Review. 1958 (48): 1475 - 1507.

[56] JC Dowson. A Flow of Funds Analysis for Indonesia, 1989 - 1991 [R]. Jakarta, Prepared on a mission to the Central Bureau of Statistics, funded by USAID, 1994.

[57] JC Dowson. Copeland as Social Accountant [R]. Unpublished paper prepared for the annual meeting of the American Statistical Association. 1991b.

[58] JC Dowson. Flow of Funds Analysis [M]. A Handbook for Practitioners. New York: M. E. Sharpe Press. 1996.

[59] JC Dowson. The Asian crisis and flow-of-funds analysis [J]. Review of Income and Wealth, 2004, 50 (2): 243 - 260.

[60] JC Dowson. Thc financial of State Enterprise in Ghana [R]. Report on a World Bank mission to Ghana, 1977, sec. B, 1 - 5.

[61] JC Dowson. The Flow of funds Account, the United Nations System of National Accounts, and the developing Countries [R]. In Vincente Galbis, ed. , The IMF's Statistical Systems, Washington, DC: International Monetary Fund. 1991c.

[62] JCG Boot, W Feibes, JH Lisman. Further Methods of Derivation of Quarterly Figures from Annual Data [J]. Applied Statistics, 1967, 16 (1): 65 - 75.

[63] JD Sargan, EG Drettakis. Missing Data in an Autoregressive Model [J]. International Economic Review, 1974, 15 (1): 39 - 59.

[64] JHC Lisman, J Sandee. Derivation of Quarterly Figures from Annual Data [J]. Applied Statistics, 1964, 13 (2): 87 - 90.

[65] JM Pavía, LE Vila, R Escuder. On the Performance of the Chow-Lin Procedure for Quarterly Interpolation of Annual Data: Some Monte-Carlo Analysis [J]. Spanish Economic Review, 2003, 5 (4): 291 - 305.

[66] JMC Santos Silva, FN Cardoso. The Chow-Lin Method Using Dynamic Models [J]. Economic Modelling, 2001, 18 (2): 269 - 280.

[67] Jose, Pavía-Miralles. A survey of methods to Interpolate, distrib-

ute and extrapolate time Series [J]. Journal of service science and management, 2010, 3 (4): 449 -463.

[68] JR Schmidt. A General Framework for Interpolation, Distribution and Extrapolation of Time Series by Related Series, In: Regional Econometric Modelling [M]. Boston, Kluwer Nighoff Pub, 1986 (1): 181 -194.

[69] KJ Cohen, M Müller, MW Padberg. Autoregressive Approaches to Disaggregation of Time Series Data [J]. Applied Statistics, 1971, 20 (2): 119 -129.

[70] Klein LR, Goldberger, Arthur S. An econometric model of the United States, 1929 -1952 [M]. Amsterdam: North Holland, 1955.

[71] Klein LR. Some potential linkages for input-output analysis with flow of funds [J]. Economic Systems Research, 2003, 15 (3): 269 -277.

[72] Klein LR. The estimation of Distributed Lags [J]. Econometrica, 1958 (26): 553 -565.

[73] L Hedhili, A Trabelsi. A Polynomial Method for Temporal Disaggregation of Multivariate Time Series [R]. Luxemburg, Office for Official Publications of the European Communities, 2005.

[74] L Zaier, A Trabelsi. Polynomial Method for Temporal Disaggregation of Multivariate Time Series [J]. Communications in Statistics-Simulation and Computation, 2007, 36 (3): 741 -759.

[75] Litterman RB. A random walk, markov model for the distribution of time series [J]. Journal of Business and Economic Statistics, 1983, 1 (2): 169 -173.

[76] LS Berman. Flow of Funds in the United Kingdom [J]. Journal of the Royal Statistical Society, 1965, 128, part 3.

[77] M Balestrieri. The Financial Interdependence of the Economy 1957 - 1966 [R]. Giornale Degli Economisti E Annali Di Economia, 1973 (7 -8): 623 -624.

[78] Masako Tsujimura, Kazusuke Tsujimura. Balance sheet economics of the subprime mortgage crisis [J]. Economic Systems Research, 2003, 1

(23): 1 -25.

[79] MG Dagenais. The Use of Incomplete Observations in Multiple Regression Analysis: A Generalized Least Squares Approach [J]. Journal of Econometrics, 1973, 1 (4): 317 -328.

[80] Mitchell GW. Interest Rates versus Interest Ceilings in the Allocation of Credit Flows [J]. Journal of Finance, 1967, 22.

[81] Mutl Jan. Panel VAR models with spatial dependence [J]. Institute of Advanced Studies, 2008 (12): 1 -23.

[82] P Nasse. Le Système des Comptes Nationaux Trimestrels [J]. Annales de L'Inssée, 1973 (14): 127 -161.

[83] P Nelson, G Gould. The Stochastic Properties of the Income Velocity of Money [J]. American Economic Review, 1974, 64 (3): 405 -418.

[84] Pinkse, Joris, Margaret E, Slade. Contracting in space: an application of spatial statistics to discrete-choice models [J]. Journal of Econometrics, 1998 (85): 125 -154.

[85] R Kohn, CF Ansley. Estimation, Prediction, and Interpolation for ARIMA Models with Missing Data [J]. Journal of the American Statistical Association, 1986, 81 (385): 751 -761.

[86] R Stone. Functions and Criteria of a System of Social Accounting [J]. Review Income and Wealth, 1951, 1 (1) .

[87] R Stone. A Program for Growth (3): Input-Output Relationships 1954 -1966 [M]. Cambridge. 1963.

[88] R Stone. Social Accounting Matrix Models-A Framework for Economic Decisions [R]. London, Models for Discussion, 1965.

[89] R Stone. The social accounts from a consumer's point of view [J]. Review of Income & Wealth, 1966, Series 12.

[90] RB Fernánde. Expectativas Adaptativas vs. Expectativas Racionales en la Determinación de la Inflación y el Empleo [J]. Cuadernos de Economía, 1976, 13 (40): 37 -58.

[91] RB Fernández, A Methodological Note on the Estimation of Time

Series [J]. The Review of Economics and Statistics, 1981, 63 (3): 471 -478.

[92] RB Litterman. A Random Walk, Markov Model for Distribution of Time Series [J]. Journal of Business and Economic Statistics, 1983 (1): 169 - 173.

[93] RH Jones. Maximum Likelihood Fitting of ARMA Models to Time Series with Missing Observations [J]. Technometrics, 1980, 22 (3): 389 - 395.

[94] S Gregoir. Propositions pour une Désagrégation Temporelle Basée sur des Modèles Dynamiques Simples [R]. Luxembourg, Office for Official Publications of the European Communities, 2003.

[95] S Rodríguez-Feijoo, A Rodríguez-Caro, D DávilaQuintana. Methods for Quarterly Disaggregation without Indicators: A Comparative Study Using Simulation [J]. Computational Statistics and Data Analysi, 2003, 43 (1): 63 -78.

[96] S Taylor. An analytic summary of the Flow-of-Funds Accounts [J]. American Economic Review (supplement), 1958, 48.

[97] S Zani. Sui criteri di calcolo dei valori trimestrali di tendenza degli aggregati della contabilitá nazionale [J]. Studi e Ricerche, 1970 (7): 287 -349.

[98] S Taylor. Uses of Flow-of-Funds Accounts in the Federal Reserve System [J]. Journal of Finance, 1963, 18.

[99] Sims CA. Macroeconomics and Reality [J]. Econometrica, 1980, 48: 1 -48.

[100] SN Atkinson. Financial Flows in Recent Business Cycles [J]. Journal of Finance, 1965, 20.

[101] Tilak Abeysinghe, Gulasekaran Rajaguru. Quarterly real GDP estimates for China and ASEAN4 with a forecast evaluation [J]. Journal of Forecasting. 2004, 23 (1): 431 -447.

[102] Tsujimura K, M Mizoshita. Asset-Liability-Matrix Analysis De-

rived from Flow-of-Funds Accounts: The Bank of Japan's Quantitative Monetary Policy Examined [J]. Economic Systems Research, 2003 (15): 51 -67.

[103] Tsujimura K, M Tsujimura. The Consequences of the Introduction of the Euro: A Nested Mixed Effects Analysis of the International Banking Positions [J]. Empirical Economics, 2009 (37): 583 -597.

[104] United Nations. System National Accounts (SNA) [S]. New York, 1993.

[105] United Nations. System National Accounts (SNA) [S]. New York, 2008.

[106] V Gómez, A Maravall. Estimation, Prediction and Interpolation for Nonstationary Series with the Kalman Filter [J]. Journal of the American Statistical Association, 1994, 89 (426): 611 -624.

[107] V Gómez, A Maravall, D Peña. Missing Observations in ARIMA Models: Skipping Strategy versus Additive Outlier Approach [J]. Journal of Econometrics, 1999, 88 (3): 341 -363.

[108] VA Ginsburgh. A Further Note on the Derivation of Quarterly Figures Consistent with Annual Data [J]. Applied Statistics, 1973, 22 (3): 368 -374.

[109] VL Bassie. Economic Forecasting [M]. New York, Mc Graw-Hill, 1958: 653 -661.

[110] VM Guerrero. Temporal Disaggregation of Time Series: An ARIMA-Based Approach [J]. International Statistical Review, 1990, 58 (1): 29 -46.

[111] W Chan. Disaggregation of Annual Time-Series Data to Quarterly Figures: A Comparative Study [J]. Journal of Forecasting, 1993, 12 (8): 677 -688.

[112] WC Hood. Financing Economic Activity in Canada [M]. Ottawa: Queens Printer, 1959.

[113] WWS Wei, DO Stram. Disaggregation of Time Series Models [J]. Journal of the Royal Statististical Society, 1990, Ser. B, 52 (3):

453 - 467.

[114] 巴曙松．从产业转型到金融转型 [M]．北京：北京大学出版社，2009.

[115] 白重恩，钱震杰．谁在挤占居民的收入——中国国民收入分配格局分析 [J]．中国社会科学，2009 (5)：99 - 115.

[116] 贝多广，骆峰．资金流量分析方法的发展和应用 [J]．经济研究，2006 (2)：92 - 103.

[117] 曾五一，许永洪．中国国民经济核算研究 30 年回顾 [J]．统计研究，2010，27 (1)：35 - 41.

[118] 范金，万兴．投入产出表和社会核算矩阵更新研究评述 [J]．数量经济技术经济研究，2007，24 (5)：151 - 160.

[119] 郭浩．对中国资金流量表的分析 [J]．财经科学，2001 (4)：16 - 20.

[120] 国家统计局．中国实物资金流量表编制方法方案 [S]．2013.

[121] 河北省国民经济核算委员会办公室．资金流量核算理论与实践 [M]．北京：中国统计出版社，1992.

[122] 侯瑜．社会核算矩阵的构建方法及平滑技术 [J]．统计与信息论坛，2004，19 (3)：24 - 28.

[123] 侯瑜．社会核算矩阵 (SAM) 核算乘数的衍生及路径分析 [J]．财经理论研究，2004 (3)：18 - 21.

[124] 胡秋阳．投入产出式资金流量表和资金关联模型 [J]．数量经济技术经济研究，2010 (3)：133 - 146.

[125] 蒋萍，贾帅帅．基于矩阵式资金流量表的涉外交易考察 [J]．统计研究，2012，(29) 4：58 - 65.

[126] 凯恩斯．就业、利息和货币通论 [M]．北京：商务印书馆，1981.

[127] 康磊．时间序列分解模型及其在宏观经济数据统计分析中的运用 [D]．北京：中央财经大学，2014.

[128] 孔丹凤，吉野直行．中国部门间资金流动的特点与模式：基于资金流量金融表的分析 [J]．上海金融研究，2009 (9)：11 - 14.

［129］李宝瑜．国民经济核算与分析［M］．北京：中国统计出版社，1994.

［130］李宝瑜．中国国民收入流量表研究［J］．统计研究，2001（6）：14－18.

［131］李宝瑜，李原．资金流量表模型体系的建立与应用［J］．统计研究，2014，31（4）：3－12.

［132］李宝瑜，马克卫．中国社会核算矩阵延长表编制模型研究［J］．统计研究，2014，31（1）：23－32.

［133］李宝瑜，张帅．我国部门间金融资金流量表的编制与分析［J］．统计研究，2009，26（12）：3－10.

［134］李宝瑜，张帅．我国部门间收入流量测算及特征分析［J］．统计研究，2007，24（11）：3－7.

［135］李宝瑜，周南南．国民收入流量矩阵的编制与预测方法研究［J］．统计研究，2012，29（8）：51－57.

［136］李宝瑜等．中国社会核算矩阵研究［M］．北京：中国统计出版社，2015.

［137］李扬，殷剑峰．中国高储蓄率问题探究——基于1992—2003中国资金流量表的分析［J］．经济研究，2007（6）：14－26.

［138］李扬．中国开放过程中的资金流动［J］．经济研究，1998（2）：14－24.

［139］联合国统计委员会．所有经济活动的国际标准产业分类——第四版（ISIC）［S］．2009.

［140］梁东黎．资金流量表的二重结构与我国初次分配格局的产业结构分析［J］．南开经济研究，2011（1）：38－53.

［141］林光平，龙志和，吴梅．我国地区经济收敛的空间计量实证分析：1978—2002年［J］．经济学季刊，2005（4）：67－82.

［142］凌宗论．美国经济衰退与资本主义经济周期［J］．当代经济研究，2001（12）：51－52.

［143］刘扬．现阶段我国国民收入分配格局实证分析［J］．财贸经济，2002（11）：64－68.

[144] 刘元春 . 2012—2013 年中国宏观经济报告 [M]. 北京：北京大学出版社，2013.

[145] 罗传健 . 欧洲主权债务危机及其对中欧贸易的影响研究 [J]. 国际贸易问题，2011 (12)：3 - 9.

[146] 罗煜，贝多广 . 中国资金流量金融交易账户编制的问题及改进建议 [R]. 工作论文，2012.

[147] 罗煜，贝多广 . 资金流量方法的最新进展 [J]. 经济学动态，2015，(2)：87 - 97.

[148] 裴桂芬 . 从资金流量表看日本间接金融体制的变化 [J]. 国际金融研究，2008 (6)：20 - 26.

[149] 彭志龙 . 我国宏观收入分配核算概念的界定、难点及改进思路 [J]. 统计研究，2012，29 (1)：4 - 8.

[150] 石小玉 . 资金流量运用模型，世界经济统计研究新进展 [M]. 北京：中央广播电视大学出版社，2002.

[151] 宋耀，田华 . 美国经济衰退原因及前景预测 [J]. 管理科学，2002，15 (5)：78 - 80.

[152] 万兴，胡汉辉 . 1997—2002 年中国经济社会结构的研究——基于社会核算矩阵更新的分析 [J]. 统计研究，2007，24 (11)：15 - 21.

[153] 王燕 . 基于资金流量表的我国政府储蓄分析 [J]. 财政研究，2013 (5)：37 - 40.

[154] 魏众 . 2000—2011 年中国宏观分配格局中的问题分析——基于资金流量表分析 [J]. 经济学动态，2014 (11)：8 - 14.

[155] 许宪春 . 经济分析与统计解读 (2012—2013) [M]. 北京：北京大学出版社，2013.

[156] 许宪春 . 中国资金流量分析 [J]. 金融研究，2002 (9)：18 - 33.

[157] 许宪春 . 准确理解中国的收入、消费和投资 [J]. 中国社会科学，2013 (2)：4 - 24.

[158] 薛敬孝 . 1990 年以来的日本经济增长分析 [J]. 南开学报 (哲学社会科学版)，2005 (1)：90 - 96.

［159］薛俊波，王铮．基于 CGE 模型的中国农民工就业问题模拟分析［J］．中国农业大学学报（社会科学版），2007，24（3）：128－139.

［160］薛俊波，王铮．中国 17 部门资本存量的核算研究［J］．统计研究，2007，24（7）：49－54.

［161］杨灿．国民经济统计学——国民经济核算原理［M］．北京：科学出版社，2008.

［162］应展宁．存量视角下的中国金融中介比率测度：1992—2006 年［J］．经济理论与经济管理，2009（4）：49－55.

［163］余少谦．资金流量表分析方法研究的评述［J］．福建金融管理干部学院学报，2007（4）：28－32.

［164］余文建，傅勇．资金流量表视角下的货币政策：国际实践及其在中国的潜在应用［J］．国际金融研究，2012（7）：12－19.

［165］张南．中国的对外资金循环与外汇储备的结构性问题［J］．数量经济技术经济研究，2009（9）：18－31.

［166］张南．矩阵式资金流量表与风险波及测算［J］．统计研究，2013，30（6）：67－77.

［167］张南．国际资金循环分析的理论与统计观测体系［J］．统计研究，2006，23（3）：12－21.

［168］张南．中国资金循环分析的理论与实践［M］．北京：北京大学出版社，2014.

［169］张南．中日对外资金循环的比较与展望——国际资金循环分析的理论模型与应用［J］．统计研究，2007，24（10）：74－73.

［170］张晓芳，石柱鲜，黄梅．基于社会核算矩阵的中国收入再分配效应分析［J］．财贸研究，2011，22（2）：1－7.

［171］仲伟合，唐小松．加拿大蓝皮书：加拿大发展报告（2015）［M］．北京：社会科学文献出版社，2015.

［172］周南南，李宝瑜．中国国民收入核算矩阵的编制与应用研究［M］．北京：经济科学出版社，2015.

［173］周焯华．社会核算矩阵的建立和平衡——交互熵方法［J］．数学的实践与认识，2004，34（12）：100－106.

附录

附表 1 **2006 年第一季度中国实物资金流量矩阵表** 单位：亿元

指标		部门						初次分配收入			再次分配收入	增加值				总收入
		非金融	金融	政府	住户	国外	合计	劳动者报酬	生产税净额	财产性	转移性收入	劳动者报酬	生产税净额	营业盈余	合计	
部门	非金融企业									2119	144	11683	6228	11367	29279	31542
	金融									3156	267	620	252	1589	2461	5884
	政府								6806	658	4239	4261	25	258	4544	16247
	住户							20848		1831	2794	4257	300	5794	10351	35825
	国外							45		840	68					953
	合计							20893	6806	8605	7511	20821	6806	19008	46635	90450
初次分配支出	劳动者报酬	11683	620	4261	4257	72	20893									
	生产税净额	6228	252	25	300		6806									
	财产性支出	3630	3301	438	425	811	8605									
再次分配支出	转移支出	1412	311	2347	2880	561	7511									
可支配收入	居民消费				22023	0	22023									
	政府消费			5680			5680									
	储蓄	8588	1400	3495	5939	-491	18931									
总支出		31542	5884	16247	35825	953	90450									

附表 2

2006 年第二季度中国实物资金流量矩阵表

单位：亿元

指标		部门						初次分配收入			再次分配收入	增加值				总收入
		非金融	金融	政府	住户	国外	合计	劳动者报酬	生产税净额	财产性	转移性收入	劳动者报酬	生产税净额	营业盈余	合计	
部门	非金融企业									2406	169	11091	6370	15999	33460	36035
	金融									3001	303	606	224	1434	2265	5569
	政府								6981	769	5886	3677	24	693	4394	18031
	住户							23563		2007	4492	8152	363	3930	12445	42507
	国外							47		1425	73					1545
	合计							23610	6981	9609	10923	23526	6981	22057	52564	103686
初次分配支出	劳动者报酬	11091	606	3677	8152	84	23610									
	生产税净额	6370	224	24	363	0	6981									
	财产性支出	4026	3708	480	482	914	9609									
再次分配支出	转移支出	2125	1015	4414	2736	633	10923									
可支配收入	居民消费				18380	0	18380									
	政府消费			6523			6523									
	储蓄	12423	15	2913	12396	-86	27661									
总支出		36035	5569	18031	42507	1545	103686									

附表 3

2006 年第三季度中国实物资金流量矩阵表

单位：亿元

指标		部门						初次分配收入			再次分配收入	增加值				总收入
		非金融	金融	政府	住户	国外	合计	劳动者报酬	生产税净额	财产性	转移性收入	劳动者报酬	生产税净额	营业盈余	合计	
部门	非金融企业									2532	182	11666	6182	16698	34546	37261
	金融									3525	255	665	250	1461	2376	6156
	政府								6915	834	4189	3581	24	754	4359	16298
	住户							27249		2113	2420	11299	460	2433	14192	45973
	国外							47		1095	71					1213
	合计							27296	6915	10100	7117	27212	6915	21346	55473	106901
初次分配支出	劳动者报酬	11666	665	3581	11299	84	27296									
	生产税净额	6182	250	24	460		6915									
	财产性支出	4201	3923	501	507	967	10100									
再次分配支出	转移支出	1359	384	1998	2783	593	7117									
可支配收入	居民消费				21244	0	21244									
	政府消费			6727			6727									
	储蓄	13852	934	3467	9680	-432	27502									
总支出		37261	6156	16298	45973	1213	106901									

附表 4

2006 年第四季度中国实物资金流量矩阵表

单位：亿元

指标		部门						初次分配收入			再次分配收入	增加值				总收入
		非金融	金融	政府	住户	国外	合计	劳动者报酬	生产税净额	财产性	转移性收入	劳动者报酬	生产税净额	营业盈余	合计	
部门	非金融企业									2290	193	16306	6368	16117	38791	41274
	金融									2634	264	1199	262	1389	2850	5748
	政府								6894	697	4319	4030	28	605	4663	16573
	住户							35423		1858	2204	13831	237	2613	16681	56167
	国外							47		1213	68					1329
	合计							35470	6894	8692	7050	35366	6894	20724	62985	121091
初次分配支出	劳动者报酬	16306	1199	4030	13831	104	35470									
	生产税净额	6368	262	28	237		6894									
	财产性支出	3537	2982	413	447	1313	8692									
再次分配支出	转移支出	1297	299	1533	3190	730	7050									
可支配收入	居民消费				22472	0	22472									
	政府消费			11845			11845									
	储蓄	13766	1006		15989	-819	28667									
总支出		41274	5748	16573	56167	1329	121091									

附表 5

2007 年第一季度中国实物资金流量矩阵表

单位：亿元

指标		部门						初次分配收入			再次分配收入	增加值				总收入
		非金融	金融	政府	住户	国外	合计	劳动者报酬	生产税净额	财产性	转移性收入	劳动者报酬	生产税净额	营业盈余	合计	
部门	非金融企业									3177	179	13386	7537	13929	34852	38208
	金融									4382	354	996	426	2301	3724	8461
	政府								8283	830	5386	4444	33	1026	5503	20003
	住户							23800		2721	2981	4912	288	7373	12573	42075
	国外							51		881	90					1023
	合计							23851	8283	11992	8991	23738	8283	24630	56652	109769
初次分配支出	劳动者报酬	13386	996	4444	4912	113	23851									
	生产税净额	7537	426	33	288		8283									
	财产性支出	4772	4980	597	587	1056	11992									
再次分配支出	转移支出	1768	353	2407	3804	658	8991									
可支配收入	居民消费				22472	0	22472									
	政府消费			6106			6106									
	储蓄	10746	1704	6416	6188	−804	24250									
总支出		38208	8461	20003	42075	1023	109769									

附表 6

2007 年第二季度中国实物资金流量矩阵表

单位：亿元

指标		部门						初次分配收入			再次分配收入	增加值				总收入
		非金融	金融	政府	住户	国外	合计	劳动者报酬	生产税净额	财产性	转移性收入	劳动者报酬	生产税净额	营业盈余	合计	
部门	非金融企业									3380	194	13301	7694	19378	40373	43947
	金融									4012	388	1020	461	2202	3683	8082
	政府								8967	924	8251	4315	29	965	5309	23451
	住户							28256		2740	6010	9549	784	4946	15279	52284
	国外							46		1304	98					1448
	合计							28302	8967	12360	14941	28185	8967	27492	64644	129213
初次分配支出	劳动者报酬	13301	1020	4315	9549	117	28302									
	生产税净额	7694	461	29	784		8967									
	财产性支出	4841	5054	614	614	1236	12360									
再次分配支出	转移支出	2902	1548	5856	3821	814	14941									
可支配收入	居民消费				21428	0	21428									
	政府消费			8061			8061									
	储蓄	15209		4576	16089	-719	35155									
总支出		43947	8082	23451	52284	1448	129213									

附表 7　　2007 年第三季度中国实物资金流量矩阵表　　单位：亿元

指标		部门						初次分配收入			再次分配收入	增加值				总收入
		非金融	金融	政府	住户	国外	合计	劳动者报酬	生产税净额	财产性	转移性收入	劳动者报酬	生产税净额	营业盈余	合计	
部门	非金融企业									3567	207	13842	7564	20387	41793	45566
	金融									4230	315	1113	480	2298	3891	8437
	政府								9178	995	5488	4748	30	588	5366	21027
	住户							33958		2770	2871	14170	1104	2470	17744	57343
	国外							49		1259	118					1427
	合计							34007	9178	12822	8999	33873	9178	25742	68793	133800
初次分配支出	劳动者报酬	13842	1113	4748	14170	134	34007									
	生产税净额	7564	480	30	1104		9178									
	财产性支出	4950	5001	643	654	1575	12822									
再次分配支出	转移支出	1809	484	2194	3662	851	8999									
可支配收入	居民消费				24988	0	24988									
	政府消费			8322			8322									
	储蓄	17401	1359	5091	12765	-1133	35483									
总支出		45566	8437	21027	57343	1427	133800									

附表 8　**2007 年第四季度中国实物资金流量矩阵表**　单位：亿元

指标		部门						初次分配收入			再次分配收入	增加值				总收入
		非金融	金融	政府	住户	国外	合计	劳动者报酬	生产税净额	财产性	转移性收入	劳动者报酬	生产税净额	营业盈余	合计	
部门	非金融企业									3139	255	19291	7794	20700	47785	51179
	金融									2501	295	1680	466	1729	3875	6672
	政府								8857	856	5269	5582	36	161	5779	20761
	住户							44259		2408	2793	17595	561	2335	20492	69952
	国外							44		2101	115					2260
	合计							44303	8857	11006	8727	44148	8857	24925	77930	150823
初次分配支出	劳动者报酬	19291	1680	5582	17595	155	44303									
	生产税净额	7794	466	36	561		8857									
	财产性支出	4078	3830	559	577	1961	11006									
再次分配支出	转移支出	1674	508	2083	3543	920	8727									
可支配收入	居民消费				27081	0	27081									
	政府消费			14157			14157									
	储蓄	18342	188		20596	−776	36692									
总支出		51179	6672	20761	69952	2260	150823									

附表 9　　2008 年第一季度中国实物资金流量矩阵表　　单位：亿元

指标		部门						初次分配收入			再次分配收入	增加值				总收入
		非金融	金融	政府	住户	国外	合计	劳动者报酬	生产税净额	财产性	转移性收入	劳动者报酬	生产税净额	营业盈余	合计	
部门	非金融企业									4123	302	16877	9475	17166	43518	47943
	金融									5793	412	1285	570	2654	4509	10714
	政府								10686	1373	7430	5323	38	1119	6480	25969
	住户							29393		3267	4479	5796	603	7839	14238	51377
	国外							49		899	123					1070
	合计							29442	10686	15454	12746	29281	10686	28777	68745	137073
初次分配支出	劳动者报酬	16877	1285	5323	5796	161	29442									
	生产税净额	9475	570	38	603		10686									
	财产性支出	5688	6145	883	802	1936	15454									
再次分配支出	转移支出	2509	469	3563	5245	960	12746									
可支配收入	居民消费				29907	0	29907									
	政府消费			7369			7369									
	储蓄	13393	2245	8793	9024	－1987	31468									
总支出		47943	10714	25969	51377	1070	137073									

附表 10 **2008 年第二季度中国实物资金流量矩阵表** 单位：亿元

指标		部门						初次分配收入			再次分配收入	增加值				总收入
		非金融	金融	政府	住户	国外	合计	劳动者报酬	生产税净额	财产性	转移性收入	劳动者报酬	生产税净额	营业盈余	合计	
部门	非金融企业									4281	341	16519	9335	24943	50797	55419
	金融									5637	419	1328	552	2514	4394	10450
	政府								10600	1534	11475	5069	36	1080	6185	29794
	住户							34711		3351	8852	11683	678	4801	17162	64075
	国外							44		1398	172					1615
	合计							34755	10600	16202	21259	34599	10600	33338	78537	161353
初次分配支出	劳动者报酬	16519	1328	5069	11683	155	34755									
	生产税净额	9335	552	36	678		10600									
	财产性支出	5916	6478	950	842	2014	16202									
再次分配支出	转移支出	3929	2664	8911	4832	922	21259									
可支配收入	居民消费				25847	0	25847									
	政府消费			9434			9434									
	储蓄	19720		5394	20193	-1477	43256									
总支出		55419	10450	29794	64075	1615	161353									

附表 11

2008 年第三季度中国实物资金流量矩阵表

单位：亿元

指标		部门						初次分配收入			再次分配收入	增加值				总收入
		非金融	金融	政府	住户	国外	合计	劳动者报酬	生产税净额	财产性	转移性收入	劳动者报酬	生产税净额	营业盈余	合计	
部门	非金融企业									4339	347	17300	8802	25044	51147	55833
	金融									5757	343	1294	508	2797	4599	10700
	政府								9916	1585	6695	5348	36	880	6264	24461
	住户							40344		3471	3060	16288	570	2757	19616	66490
	国外							49		1577	174					1800
	合计							40393	9916	16729	10619	40231	9916	31478	81626	159284
初次分配支出	劳动者报酬	17300	1294	5348	16288	162	40393									
	生产税净额	8802	508	36	570		9916									
	财产性支出	6145	7062	991	867	1663	16729									
再次分配支出	转移支出	2199	459	2275	4795	891	10619									
可支配收入	居民消费				28716	0	28716									
	政府消费			8959			8959									
	储蓄	21386	1377	6851	15253	-916	43950									
总支出		55833	10700	24461	66490	1800	159284									

附表 12　　**2008 年第四季度中国实物资金流量矩阵表**　　单位：亿元

指标		部门						初次分配收入			再次分配收入	增加值				总收入
		非金融	金融	政府	住户	国外	合计	劳动者报酬	生产税净额	财产性	转移性收入	劳动者报酬	生产税净额	营业盈余	合计	
部门	非金融企业									3603	360	23447	7602	23315	54364	58327
	金融									4386	332	2044	498	2269	4811	9530
	政府								8336	1272	5085	6325	38	246	6608	21301
	住户							50566		2953	2510	18642	197	3222	22061	78090
	国外							48		1715	185					1947
	合计							50614	8336	13929	8473	50457	8336	29052	87844	169195
初次分配支出	劳动者报酬	23447	2044	6325	18642	157	50614									
	生产税净额	7602	498	38	197		8336									
	财产性支出	5073	5767	843	732	1515	13929									
再次分配支出	转移支出	1872	284	1981	3458	877	8473									
可支配收入	居民消费				30868	0	30868									
	政府消费			16645			16645									
	储蓄	20333	936		24194	-602	40331									
总支出		58327	9530	21301	78090	1947	169195									

附表 13　　2009 年第一季度中国实物资金流量矩阵表　　单位：亿元

指标		部门						初次分配收入			再次分配收入	增加值				总收入
		非金融	金融	政府	住户	国外	合计	劳动者报酬	生产税净额	财产性	转移性收入	劳动者报酬	生产税净额	营业盈余	合计	
部门	非金融企业									4055	248	17495	8921	18549	44965	49268
	金融									5968	550	1530	689	3049	5268	11786
	政府								9683	1528	7397	5969	36	1372	7377	25985
	住户							31954		3367	4461	6871	36	8727	15634	55416
	国外							38		1621	201					1859
	合计							31992	9683	16538	12857	31864	9683	31696	73243	144313
初次分配支出	劳动者报酬	17495	1530	5969	6871	128	31992									
	生产税净额	8921	689	36	36		9683									
	财产性支出	6544	6816	1028	817	1334	16538									
再次分配支出	转移支出	2098	471	3770	5854	664	12857									
可支配收入	居民消费				32585	0	32585									
	政府消费			8548			8548									
	储蓄	14210	2280	6634	9253	-267	32110									
总支出		49268	11786	25985	55416	1859	144313									

附表 14　　2009 年第二季度中国实物资金流量矩阵表　　单位：亿元

指标		部门						初次分配收入			再次分配收入	增加值				总收入
		非金融	金融	政府	住户	国外	合计	劳动者报酬	生产税净额	财产性	转移性收入	劳动者报酬	生产税净额	营业盈余	合计	
部门	非金融企业									4144	228	17457	9476	25238	52171	56543
	金融									5587	621	1405	690	3170	5266	11474
	政府								10533	1700	11092	5916	37	1144	7096	30421
	住户							37522		3250	8425	12651	331	6092	19074	68270
	国外							38		2172	200					2410
	合计							37560	10533	16853	20565	37430	10533	35644	83607	169118
初次分配支出	劳动者报酬	17457	1405	5916	12651	130	37560									
	生产税净额	9476	690	37	331		10533									
	财产性支出	6769	6563	1053	839	1629	16853									
再次分配支出	转移支出	3374	2543	8480	5464	705	20565									
可支配收入	居民消费				28474	0	28474									
	政府消费			9955			9955									
	储蓄	19468	273	4981	20512	－55	45178									
总支出		56543	11474	30421	68270	2410	169118									

附表 15　　**2009 年第三季度中国实物资金流量矩阵表**　　单位：亿元

指标		部门						初次分配收入			再次分配收入	增加值				总收入
		非金融	金融	政府	住户	国外	合计	劳动者报酬	生产税净额	财产性	转移性收入	劳动者报酬	生产税净额	营业盈余	合计	
部门	非金融企业									4169	237	18337	9706	26179	54223	58628
	金融									5691	577	1494	685	3361	5540	11808
	政府								10917	1794	8704	6244	39	881	7164	28580
	住户							43796		3289	5335	17587	486	3928	22001	74421
	国外							38		2269	213					2520
	合计							43834	10917	17212	15066	43662	10917	34349	88928	175957
初次分配支出	劳动者报酬	18337	1494	6244	17587	172	43834									
	生产税净额	9706	685	39	486		10917									
	财产性支出	6877	6833	1067	893	1543	17212									
再次分配支出	转移支出	2359	1446	4835	5703	723	15066									
可支配收入	居民消费				31621	0	31621									
	政府消费			9905			9905									
	储蓄	21350	1351	6489	18131	81	47402									
总支出		58628	11808	28580	74421	2520	175957									

附表 16　**2009 年第四季度中国实物资金流量矩阵表**　单位：亿元

指标		部门						初次分配收入			再次分配收入	增加值				总收入
		非金融	金融	政府	住户	国外	合计	劳动者报酬	生产税净额	财产性	转移性收入	劳动者报酬	生产税净额	营业盈余	合计	
部门	非金融企业									3372	257	25766	10385	24672	60822	64452
	金融									4571	522	2462	648	2614	5724	10917
	政府								10807	1435	6281	7246	48	239	7533	26056
	住户							56960		2619	3994	21314	-273	4732	25773	89346
	国外							26		1776	137					1939
	合计							56986	10807	13873	11191	56787	10807	32257	99851	192709
初次分配支出	劳动者报酬	25766	2462	7246	21314	199	56986									
	生产税净额	10385	648	48	-273		10807									
	财产性支出	5443	4562	873	736	2259	13873									
再次分配支出	转移支出	2242	300	3439	4389	820	11191									
可支配收入	居民消费				33981	0	33981									
	政府消费			18025			18025									
	储蓄	20615	2945		29199	-1339	47846									
总支出		64452	10917	26056	89346	1939	192709									

附表 17 **2010 年第一季度中国实物资金流量矩阵表** 单位：亿元

指标		部门						初次分配收入			再次分配收入	增加值				总收入
		非金融	金融	政府	住户	国外	合计	劳动者报酬	生产税净额	财产性	转移性收入	劳动者报酬	生产税净额	营业盈余	合计	
部门	非金融企业									4487	208	19864	11819	21470	53153	57848
	金融									7381	758	1882	807	3567	6256	14396
	政府								13099	1903	9232	6454	50	1566	8070	32304
	住户							36608		3760	6333	8242	423	10490	19154	65856
	国外							26		2316	148					2490
	合计							36634	13099	19848	16678	36442	13099	37093	86634	172893
初次分配支出	劳动者报酬	19864	1882	6454	8242	192	36634									
	生产税净额	11819	807	50	423		13099									
	财产性支出	7786	8070	1203	1003	1785	19848									
再次分配支出	转移支出	2677	699	6083	6458	761	16678									
可支配收入	居民消费				38197	0	38197									
	政府消费			9312			9312									
	储蓄	15702	2937	9201	11532	-248	39125									
总支出		57848	14396	32304	65856	2490	172893									

附表 18　　**2010 年第二季度中国实物资金流量矩阵表**　　单位：亿元

指标		部门						初次分配收入			再次分配收入	增加值				总收入
		非金融	金融	政府	住户	国外	合计	劳动者报酬	生产税净额	财产性	转移性收入	劳动者报酬	生产税净额	营业盈余	合计	
部门	非金融企业									4574	219	19918	11955	29653	61525	66319
	金融									6733	775	1749	815	3608	6172	13681
	政府								13312	2000	12963	6382	46	1422	7849	36124
	住户							43430		3717	10382	15201	497	7808	23506	81035
	国外							21		3159	145					3326
	合计							43452	13312	20184	24485	43249	13312	42492	99052	200485
初次分配支出	劳动者报酬	19918	1749	6382	15201	203	43452									
	生产税净额	11955	815	46	497		13312									
	财产性支出	7851	8327	1215	1041	1750	20184									
再次分配支出	转移支出	4535	2156	10970	6030	794	24485									
可支配收入	居民消费				32669	0	32669									
	政府消费			11405			11405									
	储蓄	22061	633	6106	25597	580	54978									
总支出		66319	13681	36124	81035	3326	200485									

附表 19　　**2010 年第三季度中国实物资金流量矩阵表**　　单位：亿元

指标		部门						初次分配收入			再次分配收入	增加值				总收入
		非金融	金融	政府	住户	国外	合计	劳动者报酬	生产税净额	财产性	转移性收入	劳动者报酬	生产税净额	营业盈余	合计	
部门	非金融企业									4651	237	21236	11818	30374	63428	68317
	金融									7111	714	1861	801	3850	6512	14336
	政府								12790	2094	9281	6984	45	886	7915	32079
	住户							51798		3826	5636	21495	125	5481	27102	88361
	国外							27		3034	142					3203
	合计							51825	12790	20716	16010	51576	12790	40590	104956	206297
初次分配支出	劳动者报酬	21236	1861	6984	21495	249	51825									
	生产税净额	11818	801	45	125		12790									
	财产性支出	8031	7651	1240	1100	2693	20716									
再次分配支出	转移支出	2722	826	5297	6331	836	16010									
可支配收入	居民消费				35972	0	35972									
	政府消费			12370			12370									
	储蓄	24510	3198	6144	23338	-575	56615									
总支出		68317	14336	32079	88361	3203	206297									

附表 20　**2010 年第四季度中国实物资金流量矩阵表**　单位：亿元

指标		部门						初次分配收入			再次分配收入	增加值				总收入
		非金融	金融	政府	住户	国外	合计	劳动者报酬	生产税净额	财产性	转移性收入	劳动者报酬	生产税净额	营业盈余	合计	
部门	非金融企业									3785	285	29864	12690	29650	72203	76273
	金融									5374	711	2828	755	3156	6739	12824
	政府								13438	1519	8970	8041	58	154	8254	32180
	住户							66573		3043	4693	25586	-65	5543	31064	105374
	国外							24		2786	163					2973
	合计							66597	13438	16507	14822	66320	13438	38503	118261	229624
初次分配支出	劳动者报酬	29864	2828	8041	25586	278	66597									
	生产税净额	12690	755	58	-65		13438									
	财产性支出	6391	5736	1013	887	2479	16507									
再次分配支出	转移支出	2333	652	3987	6888	962	14822									
可支配收入	居民消费				39219	0	39219									
	政府消费			20364			20364									
	储蓄	24997	2851		32859	-746	58677									
总支出		76273	12824	32180	105374	2973	229624									

附表 21

2011 年第一季度中国实物资金流量矩阵表

单位：亿元

指标		部门						初次分配收入			再次分配收入	增加值				总收入
		非金融	金融	政府	住户	国外	合计	劳动者报酬	生产税净额	财产性	转移性收入	劳动者报酬	生产税净额	营业盈余	合计	
部门	非金融企业									5392	223	21375	15605	26735	63716	69331
	金融									8974	823	2205	882	4713	7800	17597
	政府								16778	2781	12568	7335	67	1568	8970	41097
	住户							41334		4878	8979	10193	224	12498	22915	78106
	国外							27		3422	213					3662
	合计							41361	16778	25447	22805	41108	16778	45514	103401	209792
初次分配支出	劳动者报酬	21375	2205	7335	10193	253	41361									
	生产税净额	15605	882	67	224		16778									
	财产性支出	10024	10306	1508	1522	2088	25447									
再次分配支出	转移支出	4081	920	8704	8218	882	22805									
可支配收入	居民消费				45485	0	45485									
	政府消费			11295			11295									
	储蓄	18245	3283	12188	12465	439	46621									
总支出		69331	17597	41097	78106	3662	209792									

附表 22　　**2011 年第二季度中国实物资金流量矩阵表**　　单位：亿元

指标		部门						初次分配收入			再次分配收入	增加值				总收入
		非金融	金融	政府	住户	国外	合计	劳动者报酬	生产税净额	财产性	转移性收入	劳动者报酬	生产税净额	营业盈余	合计	
部门	非金融企业									5585	253	21952	14422	37642	74015	79854
	金融									9202	881	1970	888	4689	7547	17630
	政府								15972	3008	17511	7333	56	1442	8830	45321
	住户							50138		4947	13952	18643	606	8818	28068	97105
	国外							25		3484	509					4019
	合计							50164	15972	26226	33106	49897	15972	52591	118460	243928
初次分配支出	劳动者报酬	21952	1970	7333	18643	267	50164									
	生产税净额	14422	888	56	606		15972									
	财产性支出	10314	10554	1548	1621	2190	26226									
再次分配支出	转移支出	6471	2898	15222	7581	934	33106									
可支配收入	居民消费				39542	0	39542									
	政府消费			15419			15419									
	储蓄	26696	1320	5745	29112	628	63500									
总支出		79854	17630	45321	97105	4019	243928									

附表 23 **2011 年第三季度中国实物资金流量矩阵表** 单位：亿元

指标		部门						初次分配收入			再次分配收入	增加值				总收入
		非金融	金融	政府	住户	国外	合计	劳动者报酬	生产税净额	财产性	转移性收入	劳动者报酬	生产税净额	营业盈余	合计	
部门	非金融企业									5649	270	23231	13670	39581	76482	82401
	金融									9513	800	2104	880	4582	7566	17879
	政府								15258	3247	11622	7985	55	845	8885	39012
	住户							60001		5128	6306	26433	654	5271	32358	103792
	国外							26		3466	614					4107
	合计							60027	15258	27003	19612	59753	15258	50279	125290	247191
初次分配支出	劳动者报酬	23231	2104	7985	26433	274	60027									
	生产税净额	13670	880	55	654		15258									
	财产性支出	10538	11803	1583	1709	1370	27003									
再次分配支出	转移支出	3481	942	6236	8007	947	19612									
可支配收入	居民消费				44106	0	44106									
	政府消费			15499			15499									
	储蓄	31481	2150	7654	22883	1516	65685									
总支出		82401	17879	39012	103792	4107	247191									

附表 24 **2011 年第四季度中国实物资金流量矩阵表** 单位：亿元

指标		部门						初次分配收入			再次分配收入	增加值				总收入
		非金融	金融	政府	住户	国外	合计	劳动者报酬	生产税净额	财产性	转移性收入	劳动者报酬	生产税净额	营业盈余	合计	
部门	非金融企业									4672	324	44229	13658	26163	84049	89045
	金融									7136	808	3513	811	3441	7765	15709
	政府								14060	2383	10672	8243	57	825	9126	36241
	住户							84462		4290	4072	28228	-466	8271	36032	128856
	国外							26		3385	659					4070
	合计							84488	14060	21866	16535	84212	14060	38700	136972	273922
初次分配支出	劳动者报酬	44229	3513	8243	28228	276	84488									
	生产税净额	13658	811	57	-466		14060									
	财产性支出	8379	8152	1303	1436	2597	21866									
再次分配支出	转移支出	2890	730	4028	8060	828	16535									
可支配收入	居民消费				47399	0	47399									
	政府消费			22834			22834									
	储蓄	19890	2503		44200	370	66739									
总支出		89045	15709	36241	128856	4070	273922									

附表 25　　2012 年第一季度中国实物资金流量矩阵表

单位：亿元

指标		部门						初次分配收入			再次分配收入	增加值				总收入
		非金融	金融	政府	住户	国外	合计	劳动者报酬	生产税净额	财产性	转移性收入	劳动者报酬	生产税净额	营业盈余	合计	
部门	非金融企业									6665	244	26129	16220	29052	71401	78310
	金融									12474	881	2656	1036	5134	8826	22182
	政府								18447	3856	14770	7907	74	1920	9901	46974
	住户							48520		6569	10002	11597	1117	13254	25969	91060
	国外							27		2440	656					3122
	合计							48547	18447	32005	26552	48290	18447	49360	116097	241648
初次分配支出	劳动者报酬	26129	2656	7907	11597	257	48547									
	生产税净额	16220	1036	74	1117		18447									
	财产性支出	11885	12415	1830	2227	3647	32005									
再次分配支出	转移支出	5036	1185	10115	9411	805	26552									
可支配收入	居民消费				52034	0	52034									
	政府消费			14203			14203									
	储蓄	19039	4890	12845	14673	-1587	49860									
总支出		78310	22182	46974	91060	3122	241648									

附表 26　　**2012 年第二季度中国实物资金流量矩阵表**　　单位：亿元

指标		部门						初次分配收入			再次分配收入	增加值				总收入
		非金融	金融	政府	住户	国外	合计	劳动者报酬	生产税净额	财产性	转移性收入	劳动者报酬	生产税净额	营业盈余	合计	
部门	非金融企业									6920	267	26399	15740	39358	81496	88683
	金融									12570	939	2274	1016	5395	8686	22195
	政府								17436	4162	20268	7910	61	1718	9690	51556
	住户							57051		6700	16208	20237	619	10034	30890	110848
	国外							30		2655	756					3441
	合计							57081	17436	33007	38439	56820	17436	56506	130762	276724
初次分配支出	劳动者报酬	26399	2274	7910	20237	261	57081									
	生产税净额	15740	1016	61	619		17436									
	财产性支出	12138	14901	1871	2338	1758	33007									
再次分配支出	转移支出	7037	4410	17852	8337	802	38439									
可支配收入	居民消费				45103	0	45103									
	政府消费			18120			18120									
	储蓄	27369	-406	5741	34213	620	67538									
总支出		88683	22195	51556	110848	3441	276724									

附表 27　　2012 年第三季度中国实物资金流量矩阵表

单位：亿元

指标		部门						初次分配收入			再次分配收入	增加值				总收入
		非金融	金融	政府	住户	国外	合计	劳动者报酬	生产税净额	财产性	转移性收入	劳动者报酬	生产税净额	营业盈余	合计	
部门	非金融企业									6464	299	27536	14392	41390	83318	90081
	金融									11501	865	2416	977	5394	8788	21153
	政府								15983	4078	12296	8876	58	668	9603	41960
	住户							67423		6326	6166	28347	556	6123	35026	114940
	国外							28		2867	755					3650
	合计							67451	15983	31236	20380	67176	15983	53575	136735	271786
初次分配支出	劳动者报酬	27536	2416	8876	28347	275	67451									
	生产税净额	14392	977	58	556		15983									
	财产性支出	11432	13023	1749	2264	2768	31236									
再次分配支出	转移支出	3511	1179	6073	8812	804	20380									
可支配收入	居民消费				48767	0	48767									
	政府消费			16857			16857									
	储蓄	33210	3558	8347	26195	-197	71111									
总支出		90081	21153	41960	114940	3650	271786									

附表 28　　**2012 年第四季度中国实物资金流量矩阵表**　　单位：亿元

指标		部门						初次分配收入			再次分配收入	增加值				总收入
		非金融	金融	政府	住户	国外	合计	劳动者报酬	生产税净额	财产性	转移性收入	劳动者报酬	生产税净额	营业盈余	合计	
部门	非金融企业									5102	352	47329	16329	28331	91989	97443
	金融									7683	902	3677	902	4309	8889	17474
	政府								17106	3094	12371	8911	69	855	9835	42406
	住户							92112		4924	5584	31938	－194	8073	39817	142438
	国外							28		3723	846					4597
	合计							92140	17106	24526	20055	91856	17106	41568	150530	304357
初次分配支出	劳动者报酬	47329	3677	8911	31938	284	92140									
	生产税净额	16329	902	69			17106									
	财产性支出	9110	10981	1344	1795	1296	24526									
再次分配支出	转移支出	3679	827	5641	9090	819	20055									
可支配收入	居民消费				52633	0	52633									
	政府消费			24002			24002									
	储蓄	20996	1087	2439	47175	2198	73895									
总支出		97443	17474	42406	142438	4597	304357									

附表 29

2013 年第一季度中国实物资金流量矩阵表

单位：亿元

指标		部门						初次分配收入			再次分配收入	增加值				总收入
		非金融	金融	政府	住户	国外	合计	劳动者报酬	生产税净额	财产性	转移性收入	劳动者报酬	生产税净额	营业盈余	合计	
部门	非金融企业									6445	276	22185	16866	39252	78303	85023
	金融									12506	1043	3070	1236	6076	10382	23930
	政府								18392	3880	16236	8960	75	1661	10696	49203
	住户							48985		6098	10928	14516	214	13995	28725	94736
	国外							26		3237	903					4166
	合计							49011	18392	32165	29385	48731	18392	60983	128106	257058
初次分配支出	劳动者报酬	22185	3070	8960	14516	280	49011									
	生产税净额	16866	1236	75	214		18392									
	财产性支出	12989	12464	1618	2025	3069	32165									
再次分配支出	转移支出	5363	1500	11238	10525	759	29385									
可支配收入	居民消费				56950	0	56950									
	政府消费			15910			15910									
	储蓄	27620	5661	11400	10506	58	55246									
总支出		85023	23930	49203	94736	4166	257058									

附表 30　　**2013 年第二季度中国实物资金流量矩阵表**　　单位：亿元

指标		部门						初次分配收入			再次分配收入	增加值				总收入
		非金融	金融	政府	住户	国外	合计	劳动者报酬	生产税净额	财产性	转移性收入	劳动者报酬	生产税净额	营业盈余	合计	
部门	非金融企业									6420	284	24431	16610	47259	88300	95005
	金融									12168	1117	2465	1136	6559	10161	23446
	政府								18648	4296	22401	8756	69	1732	10558	55904
	住户							59002		5929	17802	23115	833	10114	34061	116795
	国外							25		3855	1005					4885
	合计							59027	18648	32670	42610	58767	18648	65664	143080	296034
初次分配支出	劳动者报酬	24431	2465	8756	23115	260	59027									
	生产税净额	16610	1136	69	833		18648									
	财产性支出	13365	13191	1583	2062	2468	32670									
再次分配支出	转移支出	7692	4845	19643	9604	825	42610									
可支配收入	居民消费				48393	0	48393									
	政府消费			18747			18747									
	储蓄	32907	1809	7105	32788	1331	75940									
总支出		95005	23446	55904	116795	4885	296034									

附表 31　　**2013 年第三季度中国实物资金流量矩阵表**　　单位：亿元

指标		部门						初次分配收入			再次分配收入	增加值				总收入
		非金融	金融	政府	住户	国外	合计	劳动者报酬	生产税净额	财产性	转移性收入	劳动者报酬	生产税净额	营业盈余	合计	
部门	非金融企业									5933	320	27241	15603	48384	91228	97481
	金融									11234	1032	2694	1125	6477	10295	22562
	政府								17555	4289	14611	10191	65	245	10501	46956
	住户							72657		5538	7886	32291	763	5769	38823	124905
	国外							30		3901	983					4915
	合计							72687	17555	30896	24833	72417	17555	60874	150847	296818
初次分配支出	劳动者报酬	27241	2694	10191	32291	270	72687									
	生产税净额	15603	1125	65	763		17555									
	财产性支出	12628	11799	1460	1994	3015	30896									
再次分配支出	转移支出	4371	1515	7994	10058	894	24833									
可支配收入	居民消费				54332	0	54332									
	政府消费			18887			18887									
	储蓄	37637	5429	8359	25466	735	77627									
总支出		97481	22562	46956	124905	4915	296818									

附表 32　　**2013 年第四季度中国实物资金流量矩阵表**　　单位：亿元

指标		部门						初次分配收入			再次分配收入	增加值				总收入
		非金融	金融	政府	住户	国外	合计	劳动者报酬	生产税净额	财产性	转移性收入	劳动者报酬	生产税净额	营业盈余	合计	
部门	非金融企业									4699	407	73525	16623	11298	101446	106553
	金融									6739	1083	3861	1101	5390	10353	18175
	政府								18941	3313	14837	9174	77	1554	10805	47896
	住户							118322		4259	7564	31493	1141	10748	43382	173527
	国外							25		5133	941					6100
	合计							118347	18941	24143	24833	118055	18941	28990	165986	352250
初次分配支出	劳动者报酬	73525	3861	9174	31493	292	118347									
	生产税净额	16623	1101	77	1141		18941									
	财产性支出	9882	9831	1098	1576	1757	24143									
再次分配支出	转移支出	4483	1318	7579	10640	814	24833									
可支配收入	居民消费				60087	0	60087									
	政府消费			27702			27702									
	储蓄	2040	2064	2266	68590	3236	78197									
总支出		106553	18175	47896	173527	6100	352250									

附表 33

2014 年第一季度中国实物资金流量矩阵表

单位：亿元

指标		部门						初次分配收入			再次分配收入	增加值				总收入
		非金融	金融	政府	住户	国外	合计	劳动者报酬	生产税净额	财产性	转移性收入	劳动者报酬	生产税净额	营业盈余	合计	
部门	非金融企业									7303	260	33973	17950	34100	86024	93587
	金融									14902	1145	3421	1386	6951	11758	27805
	政府								20113	5127	19070	9916	85	1768	11769	56079
	住户							61983		6869	11451	14413	691	16179	31283	111585
	国外							30		2464	635					3129
	合计							62013	20113	36665	32561	61722	20113	58999	140834	292184
初次分配支出	劳动者报酬	33973	3421	9916	14413	290	62013									
	生产税净额	17950	1386	85	691		20113									
	财产性支出	14077	15320	1745	2516	3007	36665									
再次分配支出	转移支出	5319	1621	11514	13290	817	32561									
可支配收入	居民消费				64027		64027									
	政府消费			16896			16896									
	储蓄	22268	6056	15922	16649	-985	59911									
总支出		93587	27805	56079	111585	3129	292184									

附表 34　**2014 年第二季度中国实物资金流量矩阵表**　单位：亿元

指标		部门						初次分配收入			再次分配收入	增加值				总收入
		非金融	金融	政府	住户	国外	合计	劳动者报酬	生产税净额	财产性	转移性收入	劳动者报酬	生产税净额	营业盈余	合计	
部门	非金融企业									7637	270	33849	17182	46451	97482	105389
	金融									14125	1205	2781	1320	7208	11310	26639
	政府								19838	5342	23603	9939	72	1733	11745	60528
	住户							71279		6758	19683	24341	1264	10841	36446	134165
	国外							61		3239	597					3897
	合计							71340	19838	37100	45357	70910	19838	66233	156982	330618
初次分配支出	劳动者报酬	33849	2781	9939	24341	429	71340									
	生产税净额	17182	1320	72	1264		19838									
	财产性支出	14003	14937	1762	2594	3804	37100									
再次分配支出	转移支出	7883	5328	22183	9341	622	45357									
可支配收入	居民消费				53385		53385									
	政府消费			22745			22745									
	储蓄	32472	2273	3826	43240	-959	80852									
总支出		105389	26639	60528	134165	3897	330618									

附表 35　2014 年第三季度中国实物资金流量矩阵表

单位：亿元

指示		部门						初次分配收入			再次分配收入	增加值				总收入
		非金融	金融	政府	住户	国外	合计	劳动者报酬	生产税净额	财产性	转移性收入	劳动者报酬	生产税净额	营业盈余	合计	
部门	非金融企业									7030	294	37299	15981	46884	100163	107488
	金融									12711	1103	2851	1314	7400	11565	25380
	政府								18659	5319	16095	11980	69	-182	11867	51941
	住户							86785		6388	8844	34195	1295	6195	41686	143703
	国外							86		3578	526					4190
	合计							86872	18659	35026	26863	86325	18659	60297	165282	332701
初次分配支出	劳动者报酬	37299	2851	11980	34195	547	86872									
	生产税净额	15981	1314	69	1295		18659									
	财产性支出	13094	14538	1655	2486	3254	35026									
再次分配支出	转移支出	4349	1682	9207	11073	552	26863									
可支配收入	居民消费				59189		59189									
	政府消费			19554			19554									
	储蓄	36766	4994	9476	35466	-163	86539									
总支出		107488	25380	51941	143703	4190	332701									

附表 36

2014 年第四季度中国实物资金流量矩阵表

单位：亿元

指标		部门						初次分配收入			再次分配收入	增加值				总收入
		非金融	金融	政府	住户	国外	合计	劳动者报酬	生产税净额	财产	经常转移	劳动者报酬	生产税净额	营业盈余	合计	
部门	非金融企业									5021	409	57268	18710	33105	109082	114512
	金融									7164	1213	4634	1346	6052	12032	20409
	政府								20033	3710	17368	9180	78	3118	12376	53487
	住户							108300		4495	9193	36726	－102	10762	47386	169374
	国外							79		4353	680					5111
	合计							108379	20033	24742	28863	107807	20033	53036	180876	362893
初次分配支出	劳动者报酬	57268	4634	9180	36726	572	108379									
	生产税净额	18710	1346	78			20033									
	财　产	9215	9807	1151	1764	2804	24742									
再次分配支出	经常转移	4562	2012	9923	11831	534	28863									
可支配收入	居民消费				65939		65939									
	政府消费			26578			26578									
	储蓄	24757	2609	6577	53215	1201	88359									
总支出		114512	20409	53487	169374	5111	362893